A L B E ..

MW01248977

Eu și Dumnezeu

Ultima Evanghelie

2012 - 2020

Descrierea CIP a Bibliotecii Naţionale a României

BACOI, ALBERTO
    Eu şi Dumnezeu - Ultima Evanghelie / Alberto Bacoi.
- Bucureşti : Smart Publishing, 2019
    ISBN 978-606-8956-78-7

159.9

Editura Smart Publishing nu îşi asumă
răspunderea pentru conţinut.

Smart Publishing publică, promovează şi distribuie
cărţile autorilor români de pretutindeni. Orice autor
român care publică la Smart Publishing îşi poate vedea
cartea în librării în 30 de zile sau mai puţin.

Contact: office@smart-publishing.ro
Comenzi pentru cititori, librării, biblioteci
şi depozite de carte: 0731.057.359 şi
office@smart-publishing.ro

Află mai multe pe
www.smart-publishing.ro

Toate poveştile sunt minunate,
dar la final rămân doar cele adevărate

Cuvânt înainte

Încep această lucrare pătruns de un sentiment de recunoştinţă, o emoţie fără margini. Simt o pace rară care izvorăşte din adâncul interiorului meu şi îmi aşază o expresie odihnită pe faţă. Eu şi Dumnezeu este titlul pe care mi l-a promis în urmă cu câţiva ani Acel prieten bun care mă însoţeşte mereu, de a cărui prezenţă am devenit conştient pe când mă aventuram timid în călătoria seriei „Vorbind cu Dumnezeu", fenomenul care mi-a schimbat viaţa.

Odată ce am primit înţelegerea s-a produs vindecarea, apoi a avut loc înflorirea. Revelaţia pe care am aşternut-o pe hârtie şi-a pus amprenta asupra mea ca om dar i-a inspirat şi pe cei care mi s-au alăturat pe parcursul acestor minunaţi opt ani sau mai mult.

Pe drumul meu am întâlnit nenumăraţi oameni strălucitori, la fel ca îngerii, cu minţi oneste şi inimi calde, care trăiesc aşa cum înţeleg ei că e mai bine şi aşa cum îi inspiri Tu. Tu eşti Dumnezeul care îi ghidează pe toţi şi îi iubeşte.

Viaţa pentru mine s-a dovedit a fi un sac cu daruri dintre cele mai alese, aşa cum mi-ai spus la început. Pe plan mental lumea a reuşit să mă întristeze totuşi şi în final am pierdut bătălia. Trăind în ea m-am convins ce îşi pot face oamenii unii altora, dar cel mai îngrijorător aspect este faptul că omul se poate răni pe sine însuşi, de unul singur, fără ezitare. Pe parcurs mi-am întărit convingerea că atunci când Conştienţa pleacă din om, omul rămâne doar om, ca un copac nealtoit, ca o mâncare fără sare, însă atunci când Te cobori în el omul devine înger, ca să Ţi se arate puterea şi să fii în veci căutat.

Priviţi cerul mai des ca să dobândiţi aspiraţii înalte, căci voi la bază sunteţi Dumnezeu. Nu alergaţi doar după cele ale gurii, la fel ca animalele, ca să nu rătăciţi prea mult pe Pământ. Voi sunteţi copiii Cerului, aţi biruit moartea odată, nu vă mai este de folos să repetaţi istoria. Comportaţi-vă ca atare, staţi drepţi înaintea lumii şi ameninţărilor ei cu capul sus şi cu pacea în privire. Tot aşa cum reflectă ferestrele clădirilor lumina roşiatică a soarelui dimineaţa şi seara, la asfinţit, reflectă şi inimile noastre iubirea Dumnezeului iar El o recunoaşte şi ne răsplăteşte. De fiecare dată când îţi vine o idee sclipitoare în minte dar tu o combaţi, gândind că înaintea ta au aplicat-o şi alţii cu sau fără rezultat, te îndoieşti de Dumnezeu şi îţi dispare energia. El tocmai ţi-a deschis o poartă prin care ai refuzat să păşeşti. Cauza principală a celor mai multe eşecuri este necredinţa şi justificarea argumentativă a scepticismului.

În cărţile care mi-au fost dăruite, un izvor mângâietor pe care l-am trimis mai departe, nu este atât de important extraordinarul cât este de important utilul ori aplicabilul. Eu nu scriu pentru cei care nu văd şi nu vor să vadă, mă dăruiesc celor care nu văd dar care tânjesc să vadă, ca să ştie despre ei cine sunt şi să o aleagă.

Aşadar, îmbrăţişează noul dar studiază-l mai întâi. Lasă-ţi bagajul emoţional al durerilor şi luptelor pierdute în gară şi urcă în tren, la cea mai luxoasă clasă, în zona rezervată vip.

Cărţile pe care le-am scris m-au îndrumat să îmi fac ordine în suflet şi să îmi învăţ mintea să mă asculte pe mine, să înceteze să mai caute să îi mulţumească pe alţii. Iar viaţa mea a devenit mai plăcută. Pentru prima dată oamenii au început să mă iubească şi să mă respecte pentru curajul de a mă arăta aşa cum sunt şi a trăi la fel. Ele m-au învăţat că e magnific să te simţi copil dar mi-au arătat că şi maturizarea este bună. Etapele care şlefuiesc omul pe lângă faptul că sunt folositoare sunt şi magice şi pline de mister. Citind vei înţelege aşa cum am înţeles şi eu de ce în ciuda finalului prematur şi neaşteptat mă consider cel mai privilegiat om de pe Pământ, căci cei care iubesc astăzi salvează iubirea de mâine.

Toate poveştile sunt minunate, dar la final rămân doar acelea adevărate, tot aşa cum omul bun se înalţă peste ele ca să ajungă la esenţă şi se detaşează de tot. Tot aşa cum frumuseţea nu dispare niciodată, fericirea imaginată de noi se transformă în ceva şi mai sublim. Ştii că eşti împlinit pe plan individual atunci când păşeşti pe trotuar şi parcă nu îl mai atingi, când lucrarea care a fost săvârşită prin tine nu mai are nevoie de prezentare, căci laşi puterea de convingere deoparte şi nu te mai lupţi cu nimeni. În continuare mi-am propus să îţi transmit toate aceste senzaţii glorioase ca să îţi anihilez gândirea, să îi slăbesc rezistenţa şi să ajung la inima ta. Toate acestea pentru tine ca să nu mai rătăceşti pe Pământ, ci să te plimbi printre flori şi să zbori peste lume.

Cei care vor citi mesajul se ştiu deja, ei îşi confirmă în această clipă sfântă importanţa în lume şi prezenţa Conştienţei în inimle lor. Bucuria şi entuziasmul îmi este transmis şi mie şi o, Doamne, câtă nevoie am de el în următoarea călătorie.

Cunoşti acea senzaţie care te încarcă de fiecare dată când îţi cumperi un smartphone nou, care se mişcă repede căci are softul curat, sau când îţi faci o fotografie reuşită şi o publici, sau când te pregăteşti să pleci într-o călătorie împreună cu persoana iubită şi cu prietenii, sau când ieşi dintr-o cafenea cu o băutură fierbinte, cu fulgi de zăpadă desenaţi pe pahar, care îţi încălzeşte mâinile, în perioada sărbătorilor de iarnă? Cum ar fi dacă sentimentul ar supravieţui în fiecare zi? Când ninge cad minuni din cer. Când studiez harta lumii simt că aş strânge la piept toţi oamenii, vreau să vizitez toate locurile.

Încep noul an în putere, cu admiraţie, vizitând Marea Nordică, respirând briza ei misterioasă, privind-o liniştit, de pe o coastă. Mi-am rezervat patru zile în orăşelul Kingston upon Hull, aflat în estul regiunii Yorkshire a Regatului Unit al Marii Britanii. Acolo am aterizat pe Aeroportul Robin Hood, oraşul Doncaster Sheffield şi am mers mai bine de o oră până la destinaţie, fermecat de o lună plină care lucea peste ape şi în asfaltul umed seara la asfinţit.

Toamna aceasta am vizitat Madridul, capitala inconfundabilă a Spaniei şi alte câteva aşezări mai mici la fel de minunate, din împrejurimi. Am savurat o cafea aromată într-o dimineaţă însorită de octombrie, stând la masă pe o terasă, sub copaci, în Parcul El Retiro, situat în centrul oraşului, privind bărcile şi lebedele cum se lăsau purtate de apă, tot aşa cum se supuneau şi valurile adierii vântului. Tot aşa mă lăsam eu pradă trăirii, mişcându-mă în ritm cu copacii, căzând împreună cu frunzele dar înălţându-mă odată cu razele soarelui la răsărit. Ce amintiri minunate!

M-am plimbat pe aleile romantice ale parcului. Am intrat în grădina trandafirilor, La Rosalenda, şi în Palacio de Cristal, unde am admirat arhitectura şi am fotografiat-o. Am servit micul dejun într-un restaurant cu atmosferă mexicană, situat în zona istorică numită Salamanca. Am pescuit în lacul El Gordo şi am campat pe malul râului Tajo, sub pod. M-am plimbat pe Calle de Orion în orăşelul Móstoles de Madrid care m-a găzduit.

Am locuit în casa unor oameni muncitori, cinstiţi şi săritori, care şi-au propus să îmi ofere opt zile de neuitat. Am fost invitat în casele mai multor cititori, oameni simpli care mă cunoşteau şi se rugau pentru mine aşa cum nu a mai făcut-o nimeni niciodată, parcă aş fi fost un om special, trimis de Tine pe Pământ, cu sco- pul de a le reaminti că îi aştepţi pe toţi şi îi iubeşti la fel.

Acum timpul pe care îl voi mai petrece aici e limitat. În cea mai mare parte din zi scriu, răspund cititorilor și le trimit cărți în toată lumea. Cartea „Mikel" este tradusă în limba engleză și își va croi în scurtă vreme drum și peste ocean, în Statele Unite și în Australia, țara unde locuiesc sufletele care au susținut acest proiect. Cu toate acestea rămân un om trist, care a cunoscut atâtea.

Am cunoscut bărbați dedicați, care au luptat pentru familiile pe care cu trudă și le-au întemeiat, însă în ciuda eforturilor le-au pierdut și s-au prăbușit. Astăzi merg spre serviciu privind în gol, abătuți. Și tot ceea ce se întâmplă este bun și face parte din desăvârșirea fiecăruia. De cele mai multe ori etapele nu se desfășoară așa cum ți-ai imaginat și totuși, aceasta nu înseamnă că viața nu funcționează în cel mai potrivit mod ori că nu este corectă. Viața este perfectă iar tu, călătorule, tânjești după acea stare din urmă a acceptării și gratitudinii. De aceea ai ajuns acum aici, cu cartea în față, lăcrimând.

Rămân stupefiat când observ ce viziune limitată despre viață a dobândit omul cu trecerea anilor. Este aproape neînsemnată în comparație cu ansamblul de posibilități al lumii în care trăiește, din care a explorat mai puțin de o treime. Dar în comparație cu alte tărâmuri sau universuri? Oamenii care se trezesc în zorii zilei și pornesc în goana după bani, care se numesc investitori ori întreprinzători, care astăzi își achiziționează un automobil, mâine un teren sau o casă și astfel consideră că evoluează, nu doar că nu găsesc sensul vieții, ei se îndepărtează cu pași repezi de scop și se pierd. Mintea se desfată în iluzia luxului fizic și psihic până când îl obține, apoi se trezește din vis și caută altceva care să o amăgească, ca să adoarmă din nou. Este precum un viciu.

Oamenii care organizează revolte violente împoriva guvernelor care trăiesc pe spatele lor se rănesc între ei și produc pagube în spațiul public, pe care le vor suporta tot ei, căci la ușa tiranilor ascunși nu poate ajunge nimeni încă. Și sunt amendați și arestați, sfârșesc prin pușcării, în spitale ori în tribunale. În realitate dacă vrei să faci dreptate începe prin a fi tu un om drept, iar dacă vrei să aduci pacea în lume împacă-te cu tine însuți mai întâi.

În viață, dacă obișnuiești să urmărești spectacole și seriale de televiziune pierzi noțiunea realității. Dacă urmărești știrile ratezi esența umanității. Dacă îți urmărești doar interesul nu îți vei găsi niciodată scopul, ci vei rătăci în loc să te plimbi pe Pământ.

Oamenii lumii, de ori de câte ori le arăți un cer senin spun că nu văd nimic în el și așa este, căci cerul este oglinda sufletelor lor în care nu au investit nimic. Soarele a răsărit pentru noi ca să ne vedem goliciunea şi apoi să ne împăcăm cu natura divină care a fost sădită în noi. Inima unui singur om conştient este mai bogată ca lumea, cu toate resursele şi fiinţele care trăiesc în ea. În ea se reflectă tot Universul. Eu vreau să mă plimb cu cafeaua în mână până la sfârşitul lumii, ca să scriu aceste mesaje promise în vremea când umblam împreună cu Tine şi ascultam învăţăturile Tale. Tu nu îmi vorbeşti acum, Tu mi-ai vorbit la început. Din vlăstari ne-ai transformat în copaci înalţi, la umbra cărora se adăposteşte marea de oameni şi se desfată. Şi este liniştită.

Ce simţi tu atunci când te priveşti în oglindă, eviţi să te uiţi în ochii tăi sau lăcrimezi emoţionat, pătruns de iubire? Rezervă-ţi cinci minute dimineaţa şi uită-te în sufletul tău ca să te cunoşti.

Dacă nu agreezi principiile care stau la baza funcţionării lumii vindecă-te pe tine, apoi creează lumea ta perfectă. Ţi-am pus la dispoziţie toate elementele necesare ca să o construieşti. Şi iată câţi v-aţi dedicat lucrării. Fundaţia a fost turnată, structura a fost ridicată, astăzi te aştept să finisezi cetatea aşa cum fac eu. Şi dacă îţi va cere cineva socoteală cu privire la ce ai făcut cu viaţa care a trecut, răspunde-i că ai clădit Ierusalimul, templul inimii în care coboară Dumnezeul.

Am realizat că trebuia să scriu o nouă carte la trei luni după ce am avut o viziune în care o Forţă strălucitoare a venit înaintea mea în vreme ce rătăceam prin gândurile mele şi mi-a vorbit, iar eu am ascultat. Din sânul Ei ieşea o lumină caldă, gălbuie, care se împrăştia peste tot şi totuşi nu se consuma niciodată. Deasupra, din bolta cerului senin, ploua cu diamante, care se auzeau la fel ca ţurţurii atunci când se sparg. Această Forţă nu avea forma ca de om şi nu se supunea vreunei imagini cunoscute nouă. Mintea nu Îi putea atribui o etichetă tradiţională de înger sau de zeu. În clipa în care mi-am plecat capul mi s-a deschis inima, iar inima mea era alimentată cu lumina Forţei care coborâse la mine ca să mă întâmpine. La nivel spiritual eram construiţi din acelaşi material, chiar dacă de această dată eu eram conştient în trup. Şi a zis, cu un glas ca cel al liniştii:

Vino spre Mine!

Atunci am ridicat privirea şi am întrebat cum să procedez, dar imediat am căzut în minte şi a plecat. Mult mai târziu am înţeles că lumea nu trebuia schimbată, ci lăsată în urmă pentru alţii care au nevoie să trăiască în ea. Eu doar deschid o poartă pentru cei ce vor pleca. Iar poarta este mare, prin ea trece fiecare. Absolvenţii pleacă din lume, repetenţii încă luptă pentru ea şi hrănesc iluzia, căci lumea nu aparţine vreunuia. Şi mi-a zis:

Să aduci Lumina în lumea întunericului este o sarcină grea. Secretul este să vii spre Lumină, nu să te străduieşti să creezi tu Lumina. Oamenii care te urmăresc te vor vedea şi vor veni după tine, iar astfel veţi ieşi la lumină. Lumina exista şi înaintea ta, nu ai creat-o tu, tu doar ai ales să o răspândeşti. Când te străduieşti să creezi Lumina prin propriile puteri sfârşeşti prin a îţi pierde minţile şi înnebuneşti. Veniţi la Mine toţi cei trudiţi şi împovăraţi ca să vă amintiţi esenţa, Eu sunt dragostea.

Uneori oamenii mă întreabă cum am reuşit să am atâţia fani şi să fiu atât de iubit. „Împărtăşeşte cu noi secretul succesului", spun ei. Adevărul este că nu am fani, am câţiva prieteni care îmi admiră munca şi mă susţin la fiecare eşec. De iubit, dorm singur şi îmi petrec serile şi sărbătorile la fel.

Mulţi creduli se imaginează stând de vorbă cu Dumnezeu la fereastră, în halat, servind o cafea, rezolvându-şi pur şi simplu problemele. Doar s-au împrietenit cu Atotputernicul. Ea produce confuzia, dorinţa de a primi totul de-a gata. În realitate nu eu vă rezolv problemele, nici nu vă pun pile la Cel care vi le-ar putea rezolva pocnind din degete, dar vă fac să conştientizaţi faptul că în realitate nu aveţi probleme. Iar dacă aveţi vă încurajez că vi le puteţi rezolva voi. Şi de fiecare dată când veţi rezolva unele, vor apărea altele, până veţi îmbătrâni, până în clipa aceea sfântă când veţi accepta viaţa ca ceea ce este în esenţă, o călătorie minunată de care aţi avut nevoie până aţi revenit la ascultare, restabilind conexiunea cu Uniunea. Oamenii care nu comunică cu Dumnezeu prin modurile pe care Dumnezeu ni le-a pus la dispoziţie, fie vise, inspiraţie şi imaginaţie, prin intermediul altor oameni, prin natură ori chiar cuvinte, sunt ca nişte inimi care nu bat, ca florile care nu înfloresc, ca locuinţele fără ferestre, ca sfaturile fără dragoste sau ca lumea fără adevăr.

Şi aşa a fost, am ascultat glasul Conştienţei în vreme ce rătăceam scrâşnind din dinţi, dar şi atunci când mă plimbam liniştit, când mă aflam la serviciu, când eram înconjurat de zece mii de oameni la concert, chiar şi în cele câteva seri în care mă îmbătam cu prietenii. Mă retrăgeam într-un loc liniştit şi scoteam carneţelul pe care nu întârziam să notez ce îmi vorbea iubirea. Căci aceasta a fost promisiunea mea în schimbul căreia am primit învăţătura. M-am ţinut de ea şi astfel am ajuns la inima ta.

Alberto Bacoi,
Bucureşti,
Decembrie 2018.

Capitolul 1

Tărâmul nemanifestat
Realitatea din urmă

Eu am creat bolta cerului ca să vă inspiraţi, nicidecum ca să vă închinaţi vreunui personaj fictiv care o stăpâneşte. Cerul este o unealtă, ea se apleacă înaintea voastră şi vă slujeşte, vă curăţă de resentimente şi vă înalţă în conştienţă. Ea oferă putere nestematelor care trudesc la clădirea Noului Ierusalim, Noua lume, Cea din urmă Împărăţie care v-a fost dată.

Dacă vrei să Mă auzi încearcă să îţi imaginezi ce crezi tu că ţi-aş spune dacă M-ai putea auzi. Iar, ceea ce îţi vei imagina va fi întocmai ceea ce îţi vorbesc. Ceea ce îţi vorbesc va fi exact ce se va întâmpla. Eu sunt Calea, Adevărul şi sunt Viaţa, iar aici mai poţi adăuga imaginaţia şi intuiţia ta, iubirea, discernământul şi nu în ultimă instanţă experienţa ta. Totuşi, în lumea de jos lucrurile au fost întoarse pe dos. Evident, despre aceste noţiuni şi felul în care mişcă lumea Cel care rămâne nemişcat vom discuta prin şi cu ajutorul noului material pe care eşti pregătit să îl traduci în limbajul minţii. Bine aţi venit pe Pământ, realitatea în care Dumnezeu a fost confundat cu diavolul inventat.

Ar putea o minte începătoare într-ale înţelegerii şi simţirii să diferenţieze gândurile pe care i le trimite Dumnezeu, de gândurile care provin din alte surse?

Da, prin cel mai înalt grad de conştientizare cunoscut, acela că nu există alte surse, în prima şi în ultima realitate tot ceea ce există este Dumnezeu. Doar că Eu am luat o multitudine de înfăţişări, cu ajutorul cărora voi să trăiţi o multitudine de experienţe. Pentru a te întoarce la Mine, acolo de unde ai plecat, ţi-am pus la dispoziţie o cale. Calea care te aduce acasă este cea sponsorizată de dragostea aşa cum vi s-a făcut cunoscută. Cea pe care o numiţi dragoste oarbă sau naivă, care te dezamăgeşte şi chiar te conduce la moarte, aşa cum s-a întâmplat cu Isus, este singura care te aduce, prin moarte, la nemurire.

Dragostea care te aduce prin moarte la nemurire? În prima şi în ultima realitate? Mă tem că nu înţeleg. Bine Te-am găsit şi de această dată, mă bagi în ceaţă încă de la primele pagini.

Bine aţi venit din nou la Mine. V-aţi adunat în această clipă sfântă care ne uneşte pe toţi, preţioşi copii, ca să citiţi cuvântul deoarece aveţi nevoie de mai multe răspunsuri, din ce în ce mai clare, provenite dintr-o sursă sigură, aceea a interiorului vostru prin care se manifestă Conştienţa.

Bine de menţionat este faptul că Dumnezeu, la început, ca să poată modifica direcţia către care urma să se îndrepte creaţia Sa, Şi-a proiectat Înfăţişarea prin ceea ce voi numiţi azi Conştienţa Hristică. În realitate Dumnezeu rămâne în necunoscut, Cel care mişcă lumea în mod tăcut.

Aspecte ale Conştienţei au fost trimise în lume din dorinţa de a regla din trup lumea, aşa cum a fost hotărât în urmă cu aproximativ două mii de ani. Aceste aspecte sunt cunoscute astăzi pe Pământ ca scriitori, îndrumători, înţelepţi contemporani, oameni simpli care îşi dedică vieţile în scopul mângâierii celor la nevoie. Acest adevăr ieşit la iveală vi se dezvăluie mulţumită lor, iar cei care răspândesc lumina mulţumesc Conştienţei care le-a făcut-o cunoscută.

Mulţumesc pentru această şansă care a coborât la mine când am avut mai mare nevoie de ea. Nu am uitat intervenţia. În continuare vorbeşte-ne despre dragostea care te aduce prin moarte la nemurire. Foloseşti expresii noi, încercăm să ţinem pasul.

Dragostea naivă te smulge din lume, prin moarte, apoi devii nemuritor. Tu ca să redevii totul, identitatea ta izolată de tot, ca întreg, cea provizorie, ca ceva anume, are nevoie să fie înlăturată. Din totul ai devenit ceva anume, iar din ceva anume ai nevoie să redevii totul. În lumea Mea totul şi nimic sunt unul şi acelaşi lucru, căci Nemanifestatul, Dumnezeul care nu există, este Cel care face ca toate lucrurile care există, să existe.

Nimicul permite tuturor lucrurilor şi fiinţelor care există, să existe. Fără nimic, nu ar putea exista ceva anume. Liniştea permite zgomotelor să se audă, fără ea zgomotele nu ar mai putea exista ca sunete izolate. Liniştea este portativul, zgomotele sunt notele. Întâi conştientizezi liniştea, apoi se aude un zgomot, dar după trecerea zgomotului revine liniştea. Liniştea a permis zgomotului efemer să existe, apoi revine liniştea. Eu sunt liniştea şi voi sunteţi zgomotele. Şi sunt nevoit să afirm, ce plăcut se aude!

Ai început tare din prima. Lasă-ne Te rog să ne dezmorţim, căci după fiecare contact profund cu Dumnezeu adormim.

Este natural să se întâmple astfel. Nu vă învinovăţiţi pentru nimic, nu regretaţi nimic! Aşa cum scrii chiar tu, chiar şi timpul pierdut este un timp câştigat. Odihna nu este un timp pierdut.

Am nevoie de cât mai multă odihnă.

Aceasta deoarece eforturile tale au devenit mai eficiente, iar realizările se văd şi sunt uriaşe.

Cu fiecare zi ce trece simt că îmi scade puterea fizică şi concentrarea psihică şi mă apropii cu paşi repezi de finalul existenţei în trup, am trudit prea mult. Oamenii sunt reci, egoişti, perverşi.

Cu fiecare zi ce trece vii mai aproape de Mine, de Cel nemanifestat. Fiecare acţiune de-a voastră are nevoie de un timp psihologic hotărât de voi, în realitatea subconştientă, ca să fie dusă la bun sfârşit. La fel ca etapele unui maraton, orice acţiune are nevoie de start, care este iniţiere, de alergare, care este aplicare, şi de trecerea liniei de sosire, care reprezintă împlinirea ei. Aşa că alergând, cu cât scazi în putere cu atât te afli mai aproape de linia de sosire. Slăbiciunea este semnalul pe care ţi-l transmite trupul. Când simţi că mai ai ceva de făcut şi nu mai găseşti puterea necesară ca să faci, aceasta ţi-a mai rămas de făcut, să nu mai poţi să faci, ca să îţi accepţi finalul şi să treci linia.

Căţeluşii se joacă din zori până în seară fără să se oprească, un câine matur îşi petrece întreaga zi lângă stăpân, îi urmăreşte toate mişcările, gesturile, şi îi înţelege toate intenţiile. Îl cunoaşte atât de bine încât dacă ar putea rosti cuvinte câinele i-ar spune stăpânului ce urmează să facă, dinainte ca stăpânul să decidă ce are de gând să facă. Câinele matur, la finalul vieţii, devine ca un om. Omul conştient, la finalul vieţii, devine ca Dumnezeu.

De ce apare dorinţa de a iniţia o acţiune dacă nu poate fi dusă la bun sfârşit, ce rost are?

Situaţia în care te afli are rolul de a te face să realizezi că lucrarea ta pe Pământ s-a încheiat, iar tot ce ţi-a rămas de făcut e să te întorci, împăcat, la Mine. Când te întorci în Cel nemanifestat realizezi că tot ce ai iniţiat în lumea manifestată ai dus la bun sfârşit. Lumea manifestată este de fiecare dată ceva anume, ceva limitat, niciodată un întreg, dar Cel nemanifestat este totul şi în toţi. Aceasta este poarta pe care o vei deschide pe parcursul noului material la care aveţi astăzi acces. Ceea ce se vede e mişcat de ceea ce este nevăzut.

Nu mă aşteptam să vii din nou, cu o asemenea putere, atât de aproape. Aproape că am avut un şoc. Încă primesc laude pe care nu le pot reproduce pentru ultima noastră carte „Cartea care scrie oameni", cea care a lăsat îngerii fără glas. Au trecut abia câteva luni de la publicare și aud acum din nou cuvintele care îți mișcă pământul sub picioare. Eu și Dumnezeu este cartea pe care mi-ai promis-o în urmă cu câțiva ani, sunt uluit.

Spiritul tău zboară alături de Mine în văzduh, cunoaște lumi noi și tărâmuri tăcute, iar tot ceea ce vede scrie, ca să le rămână și altora care nu Mă cunosc învățăturile, cu toate că toți ați trăit împreună cu Mine, în Împărăția Mea, în trecut. De la Mine veniți cu toții, Eu sunt Începătorul și Cel care încheie infinitul.

Poarta tărâmului tăcut este ultima pe care o deschid pentru tine. Îndată ce pășești prin ea nu te mai poți întoarce. Când decizi cine ești, în mod conștient și consecvent, și îți cunoști locul, nu mai poți reveni la ceea ce erai înainte să te cunoști. Indiferent de stările de adormire care vor reveni, identitatea rămâne.

Nemanifestatul sau Nimicul este spațiul care se află în toți și în toate, Câmpul care vă leagă și vă permite să fiți, atât pe plan spiritual cât și să existați în plan material. Aceasta a fost numită Particula lui Dumnezeu sau Dătătorul de viață. Cunoscând dar secretul, ajuns la Mine devii una cu totul și miști fără să fii nevoit să miști, ridici fără să ridici un deget și modifici fără să te ostenești să modifici. Aici rezultatul îți este accesibil și nu te îndoiești de el deoarece tu ești rezultatul, destinația, călătoria și călătorul care se îndreaptă spre final.

El este cel mai înalt grad de conștizare cunoscut, după care au tânjit cei mai de seamă maeștri care au coborât în formă, din toate timpurile, pe Pământ. Însă niciunul nu a reușit să deschidă ușa până la Mine, din trup, poartă pe care o deschid acum pentru tine. Pășește prin ea și însămânțează harul înțelegerii în biserica Mea, umanitatea. Înfrumusețeaz-o ca să pot privi la ea.

Aici nicio identitate separată nu te poate ajunge, nimeni nu te poate atinge. Niciun om sau duh sau înger nu are acces la cel din urmă strat dumnezeiesc. Îți dau mâna Mea, cu ajutorul ei orice îți imaginezi apare și orice privești crește. Orice iubești te preaslăvește. Urcă-te în vârf, simte furnicăturile prin tot corpul, care îți pleacă din creștet și coboară în picioare. Ea este energia vie pe care o revărs în tine. Privește-ți mâinile, diamantele ți le învăluie și simți că dispari. În clipele tale sfinte ești cu inima pretutindeni și cu mintea nicăieri.

Lasă-mă un moment ca să realizez ce se întâmplă cu mine.

Ce se întâmplă cu tine?

Simt o Forță uriașă care mă pătrunde și felul cum am înțeles până astăzi viața parcă s-a schimbat. Multe dintre cele pe care mi le imaginez şi le scriu se întâmplă, însă nu sunt nevoit să trudesc în acest sens, adevărul meu e împlinit de alții. Parcă aş porunci fără măcar să rostesc cuvântul. Cei care se opun alegerilor mele cele mai înalte pier. Minţile care deţin funcţii autoritare hotărăsc întocmai ceea ce eu pregătesc pentru oameni, fără să realizeze ce fac, parcă ar fi hipnotizate. Şi recunosc sentimentul, am mai fost aici, în prezent, o secundă în minţile tuturor.

Oamenii îşi vomită otrava pe care au aruncat-o în partea din mine care a trăit ca om, în trecut, din care mai târziu au băut. Aşa le-au căzut măştile şi s-au ruşinat, vreme în care cei care au trăit sincer s-au ridicat în putere şi au dictat lumea. Ei sunt cei dintâi, care au fost cei de pe urmă. Ce scaun minunat este cel al Împărăţiei de sus! Cum putem accesa poarta Celui nemanifestat în timp ce trăim ca părţi izolate? Acest lucru este imposibil.

Alberto, nu Îl poţi numi pe Dumnezeu imposibil.

O fac din cauză că nu pot înţelege puterea lui Dumnezeu.

Iată dar motivul pentru care ai cerut o nouă carte.

Îţi mulţumesc pentru ea. Trecem mai departe, iar când mă voi simţi pregătit voi reveni la acest subiect pe care l-am deschis.

Aştept cu bucurie întrebările tale.

Îngerii se îndrăgostesc la fel ca oamenii?

Nu la fel ca oamenii. Ei se îndrăgostesc în cel mai pur şi mai puternic mod posibil cunoscut în interiorul creaţiei.

Dumnezeu cunoaşte o iubire mai mare decât cea pe care şi-o poartă îngerii între ei?

Nu. Eu nu cunosc o iubire mai mare decât cea sfântă, purtată de îngeri între ei. Eu iubesc prin intermediul îngerilor, iar îngerii fără Conştienţa care se manifestă prin ei, nu ar putea iubi. Căci iubirea nu vine de la ei, ea vine de la Dumnezeu, tot aşa cum oamenii care trăiesc fără Conştienţă sunt ca nişte copaci nealtoiţi, ca o mâncare fără sare şi aşa mai departe.

Spre deosebire de oameni, îngerii nu se căsătoresc, aşa este?

Căsătoria este pentru oamenii normali, aşa cum îi cunoaşteţi în prezent, ea nu este pentru oamenii naturali, aşa cum i-a creat Dumnezeu. Eu v-am dăruit iubirea, ea este legământul dintre un bărbat şi o femeie, funia care vă leagă pe parcursul vieţilor trăite în trup.

Oamenii căzuţi în jocurile minţii nu au mai avut încredere în ei şi în legământul sfânt, de care se distanţaseră prin uitare, aşa că au fost nevoiţi să creeze ritualuri pământeşti. Ritualurile s-au transformat în jurăminte, apoi în certificate ştampilate. Sigur că

Eu nu Mă declar a fi împotriva a ceea ce hotărâți voi pentru voi, dar oare o hârtie ar putea simboliza sau chiar înlocui iubirea? Un certificat este o garanție, garanția este o iluzie. *Diferența dintre iubire și căsătorie este de nemăsurat. Căsătoria este ca și cum ai lua apă pură de izvor, așa cum a creat-o Dumnezeu, care țâșnește dintr-o stâncă situată în vârf de munte, pe care o torni în cazane de fier și spui că a sfințit-o omul păcătos. Voi nu fiți copii la minte, maturizați-vă! Atunci când veți depăși etapa infantilă veți realiza nu doar că nu mai aveți nevoie de un Moș Crăciun, veți ști dar că nu ați avut niciodată nevoie de unul. Și v-ar fi mult mai ușor, probabil, să depășiți un moment care vă clatină încrederea în sine, dacă ați reuși să vă rezervați energia și timpul pentru oamenii cărora le pasă cu adevărat de voi, nu să le dăruiți pur și simplu celor care vă refuză.*

Spre deosebire de oamenii normali, pe îngeri nu îi căsătorește omul, îi leagă Dumnezeul. Ceea ce leagă Dumnezeu rămâne, iar ce hotărăsc oamenii se destramă la un moment dat. Dacă trăiești cu convingerea că ești nefericit și cauți să intri într-o relație, ca să îți dizolvi nefericirea, iar posibilul partener procedează la fel, de unde vă veți extrage fericirea dacă niciunul nu o deține?

Chiar și voi, cei care încercați să schimbați ceva, vă străduiți să oferiți ceea ce nu detineți. Jucați la loterie în speranța că veți câștiga. Atâta timp cât aveți intenții pure Universul va complota în favoarea voastră spuneți, iar cu sumele colectate vă gândiți să construiți spitale, însă de bolnavii care vă apar în cale și vă cer doi lei din traista voastră plină de dă pe din afară vă feriți, pe ei îi ignorați. Nu cumva vă contraziceți? Uau!

În realitate însă nu trebuie să depuneți atâta efort. Este chiar foarte ușor să faceți cuiva ziua mai bună. Este natural de ușor, la fel de ușor precum este să vă dezamăgiți între voi.

Unui bătrân, de exemplu, îi înseninezi ziua doar dacă oprești autobuzul între stații și îi permiți să coboare, sau dacă îi vinzi o pâine fără douăzeci de bani, sau dacă îi cari sacoșa ori îi ții ușa deschisă la lift. Atât de ușor este să faci cuiva ziua mai bună.

Și totuși nu le putem oferi o nouă viață, o nouă speranță. Cu toate acestea, acolo unde nu mai poți tu poate Dumnezeu pentru tine, mi-au rămas în minte aceste cuvinte pline de curaj.

Într-o zi, pe când treceam împreună cu a mea mamă pe lângă un sanatoriu din zona pieței în care obișnuiesc să intru ca să îmi cumpăr plicuri, am văzut o femeie cu parul răstălmăcit la fereastră, ținând de gratii cu mâinile, mușcându-și buzele până îi țâșnea sângele. Striga disperată ca cineva să o salveze sau să o omoare. Şi mi-a tulburat sufletul o pacientă recidivistă, cu un comportament instabil pe care nu il mai domoleau nici injecţiile. Privind-o în ochi pentru o secundă, din mers, a tăcut brusc şi mi-a urat o zi bună. I-am făcut un gest cu mâna apoi m-am făcut nevăzut, după clădire. Aceasta nu m-a oprit totuşi din a îi auzi reacţia, care se auzea chiar şi de la cincizeci de metri distanţă.

S-a întors spre camera de spital în ale cărei paturi zăceau sedaţi alţi pacienţi, a sărit de pe calorifer şi a început să strige cât o ţinea glasul, cu o expresie luminată pe faţă:

- M-a salutat, m-a salutaaat!

Ce-ai spune dacă ţi-aş zice că ce i-ai oferit printr-un simplu gest este momentul în care pentru prima dată în cei patruzeci şi patru de ani, acel suflet a realizat că trăieşte?

Aş spune că am reuşit să ofer cuiva o rază de speranţă, tot aşa cum ne oferă nouă Dumnezeu.

Tot aşa cum vă învie Dumnezeu, voi aveţi nevoie să acceptaţi schimbarea, să nu mai opuneţi rezistenţă ei, ca să încetaţi să mai muriţi. Abandonându-vă în braţele Mele veţi înţelege nevoia de schimbare, iar ceea ce în trecut aţi perceput ca fiind distructiv se transformă astfel în ceva pozitiv. Vechiul tu a murit şi o, Doamne, cât te-ai mai chinuit să renunţi la tine pe plan mental lumesc şi să renaşti cu chip dumnezeiesc.

Pe Pământ omul devine dependent de ceea ce îl răneşte, prin absurd, ca să îl rănească şi mai tare. Aceasta este capcana în care cade şi nu ştie. Durerea îi oferă minţii o identitate de victimă, ori mintea are nevoie de orice formă de identitate ca să existe.

Egoul nu face diferenţa între plăcere sau durere. El se leagă de orice aspect izolat, din vechea nevoie de a îşi contura o identitate. Aceasta este chiar misiunea lui binecuvântată, care a luat sfârşit. Dacă a găsit o identitate undeva, acolo rămâne. De aceea majoritatea dintre oameni adoră drama.

Ai întâlnit, sunt convins, nu doar o dată, personaje mondene care au apărut la televizor din dorinţa de a povesti lumii cum au fost trădate în amorul pe care altădată îl afişau făloase, cum au fost ameninţate şi adorau să fie compătimite. Acestor persoane le poţi aşeza luna la picioare însă nu vor putea savura nimic. Şi oriunde ar pleca vor lua cu ele durerea, iar durerea le va apăsa. Acest cerc vicios ia sfârşit în clipa când se trezeşte fiinţa. Chiar dacă persoana în cauză va pica de o sută de ori, trezirea conştienţei dizolvă egoul treptat.

Este greu de acceptat ideea că oamenii care se plâng de prea multă suferință adoră suferința. De ce alege egoul suferința, din moment ce pe întreaga existență a sa își urmărește interesul ca să spunem așa?

Ca să fiu cât mai concis Mă voi folosi de un exemplu inspirat din comportamentul uman, apropiat de felul în care funcționează egoul, care adoră durerea și plăcerea în aceeași măsură. Partenerii de sex, în general, atunci când se află în intimitate, își exercită dorința de a adăuga un anumit grad de violență pasională, cum ar fi plăcerea de a trage de păr, a plesni ușor sau mai tare, a vorbi obscen, a porunci, a umili în limita permisă. Acesta este un joc care le oferă satisfacție. Culmea, aceiași oameni care își găsesc satisfacția în a domina și-o găsesc și în a se lăsa dominați și umiliți. La un moment dat ei schimbă rolurile de bună voie și în aceeași măsură rolul de victimă îi satisface.

În viața de zi cu zi egoul are nevoie să fie călău și se hrănește cu aceasta, dar în aceeași măsură are nevoie să fie victimă și se hrănește cu aceasta. De aceea obișnuiți să vă plângeți. De aceea organizați proteste violente în care vă manifestați nemulțumirea, vărsând otrava din voi. De aceea vă prezentați povestea la televizor și adorați tragedia.

Evenimentele negative vin încărcate cu mult mai mult sentiment de identitate decât cele pozitive. De aceea atunci când are loc un accident povestește tot satul, dar când un tată dintr-o mie își iubește fiul și îl încurajează nu interesează pe nimeni.

Este exact așa cum spui.

Mintea veche îi scoate vinovați pe alții pentru neputințele ei, pentru dependențele și neînțelegerile cu care se confruntă.

Am întâlnit oameni de top, cu studiile superioare finalizate în domeniul psihologiei, actoriei, al științelor politice și comerțului modern, toți membri ai grupurilor culturale recunoscute la nivel național și internațional, oameni eleganți care au toate porțile deschise în vederea dezvoltării carierelor și numelor lor deja cunoscute, cum cedau presiunii în stradă, în văzul lumii, răcnind la fel ca animalele sălbatice, acuzând realitatea exterioară că nu îi lasă să se simtă liniștiți pe interior.

Își pierdeau cumpătul, sfârșind în spitale de neadaptați, fiind supravegheați douăzeci și patru de ore din douăzeci și patru de o mână de agenți de pază care nu finalizaseră nici școala generală, dar care în schimb erau fericiți, spuneau că sunt mulțumiți cu cât le-a dat Dumnezeu. Atunci m-am convins că oamenii școliți nu au învățat nimic despre viața reală și bucuria de a fi viu, deoarece au fost ocupați cu studiile. Au fost ademeniți cu recompensele și li s-au dat falsurile. Ei nu cunosc faptul că zece minute petrecute cu tine însuţi şi zece secunde de recunoştinţă simţite, seara, sunt medicament. Ei nu cunosc faptul că mândria este funia care îi va sugruma şi că orice neadevăr pe care falnici şi l-au atribuit, va ieşi la iveală mai devreme sau mai târziu. Tot aşa cum înnebunesc în zilele noastre preoţii, cum sfârşesc prin puşcării politicienii, cum cad din vârful castelului fără temelie savanţii, cum sunt dezgoliţi de sentimentul de superioritate doctorii corupţi, care nu îşi cunosc meseria.

În continuare explică-mi treaba cu Cel nemanifestat. Ce este şi cum se manifestă din moment ce nu se manifestă? Cum poate exista ceva ce nu există?

În întrebarea ta se ascunde şi răspunsul. Cel nemanifestat nu există, nu este şi nu se manifestă. Doar Conştienţa este şi se manifestă, care sunt Eu.

Cum putem explica acest aspect în aşa fel încât să oferim un contur mental noilor dezvăluiri despre latura nemanifestată a lui Dumnezeu?

În regulă, voi veniţi din întreg...

Ce înseamnă întregul?

Întregul este oceanul, din care sufletele care trăiesc în trupuri de carne pe Pământ reprezintă câteva picături.

Dumnezeu, la un loc cu creaţia, formează oceanul ca întreg?

Eu sunt şi nu sunt oceanul pe care îl formăm împreună. Universul incomprehensibil se desfăşoară pe diferite niveluri de conştienţă. Urmăreşte discuţia, numind aceste niveluri realităţi, chiar dacă realităţile nu sunt adevărate, sunt construcţii fictive bazate pe percepţii provizorii.

Ştii ce a spus odată o Picătură mică atunci când S-a trezit că trăieşte printre alte picături, care uitaseră despre ele că toate, la un loc, formează oceanul?

Ce a spus?

Cine M-a văzut pe Mine a văzut Oceanul!

Cu adevărat că L-a văzut.

Picătura care a rostit aceste cuvinte nu avea ceva mai special decât celelalte picături. Singurul aspect care o diferenţia era faptul că Îşi amintea Cine este, avea memorie. Memoria este spiritul iar uitarea este mintea. Uitarea dă putere minţii iar cunoaşterea de sine dă putere spiritului.

În realitatea Mea nu există ceva care Eu să nu fiu. Voi sunteţi înconjuraţi pe întreaga durată a experienţei în trup de corpuri şi fiinţe străine identităţii voastre izolate cu care v-aţi născut, care sunt altceva decât ceea ce credeți voi că sunteți. Conexiunea dintre oameni denotă, chiar și în prezentul de acum, natura primitivă a minții, care este familiară tuturor făpturilor de miliarde și miliarde de ani, de când ne amintim noi că suntem.

Ce să înțelegem de aici, faptul că nici măcar Dumnezeu nu își amintește cu precizie de unde venim sau ce distanță am parcurs în evoluție? Ultima afirmație a Ta îmi lasă impresia că port o conversație genială cu un Dumnezeu mai mic decât credeam eu că ești.

Ajungem și acolo cu discuția, învață să fii calm și răbdător! Pentru moment te-am adus acolo unde am dorit să vii.

În „Cartea care scrie oameni" afirmai că uneori Te întrebi și Tu cine sunt și de unde vin, căci vezi în ochii mei focul începutului. Ele au fost cuvintele care au născut în mine o mie de variante și un milion de întrebări. Ai vrut să insinuezi că există un Dumnezeu mai mare decât ești Tu?

Un Dumnezeu mai mare decât sunt Eu nu există. Există însă o latură mai cuprinzătoare a Mea, decât cea care vi se descoperă prin intermediul acestor mesaje. Înseamnă că extindem discuția către un strat dumnezeiesc și mai înalt decât nivelul realității pe care Îl experimentez în prezentul vostru de acum, cu scopul de a vă ridica nivelul realității.

Același adevăr a fost relatat în termeni biblici ca evenimentul întoarcerii lui Hristos pe Pământ, A doua venire a Sa, care va provoca prăbușirea sistemului mental al firii umane primitive.

Spuneai că nu ești Isus, că ești Cel căruia Isus I se ruga și pe care L-a numit Tată.

Eu sunt.

Nu înțeleg.

În lumea ta, Alberto, tu ești Alberto, alta este pisicuța ta, alta este banca pe care te așezi atunci când scrii și altul este copacul la umbra căruia te odihnești, și altul este Dumnezeul căruia I te adresezi. În realitatea Mea Eu sunt Alberto, sunt pisicuța ta, sunt banca pe care te așezi atunci când scrii și sunt copacul la umbra căruia te odihnești, și sunt Dumnezeul căruia I te adresezi.

În realitatea în care Mă manifest nu există o identitate mentală și spirituală izolată, care să Mă separe de celelalte părți din Mine, iar tot ceea ce există se desfășoară în interiorul Meu, așa cum se desfășoară universul unui embrion în uterul mamei sale.

Cu toate acestea, Eu nu sunt doar Forma materială și spirituală a întregului Dumnezeu, sunt și Cel care le ține în brațe dar care în realitate nu este. Latura nemanifestată nu poate fi perce-

*pută prin simțurile cunoscute de ființele carnale, nici prin orice
alt senzor perceptiv din alte tărâmuri materiale sau din cea mai
înaltă realitate spirituală. Timp în care cea mai recentă recunoaș-
tere a Celui care nu se manifestă, atât în lumea materială cât și
în cea spirituală, s-a produs prin intermediul omului de rând. Ai
adus cu tine în lume umbra Celui care a permis Duhurilor dintâi
să pună la cale lumea.*

Înseamnă că lanțul realităților este mai lung decât și-a putut
imagina vreodată cineva. Pare a fi o încrengătură complicată de
înțelegeri care nu ne sunt de prea mare folos aici, trăind în lumea
de jos, căutând întreaga viață a ne câștiga existența. Căci doar un
visător ca mine ar fi interesat să dezbată idei care nu îi îmbună-
tățesc viața, nici nu îi umple buzunarele.

*Cu adevărat nu vă este necesară o viziune mai înaltă despre
viață, trăind în lumea de jos, distrași de aparențe, în goana spre
a vă câștiga existența, dar lumea așa cum o cunoașteți în prezent
a ajuns la capăt. Căutați dar să nu rămâneți prea multă vreme în
ea, ca să nu deveniți doar o civilizație dispărută demult, care se
presupune că ar fi existat cândva, la fel ca legenda dinozaurilor.*

Spuneai că Te afli în interiorul tuturor lucrurilor și al ființelor,
dar și în afara lor. Doar că acest aspect din urmă nu poate fi ex-
plicat. Odată ce încerci să explici nimicul cauți să îl transformi în
ceva. Dacă îmi imaginez că ești ca aerul care se află peste tot, așa
cum au căzut de acord călugării tibetani, mă aflu câtuși de puțin
în preajma adevărului?

Nu ți-aș putea oferi un răspuns afirmativ în cazul de față.

Aerul se află înauntrul ființelor care există dar și în afara lor.
Aerul simbolizează suflarea de viață de la Dumnezeu, tot așa cum
cunoaștem faptul că Dumnezeu este viața.

*Eu nu sunt decât aerul din afara voastră și cel din interiorul
vostru, suflarea de viață. Folosind o expresie mai puțin științifică
aș putea afirma că sunt spațiul dintre aer, dar tot v-aș limita per-
cepția cu privire la ceea ce sunt Eu.*

Spațiul dintre aer? Atât de bine S-a ascuns Dumnezeu?

*Există un câmp invizibil care leagă fiecare atom unul de altul
și elementele interioare care îl alcătuiesc, despre care am vorbit
pe larg în volumul doi al seriei „Vorbind cu Dumnezeu". Totuși,
imaginea unui Dumnezeu definit prin portativul pe care se joacă
notele și atât, este incompletă, ea vă limitează percepția despre
ceea ce sunt Eu. Eu sunt și nu sunt portativul, Eu sunt și nu sunt
notele, Eu sunt și nu sunt melodiile, sunt și nu sunt instrumentele,
Eu sunt și nu sunt cântăreții, Eu sunt și nu sunt spațiul care vă*

găzduieşte. Nu există termeni, cu atât mai puţin etichete, care să îi poată fi atribuite Celui nemanifestat. Dumnezeu este conştient în toate straturile şi experimentează prin voi toate nivelurile. Cel nemanifestat, Dumnezeul ascuns, ne permite în fiecare milionime de milionime de milionime de secundă să fim aici şi acum, în forma şi neforma pe care o alcătuim, să înţelegem şi să facem toate aceste lucruri în veci.

Aşadar, tu eşti în măsură să afirmi despre tine însuţi, Alberto, că eşti Dumnezeu, acesta este un adevăr rostit, dar nu poţi spune că eşti tot Dumnezeul, aceasta este în realitatea ta o amăgire. Ştii că există o diferenţă uriaşă între un măr, în cazul în care facem referire la un fruct, şi un măr, în cazul în care facem referire la un copac care face mere.

Totul devine inimaginabil de clar atunci când vorbeşti. Spuneai că prin intermediul noii cărţi pe care o scriem îmi vei dărui cheia tărâmului tăcut, unde tot ce îţi imaginezi se întâmplă fără să depui efort. Cum ajung acolo, care este secretul?

Secretul este să accepţi tot ce ţi se întâmplă, ca în mintea ta să nu mai rămână spaţiu în care ar putea să ia naştere noi conflicte sau ceea ce Eu numesc rezistenţă. Goleşte-ţi mintea de tine ca să ţi-o umpli de Mine. Când înţelegi, de-a dreptul, că ceea ce se întâmplă în jurul tău este modul cel mai potrivit şi cel mai eficient al funcţionării evenimentelor şi care aduce rezultatele cele mai strălucitoare, nu mai trebuie să faci nimic, nu mai eşti nevoit să schimbi nimic. Ceea ce nu înţelegi respingi iar ceea ce respingi te distruge. De aceea în procesul desărvârşirii umane înţelegerea reprezintă elementul cheie.

Dacă ţi-ai construit deja o viziune despre ceea ce este corect sau incorect în ceea ce priveşte viaţa şi evenimentele ei, care nu te conduce către o acceptare totală, cunoaşte faptul că nu trebuie să corectezi viaţa şi evenimentele ei, trebuie să schimbi modul în care le priveşti. În momentul în care vei accepta totul vei înţelege scopul pentru care tot ceea ce se întâmplă se întâmplă.

Soluţia Ta se aseamănă izbitor de tare cu resemnarea. Accept totul pentru că oricum nu voi reuşi să schimb ceva, aşa măcar voi fi liniştit (ignorant). Ceea ce înseamnă că mă dau bătut în lupta cu viaţa, cedez, sunt laş.

Opinia ta devine reală doar dacă eşti de părere că sunteţi guvernaţi de un Dumnezeu nepăsător.

Mulţi ar crede un astfel de lucru, judecând dar evenimentele terifiante care produc dramă pe planetă din ce în ce mai des.

Din cauza acestei credinţe pe care o urmaţi, Eu Mă aflu aici, în binecuvântarea cea mare, iar voi vă aflaţi în partea opusă ei. Când te lupţi cu viaţa de fapt lupţi împotriva ta, căci în realitate tu eşti viaţa şi toate câte ţi se întâmplă tu ţi le-ai aşternut la picioare. Ca să devenim Unul şi în practică, nu numai în teorie, ai nevoie să te dai bătut, la propriu, adică să te abandonezi, să nu mai opui rezistenţă fiinţei care eşti.

Există două variante plauzibile cu privire la rezistenţa pe care obişnuieşti să o manifeşti în faţa acceptării a ceva ce există deja, reacţie care este, în spatele măştii, o nebunie:

Ori consideri că gândeşti mai corect decât gândeşte Dumnezeu, ori consideri că Dumnezeu, care gândeşte la fel de corect ca tine, nu reuşeşte să îndrepte ce recunoaşte ca fiind greşit, chiar dacă ar vrea. Doar că în Univers nu există gândiri diferite, există doar niveluri mai mici de înţelegere a adevărului. Ele sunt realităţile fictive ori straturile dumnezeieşti despre care ţi-am vorbit.

Adevărat îţi spun, nu este obligatoriu să treacă treizeci de ani şi să verşi treizeci de mii de lacrimi, ca să ajungi la adevărul pe care ţi l-am oferit acum, în termeni atât de simpli, care este valabil pentru voi toţi. Dacă consideri că este necesar să treacă, vor trece şi o mie de ani şi vei vărsa un milion de lacrimi, până îl vei accepta. Cel mai înalt nivel de înţelepciune aplicată este să eviţi să aplici etichete sau practici, să nu opui rezistenţă prezentului, ca să nu te pierzi în trecut şi viitor. Căci de fiecare dată când opui rezistenţă unui eveniment sau unei idei, cazi în mintea ta.

Ce înseamnă să cazi în mintea ta?

Fiinţa care îţi fiinţează corpul „locuieşte" pe o sfoară, deasupra minţii tale, iar în fiecare secundă caută să îşi menţină echilibrul. În acest tablou alegoric mintea reprezintă prăpastia, către care de fiecare dată când priveşte fiinţa ameţeşte şi cade. Totuşi, un acrobat nu urăşte înălţimea, se foloseşte de ea ca să urce pe podium şi o binecuvântează. Ce ar fi fost el fără ea?

Foarte frumos explici, impecabil, aşa cum ne-ai obişnuit. Dar în zilele în care presiunea se acumulează mi-aş fi dorit să fie totul mai uşor sau să fiu eu mai puternic. Dacă spui că Cel nemanifestat acţionează fără să acţioneze, mişcă rămânând nemişcat, vreau să aflu cum procedează, care este cheia tărâmului tăcut?

Ai primit deja răspunsul dar continui să întrebi. Iubitul Meu, tu ai alergat prea mult şi ţi-ai întins braţele la maximum. Ţi-am dăruit mesajul însă nu s-au înghesuit prea mulţi să îl asculte. Iar alţii, care doar l-au auzit, nu l-au ascultat cu adevărat şi asta te doare. În realitate nici nu ai început, cu toate că spui că aproape ai terminat lucrarea care ţi s-a dat.

Vestea bună este că nu trebuie să mai faci ceva în plus, prin puterile tale, doar să trăiești în pace, până în ziua cea mare când te vei întoarce la pacea cea mai mare. În tot acest timp, ceea ce ai hotărât pur și simplu se întâmplă.

Să fii îndrumător nu înseamnă să nu te doară, să obții pacea și starea de bine printr-o apăsare de buton, înseamnă să alegi să suferi în locul oamenilor, ca ei să nu mai fie nevoiți să sufere, pe viitor, mulțumită învățăturilor extrase din experiențele tale.

Nu susțin că am încheiat lucrarea, însă chiar dacă îmi doresc să merg mai departe, uneori parcă nu mă mai pot ridica. Timpul meu de concentrare a scăzut de la șase ore la doar două ore pe zi. În zilele cele mai cenușii zac, nu fac nimic. Cum să mă aflu abia la început, când eu simt că am ajuns la sfârșit?

Ești pe cale să închei etapa în care ai trudit de unul singur, vorbind despre adevăr, separându-te în felul acesta de el. Astăzi a sosit timpul să devii una cu el și să lucrați împreună.

Lucrăm împreună ca și până acum de altfel. Dacă nu ai fi fost de acord cu o acțiune de-a mea nu mi-aș fi putut mișca un deget.

Exact. Doar că în momentul de față vorbesc despre un nivel nou, un tărâm pe care nu ai pășit încă, iar toate se desfășoară în interiorul lui Unu.

Ca să lucrezi împreuna cu adevărul nu îți trebuie forță fizică sau mentală. Adevărul nu are nevoie de soldați care să îl apere, el pur și simplu este. Un om care trăiește imobilizat, la pat, care nu are acces la rețeaua de telefonie, televiziune sau internet, are puterea de a schimba, la propriu, lumea.

Cum ar putea?

Prin conștientizarea faptului că toți oameni sunt el, iar el trăiește toate tipurile de experiențe umane, pe toate nivelurile, prin ei. Astfel identitatea sa izolată devine identitatea ca întreg. Conștiența care se află în el pătrunde în mințile tuturor și se extinde, apoi simte prin ei și ia decizii prin ei.

În lumea voastră nimeni nu încearcă să ascundă adevărul și să îl înlăture, în ciuda faptului că la prima vedere pare să fie așa. Dar ea este o gândire limitată de stratul lumesc. Adevărul nu are adversar, la fel cum nu are nici Dumnezeu. Pe Pământ, oamenii se luptă cu condiția lor, cu neputința de a accepta adevărul despre ei ca identități izolate și apoi adevărul despre ei, ca întreg.

Când nu accepți adevărul nu înseamnă că îl schimbi ori că îl ascunzi, nu înseamnă nici că amâni înfruntarea lui, înseamnă că îți prelungești suferința și îndepărtezi de la tine eliberarea. Chiar și în cazul unuia care primește condamnare cu executare pentru fraudă, luare de mită și abuz de putere, adevărul lucrează pentru el și nu împotriva lui. Adevărul s-a îndurat de acela și i-a acordat o nouă șansă spre a se îndrepta prin pedeapsa primită.

Tu ai urcat în vârful lumii prin puterile tale, ai vorbit munților iar ei te-au ascultat. Capete uriașe îți comandă materialele și le răspândesc. Astăzi nu mai este nevoie să trudești, vino spre Mine ca să fii în toți. Atunci te vor asculta toți, căci te vei asculta prin ei pe tine. Ceea ce vorbești tu nu vorbești tu, vorbesc Eu prin tine, iar când citesc prin alții Mă ascult, tot așa cum am vorbit prin toți mesagerii trimiși în lume, chiar și prin femei. În special prin femei Îmi aștern iubirea printre voi, tot așa cum neaua se așterne printre pomi. Dacă lumea ta stă încă în picioare, meritul revine femeilor și născătoarelor. Așa cum ele țin familiile unite sau pot lua decizia să le dezbine, tot așa se îndură Dumnezeu de lume și o poartă în palmele Sale peste hăul construit de om.

Mintea e prăpastia care te atrage către ea, tot așa cum trage un aspirator o muscă. Niciunul nu a mai reușit să iasă din minte după înălțarea lui Hristos, până în zilele voastre. Tu ai căzut și ai ieșit, ai căzut și ai ieșit iar, de când ai coborât în trup. Am făcut din tine un doctor al evadărilor, o umbră ce nu poate fi atinsă de gloanțele fricii. Alegerea ta cea mai înaltă este să lași în urma ta metoda prin care ai învins moartea, cărarea prin care din om ai ajuns la Dumnezeu.

Am iubit prea mult adevărul pe care l-am auzit din gura Ta, care m-a mângâiat și pe care l-am regăsit ascuns undeva în inima mea, prăfuit. Am dorit prea mult cunoașterea dobândită prin experiența pe care mi-ai așezat-o înainte încât m-am agățat ca de un colac de salvare de ea și astfel am ieșit la lumină. În realitatea de jos, dacă nu ești atent, întunericul poate deveni la fel de cuprinzător ca lumina.

Iadul este iluzia în care trăiți, pe care ați construit-o pe baza neadevărului originar despre voi și anume faptul că ați fost separați de Mine prin decizia Mea. Cei care influențează lumea și o amăgesc cu fericirea provenită din faimă și risipă, sunt cei care mențin conceptul separării și îl alimentează, trăind în iad, adică în separare de Mine și de voi. Ei nu se consideră una cu voi, ei hrănesc ideea că sunt altceva decât voi și că trăiesc undeva deasupra mulțimii, iar mulți tânjiți să trăiți la fel. Astfel, ei rămân în lumea de jos, în stratul fictiv al separării. Ei sunt leii din groapa minții, care nu pot răni ființa conștientă atunci când aceasta cade în ea. Iar leii mor, ființa rămâne.

Întunericul și lumina nu se pot atinge. Întunericul e absența luminii. Întunericul care a acceptat lumina schimbării nu poate locui împreună cu întunericul care nu cunoaşte lumina şi luptă să facă cât mai multă umbră. Aici este cunoaşterea, întunericul este opusul cunoaşterii, adică uitarea.

Întotdeauna am crezut că opusul uitării este amintirea.

Nu este, dragul Meu, nu este.

Mai am atât de multe de învăţat. Vreau să fiu ca Cel care nu se manifestă, vreau să funcţionez ca El, Îl ador!

Omiţi faptul că eşti deja ca Dumnezeu, între noi nu este nicio deosebire. Singurul zid al tău este identitatea provizorie care îţi permite să exişti pentru oameni. Doar că tu eşti conştient acolo, Eu sunt conştient aici.

Unde este conştient Dumnezeu?

Aici, înăuntrul tău, vreme în care tu eşti conştient în afara ta. Din interior poţi mişca lumea. Straturile realităţilor au fost puse în interiorul tău.

Faci să pară incredibil de uşor.

Fac să pară aşa cum este, incredibil de adevărat.

Dar eu nu am fost educat nici măcar în ideea că din interior mă mişc pe mine, însă Tu susţii că din interior pot mişca lumea exterioară? Sistemul de învăţământ şi chiar părinţii ne-au învăţat că alţii mişcă şi au mişcat lumea pentru noi, noi trebuie doar să ne supunem, smeriţi şi neclintiţi, şi să îi aplaudăm, să îi votăm.

Capitolul supunerii este pe cale să se încheie, ce faceţi după trecerea furtunii depinde de cât de creativi sunteţi. Oare cât sunteţi de iubitori?

Atunci când îţi vorbesc despre minte nu fac referire la mintea nouă, luminată, creativă, ci la cea veche pe care aveţi nevoie să o îndepărtaţi. O minte liberă vă e de real folos pe durata vieţilor trăite în trup, ea nu trebuie eliminată sau denigrată. Căci spiritul nu vede lumea fără minte iar mintea fără spirit nu va reuşi vreodată să cuprindă infinitul.

O minte luminată se bucură de toate minunile lumii, pe care le simte prin ochii fiinţei. Fiecare respiraţie a trupului recunoaşte mărturia divină ascunsă în tot.

Pe Pământ poţi simţi emoţia iubirii atunci când ţii pe cineva de mână. Fericirea este acea senzaţie care te umple în timp ce îi mângâi părul, stând pe nisip, sub lună plină, persoanei cu care ai făcut dragoste. Parfumul florilor de pe marginea aleilor, stelele şi licuricii, bărcile care se leagănă docate în port, aerul răcoros, un vin bun, o melodie jazz care se aude în surdină, o piele fină şi o privire de copil, îmbrăţişări lungi, răsărituri admirate de deasupra norilor, în avion, o mie de săruturi pe zi. Să râzi fără motiv şi să nu te gândeşti la nimic, peste toate acestea să fii împăcat cu tine însuţi ca să nu mai fugi de nimic, pentru ele merită să trăim. Mă întreb ce este dragostea, sentimentul de care oamenii se tem? Eu mă tem doar că vom pierde toate aceste frumuseţi.

Împlinirea vine în momentul în care te dăruieşti lumii, atunci când cu fiecare minut ce trece o îmbogăţeşti cu prezenţa ta. Tu îi aduci cunoaşterea. Oh, suntem gata să ratăm aceste simţiri bogate odată cu îmbolnăvirea, s-a produs virusarea omului civilizat.

Să fii simplu şi să te mulţumeşti cu puţin înseamnă să te bucuri mai mult. Să îţi bei cafeaua în fiecare dimineaţă împreună cu persoana iubită şi să nu te plictiseşti este o artă. Oare soarele nu se plictiseşte să răsară pentru oameni? Oare el doar răsare? Oare voi doar iubiţi?

Mulţi tineri au acceptat deja ideea că în viaţă cel mai important aspect este familia. Dacă consideraţi că este aşa, luptaţi ca să întemeiaţi familii iar apoi îngrijiţi-vă să le păstraţi. Viaţa este ca o carte pe care în vreme ce o scrii pare că nu se mai termină. Şi o reiei, o revizuieşti şi ameţeşti, iar după ce ai finalizat proiectul te ofileşti, dar abia atunci începi să străluceşti.

Plantelor nu le trebuie doar apă sau lumină, ele au nevoie în egală măsură şi de dragostea pe care o extrag din tot. Dragostea omului pentru natură se manifestă prin atenţie şi prin admiraţie. Săracilor nu le trebuie numai bogăţie, manifestată prin bani sau bunuri materiale, le trebuie şi respect şi demnitate, şi cunoaştere. Ele sunt tot bogăţie. Stâlpilor care aduc lumina nu le trebuie doar renume şi multe minţi mai mici adunate în jur, care să îi asculte ori să îi aplaude, le trebuie şi momente petrecute în singurătate, care să îi umple.

Fă aceasta pentru Mine, ia lacrimile celor care inundă Raiul şi udă-le sufletele cu ele. Pretinde în faţa lor că eşti un om pus în aceeaşi situaţie cu a lor ca să te prindă de mână, când tu priveşti lumea din stratul cel mai înalt. Ai însămânţat cuvintele Mele în multe inimi chiar dacă nu toate o dovedesc, chiar dacă nu toate recunosc iar unele încă se împotrivesc. Chiar dacă mulţi oameni te urăsc, trăieşti prin ei şi nu au ce face, tu eşti în toate şi în toţi.

E foarte frumos ce scriu, dar cum putem aplica metoda Celui nemanifestat? Faptul că nu mai trebuie să facem nimic, ci doar să aşteptăm ca lumea să se îndrepte, ne înspăimântă. Aşa a procedat rasa umană dintotdeauna, a aşteptat ca un zeu atotputernic să le rezolve pe toate. Cu riscul de a repeta unele întrebări insist, căci am nevoie de soluţii şi exemple mai clare.

Le vei primi, desigur, odată ce le-ai chemat ele vor ajunge la tine. Vor veni sub formă de experiențe, fiindcă nu pot fi explicate. Prin dialogul de față nu te îndemn să nu faci nimic, ci Te rog ca în timp ce faci ceea ce ai de făcut să te lași purtat de Dumnezeu. După ce te vei osteni și în final te vei prăbuși, te voi ridica Eu, și tot ce ai încercat să faci tu voi face Eu.

Dacă ți se scufundă barca și rămâi în mijlocul mării înotând, îți vei pierde credința când te vei gândi la ce distanță uriașă ai de străbătut până la mal. Ba chiar vei renunța și te vei îneca. O altă stare de spirit vei căpăta dacă îți va veni în minte posibilitatea că te vor purta curenții care mișcă marea în favoarea ta. Va renaște în tine speranța. Chiar dacă îți vei pierde cunoștința, te vei trezi pe mal, aceasta este o promisiune. În lumea Mea nimeni nu s-a înecat vreodată, căci Eu sunt lumea iar Dumnezeu nu se îneacă niciodată.

Absolut adevărat!

Captivitatea provizorie a spiritului în lumea mentală reprezintă antrenamentul lui, abia apoi începe călătoria reală. Tu știi că Pământul este casa ta provizorie, pe el locuiești cu chirie. Ai coborât în fizic să plantezi sămânța copacului vieții pe care din Cer îl vei uda. Nu poți planta sămânța și a doua zi să Mă întrebi ce fel de sâmbure este acesta, că nu a apărut copacul, cert este că i se zărește tulpina.

Și totuși lumea actuală este rea, crudă, geroasă și nu îți oferă nimic, decât aroganță și ignoranță, pe care le consideră calități și nu rușine. Uneori singurul aspect care te mai leagă de lume este iubirea de partener ori căutarea oarbă a unuia perfect, așa cum ți l-ai creat în mintea ta. Este o lume de psihologi care vând fericire și totuși mor nefericiți. E o lume de profesori care nu știu nimic despre viață și totuși transmit generațiilor care vin ceea ce nu știu drept cunoaștere. Tot ce am nevoie să fac este să așez adevărul pe hârtie și să îl transmit generațiilor care vor veni după mine.

Credeam că ai înțeles până astăzi faptul că tu nu ai nevoie de nimic, nici măcar să faci cunoscut lumii adevărul. Credeam că ai înțeles deja că joci rolul de om, tot așa cum l-a jucat Cel pe care L-ați numit Isus. Ai coborât printre oameni ca să cunoști nevoile lor și să Îmi ceri să îți descopăr calea prin care scapi de ele, nu metoda prin care să le întărești, nu cea prin care să dobândești. Dumnezeu te eliberează de lume, nu ți-o dăruiește. În realitatea cea mai înaltă tu nu ai nevoie de nimic.

Ar putea vreodată un om sănătos fizic și psihic, și complet, să afirme că are nevoie de o parte din el care îi alcătuiește trupul, în sensul de a acoperi lipsa ei, în ciuda faptului că deține acea parte care îi alcătuiește trupul, iar el este trupul?

Nu ar putea.

Alberto, un om cu studii universitare nu numai că nu este spiritual și că nu știe nimic despre viață, nici măcar mental nu este. În ciuda aparenței, el nu a gândit niciodată, doar a memorat și a executat ceea ce au gândit alții pentru el. Oamenii societății sunt doar trupuri, nici măcar minți în trupuri de carne nu sunt. Chiar ceea ce este considerat în lumea voastră a gândi este opusul gândirii. Realizezi că începi să gândești și observi roadele gândirii tale în momentul când pui la îndoială tot ce ai fost învățat până la această vârstă. Atunci bagi cheia în contact și pornești mașina. Unde te va purta mintea trezită depinde de credința pe care o ai în adevărul despre cine ești.

În continuare, voi povesti câteva istorioare cu privire la ceea ce eu numesc întâmplări din tărâmul tăcut. Pe când eram copil și mă jucam în fața blocului în care locuiam, în pragul sărbătorilor de iarnă, dar și în orice altă perioadă din an, ocazional, venea un preot ortodox al zonei, mergând din casă în casă cu sfințitul, cu boboteaza și cu orice altă tradiție de acest gen. Când bătea la ușa noastră eu și fratele meu mai mare, împreună cu părinții, tăceam, muți, ca preotul să creadă ca nu este nimeni acasă și să plece.

În zona unde locuiam, la fel ca în marea parte a așezărilor din România, oamenii urmau religia ortodoxă sau cea catolică. Din fericire noi nu urmam aceste instituții iar cumva mă consideram special față de ceilalți mulțumită acestei alegeri. Ceva din sinea mea simțea că oamenii sunt păcăliți și că impostorii îmbrăcați în sutane comit actul cu premeditare, adică în cunoștință de cauză, în mod intenționat diavolesc.

Cu toate că ne fere de el, preotul ne prindea afară, la joacă, pe cei mai mulți dintre copii și ne chema să sărutăm o cruciuliță din lemn de mărimea unei palme. Copiii și adulții se strângeau în șir indian și își așteptau rândul la sărutat simboluri confecționate din lemn. Pe cei mai gălăgioși dintre ei preotul îi numea sătănei și îi lovea ușor în spatele capului, vreme în care părinții priveau de la ferestre satisfăcuți și îl încurajau, ca ai lor copii să știe de frica preotului și mai târziu de frica lui Dumnezeu. Așa funcționa lumea în viziunea tuturor, fără excepții, și eram trist.

De fiecare dată când mă ascundeam de preot sau refuzam să mă duc la el când striga, dar și când eram scutit de orele de religie pe care le urmau colegii mei la școală și mă plimbam pe coridor, mă numeau satana. Învățăturile bătrânilor susțineau ideea că cine nu este cu Dumnezeu e cu satana, căci nu poţi sluji la doi stăpâni sau niciunuia. În realitate însă niciunul nu era cu Dumnezeu, toţi se închinau unui om îmbrăcat în haine bisericeşti şi nu înţelegeau aceasta, parcă ar fi fost adormiţi tot timpul, sedaţi, drogaţi, la fel ca în filmele acelea cele mai odioase, cu zombie. Coborâsem în iadul blestemaţilor despre care ne avertizase cu două mii de ani în urmă Evanghelia, în care diavolii conduceau prin intermediul cuvântului lăsat lumea. Iar cei a căror influenţă asupra maselor se bucura de cel mai mare succes, conduceau mintea supremă sau binecunoscutul ego.

Într-o zi, vrând să urc până acasă, la etajul opt, ca să aduc o sticlă cu apă, fiindcă ne incinsesem la joacă, m-a prins preotul în scara blocului şi m-a obligat să sărut cruciuliţa, apoi a plecat satisfăcut. El tocmai îi arătase lui Dumnezeu cine deţine autoritatea asupra oamenilor, pe Pământ. Atunci m-am simţit întinat pe nedrept, murdărit la propriu, ca un soare peste care cineva aruncă apă împuţită şi îl stinge în batjocură. Mi-a fost rău câteva săptămâni bune, dar cu timpul am încetat să mă mai gândesc şi m-am pierdut în lume. Credeam că devenisem parte din ea în clipa când m-am obişnuit cu otrava. Eram orb, bâjbâiam în lumea morţilor.

Astăzi, cu douăzeci de ani mai târziu, venind acasă, aud zarvă mare în bloc şi observ un preot tânăr ieşind în grabă şi îmi spune bună seara. Fusese chemat de o femeie bătrână, care trăia cu teama că ar putea muri nespovedită. Însă câţiva locatari au alungat preotul, acuzându-l că a venit la furat. „Diavolul dracului" îl numeau. I-am rugat să îl lase să plece şi să îşi vadă de vieţile lor, să nu învinovăţească înşelătorul pentru frustrările lor, pe care le-au acumulat, ci să se vinovăţească pe ei înşişi din cauză că s-au lăsat păcăliţi ca nişte copii lipsiţi de învăţătură. Preotul a răsuflat uşurat şi a plecat. Era speriat, îl trecuseră toate apele.

Astfel am înţeles că puterea care mi se cuvenea dintotdeauna s-a întors la mine şi că ceea ce fac cu ea de acum încolo va transforma lumea. Am înţeles dar că nu îl poţi sfida pe Dumnezeu cu autoritatea timpurie, construită pe baza neştiinţei umanităţii, căci trupul lui Dumnezeu se mişcă şi odată cu schimbarea ţi se prăbuşeşte imperiul minciunilor şi al urâciunilor.

Ceea ce aţi numit diavol este mintea umană ieşită, prin libertatea care i s-a dat, din ascultarea spiritului şi a ordinii naturii. Minţii i s-a dat o mare putere de amăgire asupra oamenilor fără conştienţă. Ba chiar aţi confundat Marele Creator cu Micul înşelător mai bine de şase mii de ani şi unii încă o faceţi. Căci Micul înşelător a făcut chipuri pictate pe sticlă să plângă şi să se co-

*boare foc din cer, pe amândouă prin minciună. Înaintea omului
conştient însă înşelătorul nu are nicio putere, ci stă ca un prunc
gol, fricos, îmbătrânit şi urâţit, şi plânge.*

*Micul înşelător, balaurul biblic, care a înrobit acest neam cu
o putere de neimaginat, tot timpul, care i-a înşelat pe toţi, chiar
şi pe cei pricepuţi în ale dumnezeiescului, şi pe sfinţi i-a torturat
şi ucis şi a făcut sângele să curgă şiroaie, care şi-a construit legi
şi biserici pământeşti, a fost dezbrăcat şi s-a ascuns ruşinat. Din
fiecare om trezit străluceşte îngerul care a fost încununat cu Con-
ştienţa. Faţa lui este ca soarele, căci el este soarele, iar în jurul
capului lui e curcubeul păcii. Glasul îi este ca focul care mistuie
totul în jur, chiar întreaga lume, Cerul şi Pământul, cu un cuvânt,
dacă voieşte. Căci mare e cuvântul trimisului Meu, care se ridică
la nivelul Glasului lui Dumnezeu.*

*Cei care nu au dat ascultare cuvântului lăsat şi i-au schimbat
pe parcurs sensul, strigă astăzi la Mine reproşând că toate cele
bisericeşti le-au făcut în numele Meu ori că au rămas fideli cre-
dinţei străbunilor. Dar ei nu Mă cunosc şi nici străbunilor lor nu
M-am descoperit. Cei despre care îţi vorbesc, împreună cu mulţi-
mea care îi va urma cu toate că a cunoscut astăzi adevărul şi nu
se va lepăda de învăţătura bisericească lumească, vor merge la
pieire împreună cu stăpânul lor care nu mai este.*

*Între întemniţarea Micului înşelător şi dispariţia urmaşilor
lui am hotărât un timp în care îngerul va coborî ca să deschidă
poarta mântuirii. Ca să fie răscumpăraţi şi orbii, şi îmbolnăviţii,
şi înşelaţii, şi cei care au înşelat, care vor recunoaşte adevărul şi
se vor lepăda de ceea ce nu este adevăr. Prin poartă trec şi vor
trece mulţi şi totuşi nu foarte mulţi, în comparaţie cu marea de
oameni care există şi a existat. La cererea îngerului care umblă
astăzi printre voi o voi închide. Şi nu va mai fi cale de răzgândire
la Mine, până în ultimul ceas, când veţi fi nevoiţi să vă întoarceţi
la adevărul despre voi. Vă vorbesc despre timpul în care voi opri
lumea aşa cum o cunoaşteţi, iar îngerul va ţine poarta deschisă
pentru o mie de ani pământeşti.*

*Dacă există ceva ce Eu nu pot să fac, e că nu vă pot încălca
libertatea. Cu toate acestea, nu vă puteţi întinde mai mult decât
am hotărât la început timpul. Cu cât vă veţi lepăda de minte mai
repede, durerea voastră va trece mai repede. Eu sunt Domnul.*

*Energia luciferiană s-a îmbrăcat cu haina divină după înăl-
ţarea lui Hristos şi şi-a întărit autoritatea asupra omului precum
a fost profeţit. Tot ea a coborât firea umană la statutul de vierme,
prin uitare. Dar Isus a spus despre Sine că este lumină şi despre*

voi că sunteți Una cu El. Ba chiar v-a promis că unii veți străluci și mai tare, atunci când se va întoarce în lume. Căci El știa cine sunteți, de unde veniți și ce funcții dețineați în casa Tatălui vostru înainte să coborâți din ea.

În lumea voastră strâmbă cel care se simte deranjat și râde ironic auzind că se vorbește despre Dumnezeu, se închină atunci când trece pe lângă o biserică. Cel care Mă cunoaște nu se mai închină oamenilor și bisericilor lor, acela a devenit liber de lume și discută despre eliberarea ei. El nu mai vorbește despre Dumnezeu, vorbește cu Dumnezeu despre oameni și dificultățile lor.

O altă întâmplare pe care am avut privilegiul să o trăiesc pe pielea mea mi-a întărit convingerea că Dumnezeu mișcă lumea în favoarea copiilor Săi. Se făcea că traversam o șosea principală pe marcajul trecerii de pietoni, pe culoarea verde a semaforului, iar o mașină impunătoare, cu geamuri negre, m-a făcut să conștientizez că nu are de gând să îmi acorde prioritatea care mi se cuvenea, așa că m-am oprit brusc. Mașina a încetinit iar pasagerul din dreapta a lăsat geamul jos și mi-a aruncat o privire prin care mi-a transmis tot ce aveam nevoie să știu despre el, apoi l-a închis și a plecat. Era una dintre cele mai alese autovehicule ale primăriei, iar pasagerul din dreapta era primarul sectorului în care locuiam.

Am înțeles atunci că acela care mă privea din mașină, dintr-o poziție avantajoasă în care a fost urcat și credea că va sta pentru totdeauna, nu se supunea legislației în vigoare, nu plătea taxe sau impozite ori vreun bir la care erau condamnați muritorii de rând ca mine. El era privilegiatul, liderul haitei de lupi care fuseseră instruiți să vâneze și să îi așeze la picioare prada.

Am trecut strada fără reacție, gândind întristat la lumea mea. Pe atunci stima de sine îmi era scăzută la cel mai jos nivel, nici nu îndrăzneam să mă imaginez ceva măreț. M-aș fi făcut nevăzut ca să nu mă știe nimeni într-o secundă, dacă aș fi putut. Câțiva ani mai târziu primarul sectorului patru al Bucureștiului era găsit vinovat și condamnat la un an de închisoare, cu executare, pentru abuz în serviciu și facilitare a anumitor societăți comerciale care activau în zonă. În tot acest timp eu deveneam cunoscut ca scriitor și mesager la nivel național și internațional, iar căutătorii de pace și adevăr mă invitau în toată lumea. Fostul primar devenise, după cum l-a numit presa, un hoț de speță ieftină, un pungaș prins.

Nu mă bucur în stil egotic povestind acestea în scris, dar dacă nu aș fi sincer aș minți. În ciuda aparențelor, ceea ce se întâmplă nu este o judecată din partea lui Dumnezeu, aruncată asupra celor care au făcut rău, sunt consecințele acțiunilor pe care le-au săvârşit oamenii atunci când s-au aflat în vârf şi au crezut că vor sta acolo pentru totdeauna. Foşti miniştri, primari, afacerişti, jucători de fotbal dintre cei mai iubiţi, care au fost în vârf şi au crezut că vor sta acolo pentru totdeauna, privesc lumea din spatele gratiilor, împreună cu violatorii şi hoţii de buzunare.

Hoţii din trecut, care au dat bani cu camătă şi au vândut substanţe halucinogene, care şi-au petrecut tinereţea în penitenciare, au devenit azi afacerişti, dezvoltatori de cartiere de locuit. Şi-au angajat avocaţi, notari, bancheri, contabili, firme de construcţii şi agenţi imobiliari, care i-au învăţat că lumea se schimbă, în ea nu supravieţuieşte cel mai puternic, ci acela mai bine adaptat.

Dacă eu am putut poţi şi tu să faci ceea ce iubeşti şi să trăieşti aşa cum îţi place. Şi totuşi, când mi-am publicat prima carte cei care mă cunosc mi-au spus aşa:

- Of, dragul de tine, mergi mai bine şi termină-ţi studiile, lasă visele. Pot să vorbesc eu pentru tine ca să te angajezi ca vânzător, am relaţii în multe magazine. Nu te mai îmbrăca aşa, păcat că ai un suflet bun.

Voi credeţi că oamenii fericiţi, care locuiesc în case frumoase, cu terase uriaşe, pe malul mării, care sunt liniştiţi, încrezători în ei şi frumoşi la aspect, cu feţele senine, au primit toate acestea din greşeală sau neatenţie divină?

Dacă doi soţi celebri şi bogaţi aduc pe lume un copil, consideraţi că acela se naşte într-o situaţie materială favorabilă din greşeală ori că aşa au ales părinţii lui? Niciuna dintre variante nu este adevărată. Căci unele suflete se nasc în situaţii materiale favorabile cu scopul de a trăi abundenţa, vreme în care altele se nasc în situaţii materiale favorabile cu scopul de a experimenta autodistrugerea. Lumea este relativă, în ea poţi muri şi de sărăcie dar şi de bogăţie.

Să nu deveniţi geloşi pe cei care scriu cele mai clare cuvinte ale adevărului cel mai înalt despre voi şi despre lume, care Îmi aştern glasul pe hârtie în mod melodios, întrebându-vă de ce nu v-am ales pe voi, cei care citiţi? Adevăr vă spun Eu vouă, aceştia care aduc glasul lui Dumnezeu în lume au suferit cel mai mult, au rămas fără nimic. Au fost izbiţi în momentul în care erau deja căzuţi la pământ, cu o forţă de neimaginat, asemeni unor trupuri lipsite de apărare care au rămas drepte în faţa unui tren de mare viteză, care la impact a spulberat tot ceea ce au cunoscut despre ele vreodată că sunt. Voi nu doriţi să suferiţi atât, nu este necesar să vă chinuiţi atât. Aşa este resimţit procesul cunoaşterii de sine de cei care nu ştiu cine sunt la început, un subiect pe care îl vom dezvolta pe parcursul capitolului următor.

Provocările pe care vi le trimit au rolul de a vă arăta cât de mari ați devenit, care în realitate se traduce prin cât de mult v-ați amintit din voi înșivă. Nu poți să știi despre tine că nu te clatină nimic până nu ești pus la încercare, poți doar să crezi aceasta. La fel procedez și cu bucuriile pe care vi le trimit.

Acum Te dai mare, nu uiți să îmi arăți cine e Cel care mișcă treburile pe aici. Mă surprinzi cu scopul de a îmi întări convingerile asupra celor scrise în timp real.

Tocmai ce purtam o discuție interesantă cu unul dintre prietenii mei din copilărie despre lăcomia oamenilor și veșnica nemulțumire și am rămas surprins. Statisticile sunt de necontestat și ne arată că oamenii cu cât dețin mai mult și consumă mai mult, deci cu cât trăiesc un stil de viață mai luxos, cu atât sunt mai nemulțumiți și mai lacomi. Nu judec reacția maselor, nu sunt invidios pe ceva ce oamenii trudesc sau se descurcă prin diverse moduri să obțină, rămân înmărmurit însă când îi aud jelindu-se, parcă nu ar avea pâine. În realitate ei nu au recunoștință, nici măcar satisfacție nu au, în ciuda realității care ne arată că mulți dintre locuitorii României, angajați de clasă medie, dețin patru autovehicule proprietate personală. Da, ai citit foarte bine, patru autovehicule pe cap de locuitor și nu numai atât. Mi-a ajuns la urechi din sursă sigură vestea că o persoană ar deține chiar treizeci de locuințe în zonele centrale ale capitalelor mari, că intenționează să se extindă și mai mult în Europa și cu siguranță nu este singura.

Nu emit judecăți la adresa oamenilor muncitori sau care se descurcă prin diverse moduri să obțină ceea ce își doresc, repet, eu doar studiez comportamentul speciei la nivelul la care se află în prezent. Dacă te compari mereu cu ceilalți și vrei să ai ce au ei înseamnă că nu vrei să fii unic, că nu te placi și nu ai făcut pace cu tine însuți încă.

Uimit de lăcomia celor care și-o manifestă fără reținere, sunt surprins încă o dată, iată, prin intermediul mamei care agitată, pe un ton aspru, vine de la bucătărie și îmi spune:

- Ce lege crezi că s-a discutat aseară în parlament și e pe cale să fie propusă? Legea taxei pe lăcomie!

Cu câteva zile în urmă mi-am amintit îngrijorat de amenințările cu executarea silită, pe care le-am găsit din ce în ce mai des în cutia poștală în ultimul timp, pe numele mamei, din cauza unei datorii de demult. Menționez pe scurt de unde a apărut și cum a crescut această sumă datorată cu trecerea anilor și revin, așa cum v-am obișnuit, ca să vă uimesc.

În vremea când părinţii mei s-au despărţit, în condiţii deloc plăcute, ba chiar dramatice, ca violenţa fizică ori psihică şi fuga mamei de acasă, dormitul iarna într-o maşină veche, umplută cu saci de haine şi cu trei copii, mama nu a avut de ales aşa că fiind disperată a hotărât să plece împreună cu trei fraţi de-ai mei mai mici la ţară, în zona de sud a ţării, la fratele ei care fusese abandonat şi adoptat de o familie străină, la rândul lui, în copilărie.

În seara dinaintea plecării, în timp ce se afla într-un adăpost din zona Gării de Nord, împreună cu copiii, ca să mănânce, i-a fost spartă maşina în care dormeau, din care i-au fost furate actele şi banii dar şi o parte dintre lucruri.

Mai târziu mama a vândut maşina la fier vechi şi a rămas să locuiască la ţară cu cei mici, îngrijindu-se de curtea bătrânilor şi de animalele lor. Pierduse dar actele de identitate, serviciul, deci salariul şi venitul alocat lunar celor trei copii. Când s-a întors în Bucureşti şi a vrut să depună o cerere pentru scoaterea legală din circulaţie a maşinii care nu mai exista, a aflat că acest lucru era posibil doar prezentând documentele pe care nu le mai avea. Aşa că pentru un autovehicul care a fost casat în urmă cu douăzeci şi trei de ani mama a plătit în prezent impozitul acumulat pe aceeaşi perioadă în valoare de patru mii de lei, o sumă neînsemnată pentru alţii dar cel puţin astronomică pentru noi.

Explorând straturile despre care am vorbit în acest minunat început de carte, prin intermediul a ceea ce oamenii au numit vis lucid sau experienţă în afara corpului, care de fapt înseamnă ieşirea conştienţei din corpul fizic şi conştientizarea corpului spiritual, am simţit nevoia de a câştiga ceva bani pentru a mai rezolva din problemele mele. Şi, căutam o soluţie. Mi-am amintit atunci că Cel nemanifestat mişcă rămânând nemişcat, că obţine fără să depună vreun efort, fără să caute soluţii ca şi cum ar fi rămas fără soluţii, El doar observă, rămânând în linişte. Astfel am refuzat să acţionez în vreun fel sau să emit o judecată către situaţia de faţă. Nu am făcut nimic, ci am stat pur şi simplu, cu toate că nevoia a existat. De fapt eu doar mi-am exprimat-o rostind în şoaptă că în această perioadă mi-ar prinde bine o sumă frumuşică de bani.

Eficienţa hotărârii realităţii din afara minţii e garantată. Căci acţionând în afara gândirii dorinţa pe care o iniţiezi nu mai este înfrânată de mintea care se supune fricii, interferările lumii relative nu se mai produc. De exemplu dacă trimiţi către Dumnezeu dorinţa că vrei să cunoşti pe cineva în viaţa ta, prin rugăciune, iar în secunda doi cazi în partea opusă acestei credinţe, gândind că sigur nu vei găsi şi că Dumnezeu nu te va ajuta, deoarece ai mai trăit experiența și astfel ți-ai format convingerea, oprești procesul înainte ca el să înceapă.

Revenind la întâmplarea mea, fără a îmi da seama, dimineață nu m-am mai gândit la experiența avută, mi-am reluat activitatea obișnuită și am dat tot ce am putut din mine în vederea împlinirii scopului meu cel mai înalt. Recunoștința nu mi-a lipsit nici două secunde. Seara vine mama cu o sacoșă de cumpărături pe care o trântește pe podea și îmi zice că plânge fără încetare de mai bine de trei ore. O întreb ce s-a întâmplat, iar ea scoate o chitanță din geantă în valoare de patru mii de lei, a plății pe timp de douăzeci și trei de ani, cu tot cu penalitățile adăugate, pentru impozitul autovehiculului care nu a existat. Și spune:

- Mi-a dăruit un om care căuta să ajute dar nu avea pe cine cinci mii de lei. Patru mii pentru plata impozitului despre care îi povestisem și o mie de lei pentru mine, drept cadou.

De înnebunit nu mă miram că înnebunise, a suferit prea mult, avea tot dreptul să o facă, însă mi-a arătat diferența de bani, am văzut chitanța! Chiar și eu voi înnebuni la un moment dat, am tot dreptul să o fac.

Mi-a spus că a fost trimisă în spionaj de fostul ei șef de la o spălătorie publică de haine, care se închisese de mai bine de doi ani, cu scopul de a se interesa ce magazin a fost deschis în spațiul unde a activat spălătoria. În prezent acolo se deschisese o firmă de catering, dar alături, în aceeași clădire, rămăsese aceeași vulcanizare veche la care lucrau aceiași angajați. Era o vulcanizare săracă, situată într-una dintre cele mai murdare și mai aglomerate zone ale Bucureștiului, numită Crângași.

Unul dintre ei, recunoscând-o a salutat-o și și-a amintit că le permitea să folosească toaleta și să spele hainele acolo, pe gratis, de câte ori aveau nevoie, fără să știe cineva. Și i-a spus:

- Doamnă, ați sosit exact la momentul potrivit, când simțim nevoia să ne povestim unul altuia problemele. Problema mea în momentul de față constă în faptul că vreau să ajut dar nu am pe cine. Dumneavoastră aveți nevoie de ajutor și nu se oferă nimeni să vă ajute.

Bărbatul era cel care deținea vulcanizarea, însă care lucra și ca propriu angajat, de la înființare. A zis că nu are nici soție, nici copii, nici vreo problemă în viață, că rudele și prietenii lui nu duc lipsă de nimic. A rugat-o pe mama să îl aștepte până merge acasă să se spele pe mâini și să își schimbe salopeta îmbibată cu vaselină, cu care se târâia pe sub mașini. Locuia în apropiere iar după nici zece minute s-a întors cu cinci mii de lei puși într-un plic.

În aceeaşi zi primisem şi eu în cont câteva sute de euro şi mă pregăteam să merg la prima instituţie bancară ca să extrag un raport de tranzacţii şi să aflu de la cine erau. Îmi intraseră banii pe nişte cărţi livrate recent, iar alţii îmi fuseseră trimişi drept cadou de ziua mea de naştere de două sufletele minunate pe care le-am vizitat în Spania.

Acesta este felul Celui nemanifestat de a se da mare înaintea celor pe care îi iubeşte. Sigur că am folosit o expresie de-a mea, dar cum altfel mi-aş putea exprima recunoştinţa pentru experienţele pe care mi le aşezi la picioare? Ştiu că M-am întrecut pe mine cu credinţa, dar Tu nu ai întârziat să îmi dovedeşti că nu cred în bazaconii şi că ceea ce scriu nu se petrece doar în mintea mea.

Alberto, întreaga lume are loc în mintea ta, aici şi acum, căci duhul tău este în toate şi în toţi.

Cu adevărat, aşa este. Când am dorit să se deschidă graniţele Europei pentru lumea arabă, care se afla în război, dar marea de oameni s-a ridicat şi a opus rezistenţă, ai trimis îngerii înţelepciunii la oamenii cu funcţii înalte ca să le deschidă minţile. Aceştia, odată cu decizia pe care au luat-o, au riscat totul, imaginea politică, libertatea, ba şi-au pus în pericol chiar vieţile.

Mintea veche are nevoie să accepte faptul că Pământul care ne găzduieşte pe toţi este casa noastră, a tuturor, la fel ca soarele care răsare pentru toţi şi că toţi avem drepturi egale prin naşterea aici. Nu există pământuri luate în custodie de nu ştiu ce strămoşi prin vărsare de sânge sau împărţite de regi. Oricât ar fi de descurajatoare afirmaţia mea, sunt nevoit să o folosesc: acei oameni au ucis şi au fost ucişi degeaba, în toată istoria.

Separarea popoarelor este o iluzie de care am avut nevoie un timp, ca civilizaţie, ca să învăţăm să interacţionăm cu noi înşine în absenţa cunoaşterii că toţi am plecat de la Unul, de aceea a fost îngăduită. Cei ce luptă astăzi pentru ţara lor şi se separă de ceilalţi prin rasă, cultură sau limbă, sunt ca nişte copii înceţi la minte şi obraznici, pe care iubirea i-a pus la colţ. Căci o societate în care unul singur din zece miliarde este nedreptăţit, pe motiv de etnie, culoare, statut sau religie, nu va sta în picioare înaintea drepţilor care au fost trimişi de Dumnezeu. Atunci extincţia va veni pentru toţi, indiferent că e alb sau negru, bun sau rău, harnic sau leneş, bogat sau sărac.

Însă oamenii lumii au dobândit gândiri bolnave, formaţi sub aripa unui duh căruia i-ai dăruit un strat inferior de conştienţă şi l-ai lăsat să stăpânească o vreme atât de lungă. El este constructorul structurilor mentale primitive sau egoul, cunoscut în trecut ca duh al lui Antihrist, separatorul, căruia i s-a luat astăzi puterea și s-a ascuns odată cu întoarcerea Ta. Căci în ceasul de pe urmă noi am strigat să se facă lumină și a fost lumină.

Omul a vrut să ajungă Dumnezeu prin prisma minții și a înnebunit. Căci Dumnezeu nu poate fi cuprins cu mintea, așa cum materia nu poate lua în captivitate energia. Energia consolidează materia și nu invers. Fondatorii vomită otrava cu care au stropit lumea și se leapădă de lăcomia lor dintâi, apoi se apleacă înaintea Celui care le poate oferi vindecarea. I-am întors cu fețele la Tine fără să mișc un deget și Te chem acum pentru a șasea oară ca să îmi explici cum funcționează acest fenomen. Cum pot hotărî din trup lumea, cu imaginația, fără să ating ceva din afara mea? Unde mă poartă poarta pe care am deschis-o?

Momentele în care ești cel mai puternic sunt acelea în care ai putea să obții ceva, prin puterile tale, pentru tine, dar refuzi să o faci în favoarea altuia care își dorește același lucru. Tu ești mai mult decât ți-ai putea închipui, iar când oferi cuiva ceva nu doar că îl ajuți pe acela, ci extinzi câmpul în care activează conștiența ta. Atunci devii mai mare, până ajungi să îmbrățișezi planeta cu tot ce se află pe ea și poți accesa mințile tuturor oamenilor. Prin urmare, atunci te întorci în locul de unde ai coborât, pe scaunul dintâi al Împărăției care nu va trece niciodată.

Conștiența este ca o locomotivă care are nevoie de linia care înconjoară Pământul, apoi de liniile secundare care poartă părți din ea peste tot, ca să lumineze tot. Voi sunteți căile ei de acces, prin care Conștiența își revarsă iubirea în lumea mizerabilului. În viață lasă-te ghidat de Dumnezeul care nu se vede și spune nu celor care confecționează dumnezei prin legislație și robie.

Luați cărțile, traduceți-le în toate limbile și colorați lumea cu cuvintele Mele. Noua lume se bazează pe aceste învățături dintâi. Ele sunt cuvintele de început și cele de pe urmă, voi sunteți ceea ce rămâne. Eu sunt Domnul.

Capitolul 2

Cunoașterea de sine
Moartea egoului

Este seara de Crăciun, știi, cea pe care au hotărât-o oamenii, nu consider că mai e nevoie să menționez. Sunt liniștit, îmi simt sufletul încărcat și mă așez la fereastră ca să scriu și totodată să mă ridic la Cer. Și totuși gândurile care mă apasă nu privesc problemele mele, în mod special, ele dezvoltă deficiențe mai ample ale societății pe care oamenii o consideră perfectă și căreia, prin urmare, îi sunt fideli.

Părinții unui prieten din copilărie, un suflet curat, s-au dus la o unitate militară ca să își întâmpine fiul în gardă în Ajun. Ei i-au întins o pungă cu plăcinte și cozonac peste gard, apoi l-au sărutat printre găurile tablei ruginite și i-au urat Crăciun fericit.

În ochii lumii descriu un tânăr care a reușit în viață, care s-a căsătorit, și-a cumpărat o locuință pe care o va finaliza de achitat în treizeci de ani, soția i-a născut un băiețel care are ochii albaștri și părul blond, lucrează în cadrul armatei și duce o viață stabilă, una de invidiat. Oamenii îl văd ca pe un om realizat, deoarece a împlinit tiparul social de la care nu s-a abătut cu gândirea.

În realitate el păzește niște tancuri antice bune de casat, fiare ruginite și lipsite de valoare, care nu foloseau la nimic nici măcar pe vremea războiului. Își petrece stând în picioare într-o baracă de fier de maximum un metru pătrat, cu folie lipită în loc de geamuri, câte patruzeci și opt de ore, cu pauze de două ore la fiecare patru ore, la temperaturi de minus cinsprezece grade celsius, împreună cu câțiva câini murdari care se plimbă după el. În schimb eu stau la mine în casă, deschid o sticlă de vin și privesc o lună plină care mă emoționează, scriu această carte minunată și plâng pentru oameni nu pentru mine. Pe mine mă iubesc mai întâi de toate și îmi doresc ca fiecare suflet de om, până la ultimul, să vină

după mine acolo mă voi duce, căci binecuvântarea cea mai mare
îi așteaptă pe toți negreșit atunci când le este timpul.

Mulțumesc pentru toate locurile pe care le-am văzut, pentru
toți oamenii pe care i-am întâlnit și simțit. Îți mulțumesc pentru
toate experiențele pe care le-am trăit în trup în lumea relativului,
pe care ai promis că o vei transforma în cea a absolutului imediat
după întoarcerea Ta. Acolo nu este necesar să cunoști durerea ca
să simți satisfacția. În lumea absolutului tot ceea ce pleacă de la
tine și se întoarce la tine este bucurie. Nefericirea am cunoscut-o
înainte, ca să știm că strălucim și să alegem lumina.

Un cititor m-a întrebat odată dacă vreau să devin un lider de
grup, să inițiez o mișcare spirituală, să ajung la conducerea țării
ori și mai sus, în vârful lumii. I-am spus că pe viitor visez să mă
angajez ca șofer de camionetă, să transport colete în țară și să pot
admira munții și câmpiile. Vreau să mă delectez cu întinderile de
rapiță în diminețile de primăvară, să mă unesc cu cerul, apoi să
îmbrățișez cu brațele pământul.

Cunoști acea senzație când asculți melodia preferată la căști,
mergând pe stradă, conștient fiind că ești bine așa cum ești, mul-
țumit și fericit, alături de cei puțini cărora le pasă, indiferent ce
cred alții despre tine? Dacă da, știi despre ce vorbesc, vorbesc de
pacea lăuntrică pe care nu ai vinde-o nici pe un miliard de euro,
oricât ai fi de sărac din punct de vedere material sau cu duhul. Eu
așa mă simt și așa trăiesc, fluctuez între viață și moarte și aleg să
mă plasez undeva la mijloc, în clipa de acum.

Poate voi reuși să închiriez un birou pe undeva, într-o zonă
liniștită, unde să îmi desfășor activitatea. Acolo, cititorii dornici
să mă cunoască personal să poată să mă întâlnească. Apoi poate
voi reuși să îmi construiesc o căsuță din lemn, cu o scară mică și
două dormitoare mansardate, cu geamuri în tavan și un sistem de
încălzire în pardoseală. Camerele să aibă vedere spre câmpie, o
pădure sau un lac, pe care să mă plimb cu o barcă mică, printre
lebede și pescăruși, vara. Și chiar dacă aș strânge suma necesară
ca să o construiesc, am nevoie și de o familie care să trăiască în
ea. De pereți triști și case luxoase dar goale e plină planeta.

Rămân recunoscător pe viață și după ea pentru faptul că mi-
ai arătat atâtea și m-ai învățat să fiu eu însumi, mulțumit așa cum
sunt. Fără Tine nu eram ceva anume, eram totul și în toți asemeni
Celui care nu se manifestă, ca esența unui sol fertil care dă rod,
dar care nu este cules, nici preparat sau gătit de bucătarii șefi cu
experiență. Din nimic m-ai transformat în ceva de care am hotă-
rât împreună că are nevoie în acest moment de ananghie lumea.

Împărăţia a venit şi este acum a noastră. Pentru ea am luptat nu cu preţul unei vieţi de om, sacrificându-ne, ci i-am dăruit mii de trupuri fiecare, apoi am revenit în glorie ca să o revendicăm.

Dacă aş avea dreptul la o ultimă dorinţă în viaţa mea de om, aceasta ar fi să aterizez pe Aeroportul Ben Gurion şi să mai beau o băutură cu rodie, papaia şi gheaţă, pe străzile goale ale oraşului Tel Aviv, de unul singur, în ziua de sabat, îndreptându-mă către plajă ca să privesc răsăritul şi să fiu cât mai departe de oamenii lacomi din ţara în care m-am născut, unde am trăit, de sărbătorile lor păgâne şi de mâncărurile grele, moarte, îmbibate cu sânge.

Oamenii din România de Crăciun şi de Paşte se confruntă cu blocaje intestinale, indigestie, infarct sau comă alcoolică şi sunt transportaţi la urgenţă, pe masa de operaţie şi chiar la morgă. Fiii luminii văd Paradisul altfel, nu în felul acesta.

Dacă aş avea dreptul la o ultimă dorinţă mi-aş dori să păşesc descult pe nisip, lângă mare, din Old Jaffa până în Haiffa, ca să privesc vapoarele în zare pe mare şi să zâmbesc uşurat, gândind că Dumnezeul meu iubit ne-a mai dăruit o zi şi să Îţi mulţumesc. Da, am împrăştiat lumina Ta în cele mai reci şi mai întunecoase locuri ale lumii şi uau, cât mai este de scris în acest monolog.

Spre deosebire de înainte, astăzi Dumnezeu ne înţelege şi e îngăduitor cu fiecare. El ne iubeşte aşa cum suntem fiecare şi nu ne judecă pentru nimic, se împrieteneşte cu noi şi ne încurajează să dezvoltăm un parteneriat unic între om şi Dumnezeu, precum am făcut eu în viaţa actuală şi în toate celelalte. Ne stă alături şi când ştim, dar şi când uităm cine suntem şi ne comportăm la fel ca fiarele sălbatice. Totuşi, fiarele câmpului au fost create tot de Dumnezeu, cu un scop nobil. Aceasta este înţelepciunea.

Chiar şi învăţătura pe care o aduc în lume, privită din cel mai înalt strat dumnezeiesc, este tot o iluzie, e înfăţişarea adevărului care nu se vede şi care nu are nevoie de justificări ca să fie, scopul avatarului fiind acela de a îi ajuta pe oameni în călătoria lor, folosind limbajul lor, ca să îşi amintească cine sunt şi ce au venit aici ca să facă. Odată ce va fi trezită conştienţa în toţi civilizaţia umană nu va mai avea nevoie de cărţi care să o propulseze într-un mod sigur şi prosper către înainte. Rolul mesajelor scrise va rămâne cel de a le aminti sufletelor pe unde au rătăcit sau cât de mult au întârziat la masa sfântă a îngerilor. În jurul Aceluia care trăieşte în tărâmul tăcut nu este nimic, nicio lege scrisă, nicio teorie explicată, nicio învăţătură umană ori angelică, oricât ar fi ea de minunată sau dreaptă.

Am început să petrec din ce în ce mai mult timp călătorind,

servind micul dejun în restaurantele din aeroport, sorbind cafele în avion, vizitând lumea Ta, interacţionând cu umanitatea pe pielea mea. Este o onoare, căci toţi sunt strălucitori pe dinăntru la fel ca Tine, însă, nu toţi o ştiu, iar uitarea le ia puterea. Mi-ai oferit harul de a îi recunoaşte pe toţi aşa cum sunt pe interior.

Viaţa mea a fost nesigură, parcă aş fi păşit pe un lac îngheţat. Am aşteptat cu ardoare trăirile descrise încă din vremea când îmi petreceam verile secetoase la ţară, în copilărie, într-un sat izolat din apropiere de Bacău. Ştiam că am venit în lume ca să fac atât de multe, dar adesea mă gândeam la viaţa mea măruntă, copleşită de dor şi mister, lipsită de cunoaştere, legănându-mă sub un nuc din zori şi până în asfinţit, plângând, atât.

În unele zile mergeam împreună cu bunica mea la săpat, pe dealuri. Acolo experimentam arşiţa, golul, nimicul şi îmi dezvoltam imaginaţia de care mă folosesc acum. Puneam trei ouă fierte, o ceapă şi doi cartofi, într-o traistă de paie, şi plantam fasole cu sapa mea mică, pe care abia reuşeam să o ridic.

Atunci când mă apuca plictiseala mă uitam după un câine lup de talie mică, pe nume Rexi, pe care îl salvase fratele tatălui meu de unii săteni rău intenţionaţi care doreau să îl omoare. Ştia locul unde ne găsea, aşa că venea alergând pe dealuri, căci ne auzea.

Ştii, am crezut că oamenii îi adoră pe cei care aduc mesajul lui Dumnezeu în lume. Am crezut că îi vor ridica pe tron, căci ei le-au dăruit vederea, vindecarea şi salvarea. M-am aşteptat ca cei care vor citi seria „Vorbind cu Dumnezeu" să tresară de bucurie, strigând că suferinţa a luat sfârşit. Nu voiam să îmi aşeze daruri la picioare, voiam să mi se strângă mâna şi să aud un mulţumesc din gura celor cărora mi-am dedicat viaţa. Nu a fost deloc aşa, ba dimpotrivă, când aduci mesajul lui Dumnezeu în lume mai întâi eşti batjocorit, apoi, când mulţimea începe să te ia în serios şi îţi recunoaşte valoarea, eşti crucificat, nu aplaudat.

Condamnarea la cunoaşterea de sine nu este deloc un proces cu iz plăcut, o spune unul care a depăşit etapa crâncenă a loviturilor. Dacă participi la cursurile spirituale desfăşurate în localuri luxoase, unde se strâng oameni mondeni, îmbrăcaţi cu atenţie de cele mai renumite case de modă şi crezi că aşa evoluezi, trăieşti în cea mai mare iluzie, ai căzut în capcana Micului înşelător şi nu o să ajungi nicăieri pe drumul pe care l-ai ales. În felul acesta vei rămâne aici, împreună cu goliciunea ascunsă în spatele râsetelor false şi invidioase, în infernul măştilor şi al bolilor ascunse.

În realitate, primul pas în procesul cunoaşterii de sine îţi cere să te izolezi. El îţi aduce singurătatea căreia îi resimţi durerea.

Atenție, nu ești obligat să te supui durerii, există și alte modalități prin care poți depăși etapa, dar nu știu dacă o vei putea percepe ca pe ceva plăcut. Eu sunt mai slab decât tine, căci nu am putut. Pasul doi este ieșirea în fața lumii gol, neacoperit cu nimic, așa cum ai venit. Cunoașterea de sine te obligă să te faci văzut în rândul lumii detașat de măștile ei. Această acțiune îi determină pe oameni să se întoarcă împotriva ta, căci, atunci vor vedea că ești special în felul tău, împăcat cu tine însuți și se vor teme că lumea te va iubi mai mult decât îi iubește pe ei.

Al treilea pas este detașarea de forma timpurie, e momentul în care vei cădea și nu te vei mai putea ridica. Aceasta ca să lași în urmă identitatea pe care ți-ai construit-o pe parcurs, nu să te agăți cu dinții de ea. Dragostea te eliberează de ceea ce crezi tu că ești chiar și atunci când știi cine ești, ca să te înalțe într-un strat superior pe care ai dovedit că ești vrednic să îl explorezi.

Prin urmare, cunoașterea de sine te lovește crunt în clipa când ești prăbușit la pământ, însă o face fiindcă te iubește și a pregătit ceva mai mare pentru tine, poarta prin care îți eliberezi conștiența din formă. În spatele inamicului care te rănește stă ascuns infinitul de oportunități, Dumnezeul de porți. E scara care îl transformă pe om în Dumnezeu. Unii mesageri au numit procesul cunoașterii de sine cucerirea Muntelui Sfânt sau aducerea întunericului asupra ta. Cunoașterea de sine îți dăruiește desăvârșirea.

La final, după ce te vor crucifica, oamenii vor continua să te iubească, ba chiar ți se vor închina. Vor înțelege într-un târziu că fără tine nu ar fi dobândit vederea sau șansa la o nouă viață și că direcției către care se îndreptau sub influența vălului inconștient nu îi fusese hotărâtă o destinație de către Cel de sus, care a creat oportunitățile și toate porțile.

Pe durata procesului cunoașterii de sine toate bucuriile care apar se trăiesc cu ființa. Ele vin mai rar dar sunt mai intense și nu dispar. V-am scris acestea ca să știți ce se întâmplă cu voi în momentul când experimentați josul. Nu vă întristați din cauza celor care afișează imaginea fericirii, în care își investesc toată energia. Doar faptul că o afișează reflectă faptul că ea le lipsește. Niciun om nu va rămâne în forma pe care ați cunoscut-o, niciunul.

Voi ați dovedit că nu vă atașați doar de trupurile voastre, de imaginile despre voi și de oameni, vă lipiți și de obiecte neînsuflețite, parcă ar fi ființe. Procesul cunoașterii esenței care sunteți se produce prin dragoste și prin distrugere. Polaritățile formează unealta cea mai eficientă de întoarcere la esență și anume experiența. Ca bebelușul spiritual să ia naștere în tine, vechiul tu are nevoie să fie lăsat să moară, să nu mai fie alimentat cu energie. Atunci cunoașterea de sine devine stimulentul și medicamentul, cheia vindecării și a păcii, ambele în același timp. Identitatea ta ca ființă poate fi obținută prin ea.

Tu nu ești codul numeric personal sau seria de pe cartea de identitate, numele trecut pe certificatul de naștere. Întoarce-te la rădăcină, caută să te cunoști. Poate ai așteptat miliarde de ani ca să îți arăți calitățile iubirii care în realitate ești. Astăzi a sosit momentul să decizi cine ești.

Fii bun de fiecare dată când poți, căci de fiecare dată poți. Rău sau indiferent nu poți niciodată să fii. Atunci când ești rău, amnezia persistă, când ești indiferent nu ai ajuns încă la tine așa cum ești și te târăști în genunchi în loc să plutești. Necunoașterea valorilor, inconștiența de sine, dependența de tot ce este material, lipsa discernământului și traiul într-o realitate aparentă, decepționează mintea și ofilesc sufletul. Tu călătorește cât mai mult ca să te eliberezi cât mai des. Cunoaște-te pe tine însuți și învață-te cu aripile. Sparge dar barierele pe care tiranul ascuns în mintea ta le-a creat, dă-i planurile peste cap. Eliberează-l din funcție ori dărâmă-i tronul și preia tu conducerea. Fii stăpânul tău, soldat al iubirii care descoperă eroul din interiorul său.

Cunoașterea de sine te ajută să vezi lumea, ea se desfășoară înăuntrul tău, nu în afară. Interiorul îți dictează exteriorul și nu invers. Nu ochii văd, mintea vede, ochii tăi doar îi transmit minții lumina. În funcție de cât de curată este mintea pe atât de clară va fi și imaginea pe care o vezi, la fel ca atunci când ștergi senzorul unui aparat de fotografiat. Iar când mintea ți se murdărește vezi doar urâtul, apoi nu mai vezi nimic.

Lasă masca fericirii pe raft și numără-ți lacrimile. Știu, sunt multe. Atunci când te minți pe tine cauți să Îl înșeli pe Dumnezeu, căci El locuiește în tine chiar dacă nu știi ori nu crezi, ori nu ești conștient de faptul că trăiești. Viața trăită pe Pământ este șansa ta de a te bucura, cunoașterea de sine este oportunitatea de a te dezvolta, a te implica și a îți pune amprenta.

Cel mai puternic om de pe planetă, campion mondial la arm wrestling, pe nume Devon Larratt, s-a aplecat cu recunoștință în fața celui mai slab participant care s-a înscris la concursul Arm Sumo organizat în Japonia, un meci despre care cu toții știau că nu își mai avea rostul. Însă Devon Larratt i-a admirat curajul de a participa chiar dacă din sală se auzeau râsete. El nu s-a dus în Japonia împreună cu imaginea lui, ci a fost prezent cu ființa care este, în prezența altor ființe pe care le-a perceput ca fiind egale

*lui în strălucire. Oricât de ciudat ţi s-ar părea caută să Îl vezi pe
Dumnezeu în tot, ca să fii tu peste tot.*

*Consideri că Devon mai avea nevoie să îşi dovedească puterea în faţa acelor oameni care erau mult mai slabi decât el, care
se supuneau deci acestei convingeri?*

Nu mai avea nevoie deoarece îşi dovedise deja faptul că este
cel mai puternic om de pe planetă.

*Cu adevărat el nu a avut nevoie să îşi demonstreze puterea în
faţa celor care îl recunoşteau deja ca fiind cel mai puternic, ci să
îşi arate latura sensibilă pe care nu o cunoştea nimeni. Şi aşa a
fost, la sfârşit, în timp ce era premiat pentru participarea la concursul prin care a trecut asemeni unui cuţit înroşit în foc printr-un
castron cu budincă, a plâns, clătinat fiind de privilegiul pe care i
l-a aşezat încă o dată viaţa la picioare. El se vedea pe sine, omul
din trecut, prin intermediul începătorilor emoţionaţi. I-a salutat
şi i-a îmbrăţişat pe toţi şi s-a fotografiat chiar şi cu copiii. Astfel
a născut în ei un nou vis, acela de a cuceri lumea prin pasiune,
muncă şi stăruinţă. Iar pentru prima dată în vieţile lor a apărut
luminiţa care le-a şoptit că totul este posibil.*

*Aşadar nu fiţi geloşi între voi, în via Mea e loc pentru fiecare
ciorchine dar şi pentru fiecare bob de strugure. Pe Pământ există
oameni al căror atu este trupul, al altora este mintea, iar cei mai
puţini dintre oameni au un suflet cât Pământul. Trupul se admiră,
mintea se dezvoltă şi sufletul se iubeşte, să nu le încurcaţi.*

*Voi sunteţi egali şi totuşi nu sunteţi la fel. Vă diferenţiaţi prin
alegerile pe care le faceţi şi prin credinţa pe care le-o acordaţi.
La prima vedere doi oameni se aseamănă la aspect şi la gândire
şi au aceleaşi activităţi, dar voi nu le cunoaşteţi nivelul spiritelor,
straturile realităţilor pe care le experimentează în prezent. Unii
sunt aproape de desăvârşire, dar pe alţii încă îi blochează ceva,
poate îndoiala.*

*Când o persoană moare, adică îşi părăseşte mintea şi trupul
prin diferite moduri şi rămâne spiritul, să ştiţi despre ea că ori a
ajuns la capăt, în desăvârşire, ori ceva îi bloca desfăşurarea procesului evolutiv în forma de care a ales să se dezbrace. Când un
spirit acceptă, după nenumărate încercări sau eforturi, faptul că
evoluţia în forma actuală i-a fost în totalitate compromisă, lasă
tot, fie familia iubită, imaginea sau pasiunea, fie averile de sute
de miliarde de dolari, cu tot cu companiile pe care le deţine. El
se dezlipeşte chiar şi de sărăcie, fiindcă sărăcia este tot o alegere
a voastră. Şi nimic nu poate sta în calea sa. Ţelul unui spirit este
să lase în spate straturile realităţilor dense şi să pătrundă în cele*

mai înalte pânze ale absolutului, ca să atingă unificarea cu tot.

Există mii de porți care ți se deschid pe parcursul vieții, ca ființă, nu doar ca existență în trup, ca să ajungi la și mai multă lumină. Ele nu există doar în realitatea formelor, ci și în realitatea spiritelor și a formelor pe care încă nu le-ați cunoscut. Căci fiecare trecere te aduce mai aproape de cunoașterea reală a celui care ești. Cu fiecare urcare te extinzi, la fel ca dragostea. Când te unești cu tine însuți, dintr-unul singur devii toți.

Toți oamenii vor trece prin procesul pe care îl descrii, toți se vor întoarce la Unul?

Toți, până la ultimul.

De unde vor ști oamenii că am plecat acolo unde am scris că voi pleca și că nu am murit, pur și simplu, la fel ca ceilalți? Care va fi dovada, în cazul în care va exista așa ceva?

Pur și simplu vor ști, pentru că după plecarea ta te vor vedea în toate și în toți. Adevărul pe care l-ai făcut cunoscut lumii este dovada. Adevărul e că nimeni nu moare, nici tu și nici altcineva. Singura diferență este că unii vă veți lăsa trupurile conștienți și împăcați, vreme în care alții vă veți agăța înspăimântați de ele, deoarece nu veți fi cunoscut și altceva. Îți voi explica în decursul capitolului următor ce este pacea și care este opusul ei.

Opusul păcii este războiul.

Este și nu este. Războiul este o reacție, nicidecum o acțiune.

Conducătorii care hotărăsc să pornească un război inițiază o acțiune. Acțiunea de a îl porni este sponsorizată de gândul lor.

Susții că gândul de a porni un război inițiază acțiunea de a îl porni. Eu îți spun că gândul de a porni un război este o reacție la gândul din spatele gândului de care poate deveni conștientă o minte de om.

Oare există și o minte de Dumnezeu?

Nu, dar există o Conștiență de Dumnezeu. Aceasta reprezintă gândirea lui Dumnezeu.

Ești isteț, m-ai pus pe gânduri. Aștept nerăbdător să dezvoltăm subiectul în capitolul al treilea. Continuă.

Când îți lași mintea și trupul în mod conștient, prin alegere liberă, și ești împăcat cu tine însuți, vei fi peste tot, căci tu ești în esență tot, de acolo ai venit. Ai venit din întreg ca să faci cunoscută oamenilor Înfățișarea lui Dumnezeu, vorbind pe limba lor, făcându-le accesibilă poarta spre Cer și mai sus.

Nu îți vorbesc simbolic, nu este o filosofie de viață sau vreun scenariu desprins dintr-un film sience fiction, scris de un visător ca tine, astăzi a sosit timpul sufletelor dintâi să se întoarcă acolo de unde au coborât. Spiritele adormite se trezesc, se dezbracă de forme şi se întorc la Mine. În tot acest timp ele marchează cărarea pe care veţi păşi fiecare.

Este oarecum greu de crezut că toţi oamenii vor trece prin ce am trecut eu, alegând în mod deliberat calea Hrist. Este greu de crezut că oamenii vor renunţa la individualitatea lor, care este ca un afrodisiac pentru noi toţi, ca să aleagă să stea câte doisprezece ore pe zi, gândind la toate acestea, şi să le scrie pe hârtie sau nu, aşa cum fac eu.

Nu se pune problema ca oamenii să renunţe la individualitatea lor sau să stea pe gânduri aşa cum stai tu. Mântuirea nu vine prin gândire, ea vine prin anihilarea ei, iar la individualitate nu vor renunţa, dualitatea fiecărui individ se va dizolva.

Te joci cu cuvintele individ şi dualitate. Vrei să spui că cele două formează individualitatea, exact aşa cum sună? Dacă da, aş dori să aflu însemnă acest lucru? Deschizi tărâmuri noi pe care nu a păşit nimeni încă.

Cuvântul individual, format din individ şi dual, simbolizează chiar fragmentarea fiinţei în două părţi, suflet şi minte, pe care le ţine la un loc cea de-a treia parte a fiinţei şi anume trupul. Orice fiinţă tripartită trăieşte în dualitate, prin sufletul care a fost separat de minte, spre deosebire de o fiinţă care îşi lasă individualitatea, unindu-şi sufletul şi mintea, formând spiritul care rămâne.

Doamne! Adevărul ne-a fost aşezat chiar sub nas, e la mintea cocoşului. Chiar asta înseamnă cuvântul individual, separat de noi înşine, nu separat de ceilalţi. Aşa că opusul lui individual nu este împreună cu ceilalţi, ci complet cu noi înşine. Măi să fie!

Tu stai câte doisprezece ore pe zi gândindu-te, căutând soluţii, fără niciun rezultat. Soluţiile ţi se fac cunoscute în cele câteva minute pe zi în care obosit încetezi să mai gândeşti. Atunci când te dai bătut, îţi iei carneţelul şi pixul în mână şi începi să notezi ceea ce îţi vorbesc. Aşa ţi s-a întâmplat de fiecare dată în ceea ce priveşte creativitatea ta.

Nu îţi este necesar să gândeşti în afara lumii la care are acces mintea, reacţia ta e doar o risipă de energie. Cu ce l-ar ajuta pe un peşte să se gândească la ce este pe uscat? Oare îl va mântui gândirea? Rezistenţa vine prin gândire. Bariera care vă ţine departe de Mine e chiar mintea prin intermediul căreia încercaţi să Mă descifraţi. Chiar şi mintea nouă, cea luminată, a unuia născut în spirit, care îi permite să acceseze un strat superior ceresc, este tot o barieră. În jurul Conştienţei care sunt nu este nimic, nimic.

Superioritatea exprimată de cei care au fost eliberaţi faţă de cei care au rămas încătușați în straturile inferioare în care se manifestă mintea primitivă, îi plasează pe privilegiați sub cei care nu își pot depăși condiția încă.

Și nu te îngrijora din pricina gândului că nu se vor mai găsi oameni care să trudească pe cărarea spiritelor lor la fel ca tine. Voi trudiți fiindcă ați ales să construiți calea pe care ceilalți doar vor păși, nu o vor construi, deoarece ea va fi pregătită deja.

Proiectarea și executarea primului autovehicul a durat o sută de ani, vreme în care hârțoagele au circulat prin fața sutelor de savanți și au suferit mii de modificări. Și toți au gândit că va fi imposibil să fie construite autovehicule în serie, la care să aibă acces toți. Oare cine va mai repeta blestematul proces? Astăzi se fabrică mii de autovehicule de diferite tipuri, la scară globală, în fiecare minut, pentru toți oamenii, în ciuda viziunii lor.

Tot așa, cu cât te apropii de Mine straturile devin din ce în ce mai accesibile, mai calde și mai pufoase, iar viața se resimte mai plină de iubire, spre deosebire de cruzimea pe care ai experimentat-o în prima parte a ei. Cu cât te înalți în aceste straturi pacea se resimte mai intens, chiar dacă identitatea ta izolată se dizolvă din ce în ce. Chiar dacă îmbătrânești, dacă te îmbolnăvești sau te distrugi și mintea moare, în conștiență crești.

Priviți o pasăre, ea zboară către nicăieri și o face fără vreun scop. Pasărea nu încearcă să cuprindă scopul creației în ansamblu, din care ea reprezintă doar o părticică. Atunci Conștiența a creat posibilitatea ca pasărea să își creeze scopuri mai mici, cum ar fi zburatul de pe o creangă pe alta, căutarea hranei, construirea unui cuib în care să își adăpostească puii și așa mai departe. La fel ca păsările sunteți și voi oamenii. Căci un om nu poate să cuprindă cu mintea forma magnifică a lui Unu și nici nu încearcă, tot așa cum o celulă nu își poate imagina corpul pe care celulele îl formează, oricât s-ar gândi la conceptul căruia i se spune. Și totuși celulele, împreună, formează corpul.

Uite ce e, îmi place această carte, o ador. Mă bucur că o scriem și că m-ai instruit să gândesc liber și prosper. Vreau să devin ca Cel nemanifestat, vreau să nu mă mai doară nimic, să nu mai alerg după nimic. El este nivelul pe care aleg să îl experimentez în continuare, vreau să nu mai am nicio așteptare.

Cere și ți se va da, bate și ți se va deschide.

Nu mă încurca din nou. Exact asta îmi doresc, să nu îmi mai doresc și prin urmare nu vreau să mai bat. Ori vreau să mi se deschidă fără să bat, nu știu.

Dacă îți dorești să nu îți mai dorești, confirmi faptul că încă doreşti ceva şi astfel adânceşti prăpastia a ceea ce îţi lipseşte.

Când eram copil iar părinţii mei urmau o adunare de creştini după evanghelie şi ne luau şi pe noi o dată pe săptămână, deci în fiecare duminică, pe mine şi pe Robert, întâlneam acolo o femeie bătrână care ne iubea nespus de mult şi avea grijă de noi în zilele de joi, uneori şi sâmbătă seară, în funcţie de planurile părinţilor şi de disponibilitatea ei. Peste câţiva ani, când am reîntâlnit-o, în adolescenţă, femeia depăşind între timp vârsta de nouăzeci şi doi de ani, am constatat întristat faptul că îşi pierduse mintea. Nu mai ştia cine este şi nu cunoştea pe nimeni. Când cineva o întreba pe cine cunoaşte spunea că Îl cunoaşte pe domnul Isus. Era singurul răspuns pe care îl oferea şi prin urmare, singura întrebare la care reacţiona, în rest nu spunea nimic, nu manifesta niciun gest. Dar a mai trăit câţiva ani în felul acesta, nu ştiu câţi.

Evident, în privinţa cazului descris stau în picioare două variante: ori studiase atât de mult Biblia în ultimii zeci de ani încât i se spălase creierul, duminică de duminică fiind prezentă la serile de studiu biblic şi la cină, încât răspunsul ei devenise un reflex al minţii, ori se detaşase de identitatea izolată şi tot ceea ce vedea în jur era Conştienţa cu care se unise şi devenise Una. Cu ce răspuns genial mă întâmpină Dumnezeu acum?

Ambele variante rămân în picioare.

Cum ar putea?

Cu adevărat răspunsul ei a fost doar un reflex al minţii şi cu adevărat că după ce se dizolvă mintea tot ceea ce există şi vede un spirit este Conştienţa. La fel ca atunci când decapitaţi o pasăre, cu scopul de a o consuma ca hrană, iar ea îşi mai mişcă timp de câteva secunde aripile şi picioarele, din reflex, încercarea de a scăpa de tăiere fiind ultima comandă pe care capul a trimis-o trupului, tot aşa şi creierul care moare trimite o ultimă comandă trupului, cum s-a întâmplat în cazul bătrânei de care ai povestit.

Adevărat adevărat îţi spun, în timp ce voi îi plângeaţi de milă şi îi plimbaţi trupul în cărucior, ea era alături de Mine în Rai.

Îţi mărturisesc că lăcrimez când scriu acest text. Mi-ar plăcea ca cei care îl citesc să ştie că îmi şterg lacrimile şi continui, continui, continui. Să reuşeşti să rămâi îndrăgostit de viaţă, în ciuda evenimentelor ori al comportamentelor oamenilor, asta înseamnă să faci să răsară soarele în viaţa ta. Îţi mulţumesc.

Să trecem la un alt subiect în jurul căruia apar controverse la infinit. Întrebarea mea este ce rol are pornografia ori dacă dorinţa sexuală este bună?

Este şi nu este bună.

Răspunde Te rog cu da sau nu, e atât de simplu!

Voi sunteți în măsură să răspundeți cu da sau nu la întrebări-le de acest gen. Eu sunt aici ca să vă ghidez pe voi, nu să decid în locul vostru pentru voi. În continuare vă trăiți viețile așa cum considerați că este mai corect. Ați construit societatea înaintând pe această linie. Opinia Mea în ceea ce privește o lume completă și complexă e că ea conține și sexualitate, de aceea am hotărât-o iar voi vă bucurați astăzi de ea. Altfel dorința sexuală nu exista.

Sigur, așa este, dar eu fac referire strict la industria pornogra-fică care s-a extins pe tot globul și care acaparează fiecare tânăr adolescent. Spun fiecare tânăr adolescent. Industria pornografică îi acaparează nu doar pe tinerii considerați slabi, pe cei cu și fără educație religioasă, guvernamentală sau liberă, ci pe fiecare.

Pasiunea e benefică, atracția față de sexul opus este o oportu-nitate pentru voi, prin care atingeți cele mai înalte stări pe care nu le-ați fi putut manifesta fără ea. Vine un moment în viață când singurul stimul care îl împinge pe un bărbat să se dea jos din pat și să își reia lupta cu viața este faptul că o face pentru persoana de care se simte atras sau împreună cu ea, faptul că intenționează să se căsătorească cu ea și să se împreuneze cu ea, în trup și în ființă. Altfel ar renunța fără tăgăduință la viața pe care o percepe ca fiind rea, crudă și nu îi oferă nimic.

Hei, cu ultima expresie m-ai citat pe mine?

Nu în mod intenționat.

Bine, eram cât pe ce să mă aprind.

Glumești.

Glumesc?

Dacă dorința de a te împreuna, a primi și a oferi afecțiune, te face să te dai jos din pat și să devii un bărbat responsabil, dorința sexuală este bună. Dacă dorința de a te împreuna, a primi sau a oferi afecțiune, te face să îți irosești adolescența și energia stând încuiat în camera ta masturbându-te, părerea Mea în ceea ce pri-vește dorința sexuală se schimbă.

Voi aveți nevoie să experimentați totuși toate fațetele iluziei, pe care le confundați cu etapele vieții. Ele nu sunt etapele vieții, sunt iluziile mai puternice sau mai lipsite de putere din Maya.

Dar de ce i-am dat noi oare atât de multă putere de acaparare acestei iluzii sexuale care ne copleșește?

Deoarece, mai întâi de toate sexualitatea explicită este inter-zisă, este considerată imorală și așa sunteți educați de mici. Apoi societatea modernă vă amețește cu ea și o pune la îndemâna ori-cui, la un click distanță.

Dacă sexualitatea explicită ar fi permisă din punct de vedere moral, deci nu s-ar mai crea rezistenţă şi inevitabil sentiment de vinovăţie în jurul ei, i-ar scădea din putere?

Atunci nu numai că i s-ar dizolva puterea, aţi găsi-o a fi total nefolositoare şi v-aţi da la o parte din calea ei. Ceea ce vă este interzis vă obsedează până veţi experimenta. Au circulat miliarde de miliarde de dolari în ultimii zeci de ani, din Statele Unite în Europa, dar şi pe întregul glob, în schimbul clipurilor video live în care unele minţi exploatau trupurile altor fiinţe.

Când eraţi copii tatăl tău pământesc v-a atras atenţia, ţie şi fratelui tău mai mare, să nu dea necuratul să băgaţi degetele în priză fiindcă veţi muri electrocutaţi, dorind să vă protejeze astfel de posibilul pericol. În realitate el tocmai v-a dezbrăcat de orice sistem de apărare în faţa pericolului, a dat drumul din lanţ câinelui morţii, care nu avea acces la voi încă, fiind puri, tot aşa cum au fost şi primii oameni care au trăit pe planetă.

Voi, odată ce aţi devenit conştienţi de posibilitatea morţii, aţi hotărât să o exploraţi. Aţi băgat dar degetele în priză imediat ce Iosif a ieşit pe uşă.

A învăţat el oare ceva din greşeala săvârşită?

Nu, deoarece nu a fost nevoie.

Dar Dumnezeu a învăţat ceva din greşeala săvârşită?

Da, tu înveţi acum prin experienţă acest lucru.

Greşeala tatălui meu a fost o lecţie pentru noi, nu pentru el?

Aceasta doar dacă alegi să o numeşti greşeală.

Ce vrei să spui?

Vreau să spun că de băgat degetele în priză oricum aveaţi să le băgaţi cu toţii, doar el a fost motivul pentru care aţi ales să vă naşteţi pe Pământ, ca să experimentaţi moartea.

Un adolescent care este dependent de pornografie, adică de dorinţa sexuală exacerbată, judecând conform părerilor voastre este bolnav, el a căzut în patima viciilor iar Dumnezeu îl detestă. Dumnezeu nu poate privi păcatul, vă spuneţi unii altora frecventând bisericile pământeşti. Din acest motiv El nu merge împreună cu împătimitul, repetaţi în gând. Eu, în schimb, vă spun că merg împreună cu împătimitul, mai degrabă decât să vin atunci când Mă cheamă sfântul. Întrebarea pe care v-o adresez este:

Voi cum vă comportaţi cu persoana iubită atunci când ea se se îmbolnăveşte, o detestaţi, o alungaţi sau o iubiţi şi mai mult?

O iubim şi mai mult şi îi oferim de trei ori mai multă atenţie decât i-am oferit înainte, în speranţa că se va pune pe picioare.

Când mă vedeam cu o fostă iubită pe care o respect şi căreia

îi rămân recunoscător întreaga viață pentru faptul că m-a supor-
tat şi m-a învățat atâtea, m-am trezit la miezul nopții, mi-am luat
haina, pantofii, actele şi ceva bani şi am fugit în oraş, căutând o
farmacie deschisă pe timp de noapte ca să îi cumpăr calmantul de
care avea nevoie chiar atunci. Abia în maşină, oprind la semafor,
am realizat că sunt pe stradă şi că nu visez. Tot aşa procedezi Tu
cu cei pe care îi iubeşti?

*Tot aşa, dar ridicat la puterea un milion. Eu merg alături de
împătimit sau de orice bolnav, mai degrabă decât alături de cei
care judecă. Pe Mine Mă găseşti mai degrabă în preajma celor
pe care îi numiți homosexuali, anormali, care au nevoie de Mine
şi Mă cheamă, care caută să afle ce se întâmplă cu ei, care este
motivul ascuns pentru care Universul i-a plasat în poziția aceea,
mai degrabă decât împreună cu cei care urăsc homosexualii sau
se consideră sănătoşi psihic în comparație cu ei. Cei care judecă
au sufletul bolnav şi inima otrăvită, homosexualii şi anormalii au
doar mintea încurcată. Dar mintea se descurcă sau se leapădă.*

*Condiția umană nu a fost definită încă iar desăvârşirea nu a
ajuns la capăt. Voi vă judecați în funcție de cât de mult vă abateți
de la tiparul gândirii. Adevărul este că atunci când există ceva în
neregulă cu tine, vei vedea această disfuncție în altul şi îl vei urî,
când în realitate te afli în conflict cu tine.*

Înseamnă că e necesar să aruncăm la gunoi tot ce cunoaştem
despre Tine şi să căutăm să Te interpretăm din nou.

Aceasta în cazul în care nu aveți altceva mai bun de făcut.

Nu există altceva mai bun de făcut în această lume decât să
încerci să Îl înțelegi pe Dumnezeu, pe acel Dumnezeu care exista
înaintea religiilor şi care rămâne după ele. Asta facem pe Pământ
de când ne trezim şi până adormim, imităm gândirea şi compor-
tamentul pe care pretindem că le manifestă Dumnezeu. Dar Tu ai
multe înfățişări diferite, însă mintea poate imita doar una.

Dacă pretindem că Dumnezeu se foloseşte de putere ca să Îşi
întărească autoritatea şi noi o vom face. Apoi, dacă pretindem că
Dumnezeu face dreptate condamnând, în loc să ierte şi să meargă
mai departe, şi noi o vom face. Dacă pretindem că Dumnezeu i-a
izgonit pe Adam şi pe Eva din Paradis, şi noi ne vom alunga la
rândul nostru copiii şi o facem.

Cea mai avansată cunoaştere despre Dumnezeu este că în ju-
rul Celui nemanifestat nu este nimic, nimic, iar Conştiența, adică
înfățişarea Celui care nu este, este tot ceea ce este, pentru noi, ca
noi să ne cunoaştem esența şi să ne întoarcem în tot, fără etichete,
fără adăugiri, fără amăgiri spirituale care accentuează identitatea

izolată de tot. Amăgirile spirituale sunt pentru copii.

Spuneai mai devreme că ceea ce găsim a fi în neregulă la alţii în realitate detestăm la noi. Spre uimirea mea, am trăit ca experienţă ceva asemănător cu două ore în urmă. Iar exemplele sunt cele mai uşoare căi prin care o informaţie poate ajunge la cititor.

Se înserase, hoinărisem prin oraş a doua jumătate a zilei, aşa că am intrat într-un local să mănânc pe fugă o hrană procesată de tip fast food, care conţinea carne de pasăre. Aşa cum am hotărât în urmă cu şapte ani să nu consum carne pe post de hrană, conştient fiind de faptul că nu mă va judeca nimeni în afară de mine, am cumpărat doar ocazional, în situaţiile în care am fost pe fugă sau când nu am avut de ales.

Am cerut meniul cel mai ieftin, împăcat cu ideea că voi consuma carne, repet, o fac o dată la patru luni sau de două ori pe an. Nici nu îmi place gustul, nici măcar nu mi-o cere corpul, totuşi uneori e la îndemână şi e mai ieftină. Totul era în regulă. Alături de mine, la coadă, a venit o femeie mai plinuţă şi a cerut acelaşi meniu care conţinea acelaşi tip de carne, acelaşi sos şi aceeaşi băutură. Vreau să spun că avalanşa judecăţilor care s-a produs în mintea mea la adresa ei a fost năucitoare. Am simţit o revoltă de proporţii împotriva femeii nevinovate, o detestam de-a dreptul. Dacă mintea mea ar fi putut vorbi fără să o ţin eu în frâu, i s-ar fi adresat în felul următor:

- Mi-e silă de tine. Tu şi cele ca tine îmbolnăviţi Pământul, masacraţi animalele, meritaţi să fiţi măcelărite la fel ca ele.

Mi-am pus mintea la locul ei în mai puţin de o secundă, dar stupoarea care mă copleşise a ţinut întreaga zi. Ceea ce făceam eu uram la altul, ca şi cum eu aş fi avut dreptul iar el nu. Chiar dacă o fac ocazional şi nu în fiecare zi, cert e că fac acelaşi lucru. Mai mult, poate şi femeia se afla în situaţia mea, poate nu mai intrase într-un restaurant fast food de patru ani, dar în acel moment un gând misterios o împinsese într-acolo, nevoia noastră de a scrie, prin experienţă, cartea care a trezit umanitatea.

Omule, dacă te consideri complicat şi crezi că aceasta este o calitate, în realitate eşti confuz, în schimb dacă eşti simplu tu eşti autentic. Dacă eşti sincer eşti puternic iar dacă eşti dedicat devii un om iubitor. Iată ce ar fi bine să cunoaşteţi despre voi, fiecare:

Dacă eşti mincinos eşti ruşinos. Dacă spui că eşti sceptic de fapt eşti tulburat. Dacă eşti nervos în realitate eşti o victimă, iar dacă te consideri un om singur şi neînţeles, eşti gol pe interior. Dacă consideri că ai fost dezamăgit de lume, eşti slab. Dacă te mândreşti eşti naiv. Dacă eşti monden eşti fals. Dacă eşti rău ori

răzbunător să cunoşti despre tine faptul că eşti un om fricos.
Dacă eşti comic eşti inteligent. Dacă eşti prost eşti inconştient.
Dacă te consideri deprimat în realitate tu eşti plictisit. Dacă eşti
un visător înseamnă că eşti pasionat. Dacă eşti vesel te simţi viu.
Dacă eşti entuziasmat trăieşti în Dumnezeu. Dacă eşti trist eşti
vlăguit. Dacă suferi eşti nemulţumit iar lista poate continua.

Am tradus aceste noţiuni caracteristice cu scopul de a instala
în voi elementele bazice necesare construirii unei viziuni sănătoa-
se şi rezistente, de viitor. Aceia care învaţă să mânuiască uneltele
adevărului rămân în picioare, cei care aleargă după iluzii se vor
îneca odată cu vapoarele societăţii sufocate de sistemul ei uman
pervertit. Totuşi, acest sistem nesănătos creează genii, înalţă su-
flete până la Dumnezeu şi le transformă în stele. Ele sunt anoma-
liile, aspectele Conştienţei venite să cureţe lumea de neştiinţă şi
rea voinţă.

Trăia odată un tânăr care până la vârsta de cinsprezece ani
nu găsise plăcere în nimic, iar după câteva tentative de suicid se
izolase, nu mai comunica nici măcar cu familia sa care se îngri-
jea de el şi îi dădea să mănânce. Stătea încuiat într-o cameră cu
săptămânile, degeaba. Arunca bileţele de la fereastra sa, pe care
scria că urăşte pe toată lumea. Se ura inclusiv pe sine pentru că
se născuse. Cu toate acestea, într-o zi parcă s-a făcut lumină, a
simţit o atracţie nemaiîntâlnită către şcoala de pilotaj, aşa că a
hotărât să se pună pe picioare ca să se înscrie în armată.

Ştii ce s-a întâmplat cu tânărul a cărui unică dorinţă a fost să
devină pilot de avion de război?

Ce s-a întâmplat?

În urma procedurilor de înscriere la Academia Forţelor Aeri-
ene a fost diagnosticat cu daltonism şi a fost respins.

E mult prea crud, cineva parcă îşi bate joc de noi încontinuu.
Ascultă-mă, viaţa, atunci când îi ceri o înghiţitură de apă ca să îţi
dai ultima suflare, pe cruce, îţi dă oţet, oţet!

Ea a fost singura metodă prin care a putut fi pus pe picioare
tânărul adolescent.

În regulă, fie cum spui, dar ce lecţie ar fi bine să învăţăm din
această întâmplare?

Ea vă aminteşte că sunteţi învingători.

Tocmai ce ai descris eşecul!

Acceptarea eşecului este victoria.

Cum se face că este?

Alberto, este în regulă să eşuezi cu visul tău, este în regulă să
eşuezi în ceea ce ţine de imaginea ta, este în regulă să eşuezi în

căsnicie, în creşterea copiilor, în carieră sau în viaţă. În aceeaşi măsură este în regulă să te ridici peste eşecurile tale. Acceptarea *este înălţarea, căci nimeni nu te va judeca odată ce încetezi tu să te mai judeci, nici măcar lumea.* Tu creezi o altă cărare. *Eşti fericit şi în afara lumii, nu doar înăuntrul ei, nu supunându-te ei în schimbul aprobărilor pe care cel care a creat Maya ţi le-a pus la dispoziţie. Tu nu iei parte la ea, Maya e pentru copii, tu pătrunzi într-un alt strat al fericirii, o altă dimensiune a păcii, prin care vor păşi multe spirite care nu se vor simţi satisfăcute de lume, după tine.*

Iubiţilor, natura nu are nevoie de nimic, ea pur şi simplu este totul. Oare nu cu atât mai mult voi, fiinţe conştiente, sunteţi independente şi împlinite? Nu cu atât mai mult Dumnezeu vă va dărui vouă, care sunteţi El, tot ceea ce aveţi nevoie, atunci când aveţi nevoie, ca să vă amintiţi cine sunteţi şi să vă trăiţi dumnezeirea pe pielea voastră, fiecare?

Adevărat vă spun, cu atât mai mult iubirea va coborî pe Pământ prin cei care Mă cunosc, pentru cei care nu Mă cunosc, ca fraţi mai mari de-ai lor, care să îi călăuzească. Mântuirea rasei umane a devenit posibilă prin rănile Mele.

Sunt conştient de toate aceste lucruri, o spun convins ori surprins în acelaşi timp de persoana mea, în urma testelor pe care mi le-am înaintat şi le-am trecut satisfăcut de ceea ce am devenit sau în ce m-ai transformat. Este, totuşi, pentru prima dată în şase ani când Îţi spun, calm şi răbdător, că îmi vreau viaţa înapoi.

Caută să citeşti printre cuvinte, pătrunde mai adânc în inima mea ca să observi lipsa. Viaţa pe care mi-ai oferit-o este bogată şi minunată, dar pe plan sentimental a rămas nerezolvată. Vorbesc despre o viaţă trăită în familie, pe Pământ.

Să trăieşti singur şi izolat e benefic, căci serveşte dezvoltării tale. Să ieşi din lume este necesar un timp, în Maya tu nu te mai întorci niciodată. Aceasta te face să te diferenţiezi de ceilalţi ca să înţelegi viaţa din punct de vedere spiritual, iar rezultatele se văd, conştienţa ţi se extinde, poţi cuprinde Pământul cu braţele.

Am trimis mesaje pe întreaga planetă, din România până în Japonia, din Canada până în Israel. Este absolut minunat ceea ce fac, este aşa cum nu mi-am imaginat, însă, pe parcurs puterea îţi scade, ştii? La sfârşit nu îţi mai rămâne decât să îţi întemeiezi o familie la care să te raportezi cu toată dragostea pe care fiinţa ta ar putea-o dovedi. Să te bucuri de fiecare secundă trăită alături de soţie şi copii, să ai ce să le pui pe masă, să îţi permiţi să îi duci din când în când într-o vacanţă, să dovedeşti răbdarea şi iscusinţa pe care educarea unui copil o implică. Cerule!

Îmi amintesc un sentiment pe care l-am simţit în Tamworth, Staffordshire, un orăşel istoric din apropiere de Birmingham, pe când mă aflam în vizită la un frate de-al meu care lucra în Marea Britanie, sezonier. Pe drumul spre cetate eram nevoit să traversez un pod de fier pe sub care treceau din cinci în cinci minute trenuri de călători. Uneori rămâneam mai bine de treizeci de minute pe pod admirându-le, căzut pe gânduri.

În imediata apropiere am văzut două case frumoase, cu etaj, iar prin fereastra uneia, cu lumina aprinsă şi o perdea transparentă trasă, priveam la o familie cu trei copii în vreme ce servea cina, râzând în hohote, povestind.

Acolo m-am văzut pe mine, privit de deasupra, cum alergam cu două fetiţe şi un băieţel de mână, jucându-ne în zăpadă, chicotind. M-am apropiat de mine şi mi-am văzut lacrimile îngheţate pe obraji. Privirea abătută îmi transmitea că aş fi trecut printr-o mie de războaie, dar trupul meu era tânăr, nu depăşisem vârsta de patruzeci şi cinci de ani. Şi eram asemeni Pământului peste care trecuseră parcă milioane de ani, dar care se juca împreună cu trei fulgi pe care îi ţinea în palmă, conştient fiind că sunt trecători.

Acele spirite pure simbolizau rezultatul perfect al planului de desăvârşire şi al eforturilor pe care le-am depus fără încetare încă de la începutul creaţiei. Ceea ce am însămânţat în om dăduse rod, iar rodul era frumos şi strălucea încât orbea îngerii.

Spune-mi ce se întâmplă cu bărbaţii care după ce rămân singuri din diverse motive şi nu mai găsesc pe cineva care să le ţină locul fostelor iubiri, se autodistrug? De ce nu se pot adapta, de ce nu pot înţelege şi ierta?

În drum spre Constanţa, în timp ce mă deplasam cu scopul de a susţine un eveniment la care am povestit despre cărţile noastre, am întâlnit o tânără cu care am schimbat ceva idei. Spunea că de când i s-au despărţit părinţii, tatăl ei nu se mai îngrijeşte, poartă haine murdare, casa arată şi miroase îngrozitor. Primele trei luni a mers la el în fiecare sfârşit de săptămână ca să îi spele vasele şi să îi calce cămăşile, dar cu toate acestea situaţia lui s-a înrăutăţit. Spunea îndurerată că tatăl ei nu găseşte impulsul necesar pentru a ieşi ca să întâlnească pe cineva, nici să angajeze o îngrijitoare pe care să o plătească cu ziua. Acum e acum, tatăl fetei are conturile bancare pline însă casa arată ca o ghenă de gunoi, iar pe el îl poţi confunda uşor cu unul care caută prin tomberoane.

În copilăria mea, când mama plecase de acasă şi îl părăsise, cu tata s-a repetat povestea. Prin urmare, bărbaţii rămaşi singuri ori se îmbolnăvesc, ori se îneacă în alcool, ori se urăţesc la comportament şi devin singuratici, fiind părăsiţi de toţi.

Există cazuri în care şi cu femeile se întâmplă la fel, dar sunt mai puţine. Femeile sunt afectate mai puţin, ele simt mai puţin şi se implică mai puţin. Căci, cred eu, femeile iubesc mai puţin, iar aici mă refer strict la iubirea romantică care clădeşte o relaţie. În schimb ele trimit mai multă căldură copiilor, animalelor şi oamenilor în general, mediului înconjurător. Femeile sunt afectate mai puţin deoarece întâlnesc bărbaţi mai repede, care sunt dispuşi să le susţină până se pun pe picioare şi continuă să stea în picioare pentru ele.

Sper să nu mă judece nimeni, vorbesc din experienţă proprie şi din convingerile extrase din cazurile pe care le-am studiat. Descriu un fapt, nu emit o judecată. Aşadar, din zece femei care trec printr-o despărţire, după o căsnicie care a durat jumătate de viaţă sau mai puţin, şase dintre ele îşi refac viaţa, celelalte patru mor încet şi sigur. Însă, din zece bărbaţi care trec printr-o despărţire, după o căsnicie care a durat jumătate de viaţă sau mai puţin, doar doi merg mai departe, ceilalţi opt mor încet şi sigur.

Şi gândesc că poate femeile sunt fiinţe mai complexe, care au fost înzestrate cu mecanisme mai desăvârşite de regenerare, ca să populeze. Poate iartă mai uşor şi traversează prăpastia amăgirilor mai uşor. Poate deţin o cantitate mai mică de spaţiu gol în minte, care să permită egoului să pătrundă precum o avalanşă, cu toate că sunt rele şi răzbunătoare multe dintre ele, am văzut.

Săptămâna trecută m-am întâlnit cu o cititoare care era controlată în totalitate, şi fizic şi emoţional, de fostul ei soţ, cu care locuia încă împreună deoarece situaţia financiară nu i-a permis să plece când a vrut.

Pe plan fizic bărbatul o controla în căsuţa cu mesaje private, cronometra cât timp trecea seara de când ieşea de la serviciu până ajungea acasă ori când ducea copiii la şcoală sau la grădiniţă.

Pe plan emoţional bărbatul reuşea să o aresteze cu violenţa verbală şi cu tensiunea pe care o crea. Punea presiune pe ea ca să obţină favoruri sexuale, însă când era refuzat o lovea cu pumnii. Când femeia lua decizia să îl părăsească şi pleca, el se ducea să doarmă într-o maşină părăsită, nu mânca cu zilele, deci nu se mai îngrijea şi o ameninţa cu sinuciderea până când femeia se simţea vinovată că a distrus un om şi se întorcea ca să fie umilită iar.

Aşa a prelungit calvarul zeci de ani, de teamă că o va pedepsi Dumnezeu dacă îi va pricinui suferinţă bărbatului ei. Adevărata suferinţă din spatele acestei poveşti murdare este faptul că cei doi copii, care au crescut sub teroare, tresar la fiecare zgomot sau se trezesc plângând în somn, au probleme de integrare, nu au încredere în nimeni și în nimic.

Ai înșirat o mulțime de probleme și situații în care oamenii se vor regăsi, de aceea țin să te felicit. Le vom aborda pe rând și le vom explica, pătrunși de dragoste, răbdători.

Consideri că iubirea înseamnă suferință din cauza convingerilor pe care ți le-ai format prin experiență proprie, dar și prin cazurile pe care le-ai studiat. Nu emiți judecăți, expui fapte. Spre deosebire de cea a absolutului, în lumea relativului ca să poți trăi experiența unui sentiment desăvârșit ai nevoie să cunoști opusul lui. De aceea orice iubire va veni la tine însoțită de disconfortul nesiguranței, adică de teama că acel sentiment prețios al iubirii nu va dura veșnic și treptat vei începe să îl urăști. Vei urî faptul că îl iubești sau vei ajunge să îl urăști pe cel pe care îl iubești, făcându-l responsabil pentru fericirea sau pentru nefericirea ta, pentru dependența de iubire pe care o manifești. Acest fenomen controlează toate femeile, am spus toate femeile, astăzi.

În realitate nu există o relație în care emoția este întotdeauna sus. Nu există o relație în care e întotdeauna bine, în care, repet, emoția nu mai fluctuează. Acolo unde emoția nu mai coboară ea nici nu mai urcă și astfel se dizolvă intensitatea legăturii. Chiar dacă iubirea rămâne neschimbată, efectul ei nu se mai resimte.

Într-o relație ești asemeni unui copil care se plimbă cu liftul, de la etajul unu până la etajul zece, fără să se oprească, fără să se odihnească. Jos e rece, sus e cald. Când te retragi înainte să se retragă celălalt, o faci deoarece consideri că un refuz din partea celuilalt te va desființa, îți va călca în picioare stima de sine care se clădește greu, mult prea greu, poate întreaga viață. Stima de sine e lucrarea ta de artă pe care o sculptezi întreaga viață și nu ai da-o nimănui pe nimic.

Totuși această frică te paralizează, nu te lasă să construiești o legătură puternică între două ființe și renunți înainte să începi, te grăbești să tragi concluzii. Este adevărat că pe moment nu te simți dispus să lași totul pentru celălalt și să plecați în lume, dar reacționezi prematur, e normal să nu te simți pregătit la început. Legăturile nu se creează peste noapte, dar evoluează rapid dacă le acorzi o șansă.

Însă răbdarea nu prea mai există, și bărbații și femeile sunt repetenți la acest capitol. Dacă nu e din prima și totul oferit de-a gata e semn că nu va fi nici mai târziu, dar nu este deloc așa.

Voi evitați să începeți să țineți unul la altul. Și cum ați putea crea şi dezvolta o legătură atâta vreme cât vă feriţi de ea? Trăiţi în contradicţie. Legătura dintre doi se creează mai devreme sau mai târziu, dar orice ruptură doare. Sufletul pereche, persoana „ideală" care se comportă ca un obiect care îţi aparţine, pe care îl aşezi unde vrei tu, nu există, ea este doar o legendă. Problema este lipsa încrederii în sine şi apoi în ceilalţi. Ţi-ai pierdut entuziasmul, ai obosit, dar adevărul te poate încărca din nou de ori de câte ori rămâi fără vlagă.

E posibil să nu găseşti ceea ce vrei până la bătrâneţe şi vei fi supărat pe viaţă ori pe Dumnezeu. Ceea ce ar fi bine să cunoşti e că o relaţie se construieşte, ea nu se găseşte gata construită, nici nu se cumpără, nici nu ţi-e dată din Cer. De aceea pleci şi te întorci de unde ai plecat, te îndepărtezi de persoanele dragi şi apoi te întorci la ele. De aceea fugi de ele, căci eşti legat cu lanţuri de iubirea şi ura pe care le-o porţi.

Când te temi că nu vei găsi ceea ce vrei sau că ceea ce cauţi nu există, te întorci, fiindcă regreţi, îţi pare rău că te-ai grăbit, că nu ai apreciat ceea ce ai avut sau ceea ce puteai dezvolta, că nu te-ai folosit de oportunitatea de a consolida.

O relaţie este ca o oportunitate de a crea împreună, poate o legătură pe viaţă, o familie, o poartă de lumină sau o crăpătură prin care pătrunde ea. Când un om se lasă copleşit de slăbiciune şi pune micile detalii pe hârtie, care îl determină să renunţe, să plece, şi o face, se va întoarce după un timp, căci nu a profitat de şansa pe care viaţa i-a pus-o la dispoziţie. Este ca şi cum i s-ar fi deschis o uşă pe care nu a intrat. Poate a intenţionat să încerce altă uşă, dar care era încuiată pentru el.

Din nefericire pentru voi, aţi dovedit că este mult mai uşor să aruncaţi întreaga vină pe celălalt, acuzându-l, în loc să vă asumaţi partea voastră înşivă de vină ca să o dizolvaţi de-a întregul, să vă eliberaţi din cercul dezamăgirilor şi să deschideţi noi etape pentru voi. Toţi oamenii au nevoie de un timp al lor, pe care să îl petreacă stând cu ei înşişi, din când în când, reflectând. Tu dacă obişnuieşti să sufoci, crezând că iubeşti, nu te mira că iubirea ta va căuta liniştea altundeva.

Femeie, un bărbat nu va respecta niciodată o servitoare, nici nu o va iubi, el doar va trăi alături de ea din comoditate şi obişnuinţă, până va găsi pe altcineva, ceva mult mai bun, cu care să se mândrească mai tare. Visul unui bărbat este să întâlnească o femeie, nu o sclavă sau a doua mamă. El are deja o mamă. Nu vă învinuiţi foştii soţi pentru o confuzie pe care aţi creat-o şi aţi hrănit-o voi. Dacă aţi spălat lenjerie intimă sau şosete jumătate

din viață și totuși, bărbatul căruia i-ați slujit v-a părăsit atât de
ușor, iertați-vă pe voi pentru greșeala săvârșită de voi.

O căsnicie este ca un parteneriat în care sarcinile se împart
odată cu hotărârea lui. Dacă v-ați împlinit atribuțiile dar parte-
nerul nu a făcut-o, de ce ați continuat să jucați rolul care nu vă
mulțumea? De ce ați așteptat ca celălalt să se schimbe, în loc să
vă schimbați voi? Dacă veți răspunde mâniate că v-ați sacrificat
pentru copii, vă spun că în felul acesta i-ați supus la suferință iar
teama căreia v-ați lăsat pradă i-a distrus. Divorțul era mierea!

Orice bărbat care este sănătos fizic și psihic trăiește pentru o
femeie căreia îi dăruiește întregul scop și întreaga existență, nici
nu știți. Dar de cele mai multe ori această femeie nu este soția sa
sau iubita, ci iubirea pe care și-o imaginează în ascuns, căreia îi
este fidel oricâte femei ar încerca. Iubirea pe care își imaginează
că o va întâlni nu este umilă, nici servitoare, nici sclavă, nici una
pe care o poate răni sau controla, ci una căreia i se dedică și i se
supune. Aceea pe care o venerează, o adoră și o ascultă.

Femeia care își cunoaște valoarea și se prețuiește va fi recu-
noscută și de bărbatul pe care îl va întâlni. Aceea care nu se va
prețui mai întâi pe ea nu va fi apreciată de niciun bărbat, oricâți
ar schimba, căci ea este ca o vioară fără corzi, la care nimeni nu
poate cânta, doar se preface.

Acest adevăr le face să fie invidioase și atât de rele încât se
transformă în adevărate scorpii, iar prezența le devine insupor-
tabilă și de fiecare dată când vor deschide gura o vor face doar
ca să acuze și să împartă vină în stânga și în dreapta, mai degra-
bă decât să își recunoască greșeala. Ele nu vor reuși vreodată să
iasă la lumină prin puterile lor, doar cu ajutorul bărbaților care
se vor întoarce la ceea ce au fost ele cândva, tot așa cum Hristos
a revenit pe Pământ ca să Își răpească mireasa.

Foarte adevărat fiecare cuvânt, fiecare gând, ireal de clar, dar
ai vorbit foarte aspru despre femei, le-ai dezbrăcat de imagine ca
să le văd așa cum sunt în realitate cele mai multe.

Uneori aveți nevoie să fiți zdruncinați cu adevărul, ca să nu
îl uitați, să nu vă îndepărtați.

Întotdeauna am lăudat femeia și am prețuit-o ca pe o figurină
de cristal. Mulți cititori nu înțeleg de ce la finalul celor mai multe
idei pe care le dezvoltăm Te folosești de exemplul Isus și nici nu
o acceptă. Oare totul se rezumă la Isus ori I se cuvine?

Totul se rezumă la voi și vouă vi se cuvine tot, El doar a fost
trimis ca să vă facă conștienți de valoarea pe care nu știați că o
purtați în voi, pentru voi. Mie nu Îmi trebuie nimic.

E prea complicat, există prea multă confuzie. Ne-am pierdut încrederea unii în alţii. În final, dacă nu am ştiut să interacţionăm unii cu alţii, ce scop mai are viaţa?

Îţi pot răspunde tot cu o întrebare?

Poţi să faci ce vrei ori poţi să îmi faci ce vrei, doar eşti Dumnezeu, doar sunt omul.

Şi tu poţi să faci ce vrei, doar ai fost construit după Chipul şi Asemănarea Mea. Aceasta face din tine un om de aur.

Un om de aur?

Exact aşa cum citeşti acum.

Mulţumesc.

Cu toată dragostea.

E o glumă?

E un adevăr?

Ce scop mai are viaţa?

Ce scop alegi să îi dai tu vieţii?

De ce suntem trişti şi nemulţumiţi mai tot timpul?

De ce îndepărtaţi bucuria de la voi tot timpul şi o înlocuiţi cu micile plăceri zburătoare?

Şi bucuria este trecătoare.

Dacă consideri că bucuria este trecătoare şi nu este veşnică, înseamnă că nu ai cunoscut adevărata bucurie încă.

Poate o voi cunoaşte.

Poate o vei alege.

Ce ne determină să avem stări de depresie?

Ce vă determină să nu fiţi pasionaţi de nimic?

De ce suntem atât de complicaţi?

De ce consideraţi că simplitatea este lipsită de valoare?

Sunt puternice întrebările Tale.

Întrebările tale dau putere adevărurilor Mele.

De ce nu am tot ce vreau şi pe cine vreau chiar în momentul de faţă, într-o secundă?

De ce alegi să trăieşti inconştient în trup?

Susţii că înainte să mă nasc în trup aveam tot ce voiam ori pe cine voiam, atunci când voiam?

Susţii că dacă proprietarul unei case minunate pleacă într-o vacanţă, odată cu plecarea sa îşi pierde casa şi nu mai are unde să se întoarcă? Casa îl aşteaptă neclintită, de întors se întoarce atunci când îşi aminteşte căldura ei, siguranţa, plenitudinea.

De ce trăim experienţa sărăciei materiale sau spirituale, chiar şi când suntem bogaţi sau cunoscători?

De ce consideraţi că sunteţi incompleţi şi separaţi de Mine, când Eu v-am asigurat că umblu prin lume alături de voi?

Nu pot să fiu puternic, nu pot să stau în picioare pentru mine, pentru oameni, pentru prezent, trecut și viitor. Chiar dacă aș vrea, chiar dacă aleg, nu pot. Căci nu mai am pentru ce, nu mai simt pentru ce.

Fă-o pentru Mine. Rămâi neclintit în fața muntelui care s-a prăbușit peste tine și care te-a sufocat. Un luptător al luminii își extrage puterea din rănile care îi slăbesc trupul. O, tu, ești atât de aproape de capăt!

În vremea când Fiul a fost trimis în lume iar umanitatea și-a apăsat toată greutatea peste El, am hotărât Noua lume, la care cei care I-ați călcat pe urme veți lua parte. Atât de apăsătoare a fost pentru El necunoașterea voastră a esenței care sunteți încât cei pe care îi iubea se transformaseră în fiare în viziunea Sa, în mașini de ucis, care cu fiecare cuvânt rostit Îl străpungeau. Știi care a fost ultimul gând al Celui care v-a iubit cel mai mult?

Care a fost?

Tată, în vremurile când se vor trezi și alți fii de-ai Tăi și vor simți ceea ce simt Eu, iar uitarea celorlalți îi va apăsa așa cum Mă apasă pe Mine, amintește-le că atâta timp cât în El a rămas o suflare de viață, Fiul nu a renunțat să iubească. Ea este alegerea care răstoarnă lumea, care răscolește orice inimă de gheață și o topește. Și nicio minte nu I se împotrivește, și nicio inimă nu Îi este egală în iubire, nu e nici pe departe. De aceea viața viață domnește, iar morții i s-a luat puterea asupra lumii.

Trăind în lumea rea, crudă și care nu îți oferă nimic, a minții, tu ai avut cea mai mare nevoie de iubire.

O iubire pe care nu am primit-o, de aceea în locul ei a rămas o prăpastie atât de mare.

De aceea Eu te-am iubit cel mai mult, fiindcă ai avut cea mai mare nevoie de iubire și nu a avut cine să ți-o ofere. Căci nimeni din lumea pe care o cunoașteți nu ar fi putut să iubească atât. Și ai creat o punte atât de mare peste prăpastia cea mai mare.

Trăia odată un cățel care fusese abandonat pe un câmp, între două sate. Afară se înserase și o iarnă grea cu viscol se lăsase, iar zăpada care se așternea avea să îl acopere și să îl sufoce. Pe stradă au trecut doi îngeri care i-au auzit plânsetul și s-au oprit. Iar cățelul s-a ținut după ei până a ajuns înapoi în sat, apoi s-au făcut nevăzuți.

Trebuia ca acesta să fie semnul că avea să supraviețuiască, căci își dorea un loc cald și un colț de pâine. Poate cineva îl va găsi și îl va primi în casă ori măcar în curte. Dar oamenii au fost reci, l-au gonit de la unul la altul, chiar au căutat să îl otrăvească fiindcă nimeni nu îl plăcea, nu îl dorea. Avea de-a face cu o lume de gheaţă, în care locuiau oameni reci şi goi.

Şi aşa a fost, de dimineaţă sătenii l-au găsit îngheţat, căţelul murise ghemuit şi întristat, aparent degeaba. Ce soartă crudă şi ce Dumnezeu nevrednic a permis aceasta? O experienţă tăioasă şi efemeră. Dar oamenii, strânşi în jurul căţelului, au început să plângă, li s-au înmuiat inimile şi astfel a fost dezgheţată lumea.

Căţelul a cărui viaţă nu a durat mai mult de două săptămâni nu s-a putut ridica vreodată la statutul de om, dar şi-a îndeplinit misiunea de Dumnezeu care trezeşte omul, dându-şi viaţa pentru el. Tu, după plecarea ta, vrei să rămâi în amintirea lumii ca om ori ca omul care a umblat împreună cu Dumnezeul?

Şi oricât de mult l-ar fi iubit îngerii care au coborât la el ca să îl ghideze, nu i-au putut curma suferinţa, ea ar fi însemnat să îi răpească misiunea, harul şi strălucirea.

Concluzia este că în ciuda bunăvoinţei sau a ignoranţei, indiferent, căţelul s-a eliberat de suferinţă iar pe oameni i-a cuprins o durere mare care i-a mântuit. Prin urmare, de fiecare dată când ceva minunat dispare, apare ceva de trei ori mai minunat în loc.

Emoţionantă povestire, mi-au dat lacrimile. Aud cititori care plâng acum în hohote, cu o durere amară, căci au trăit cruzimea lumii pe pielea lor şi i-am răscolit. Vreau să vă spun că o parte din această istorioară este o întâmplare reală, la care am avut privilegiul să asist în vremea când am stat zece zile la ţară, într-un sat uitat din România.

Vezi Tu, e greu pentru oameni să fie aşa cum sunt eu, să lege o relaţie cu Tine aşa cum fac eu. O relaţie cu Dumnezeu este cea mai naturală prietenie, cea mai benefică energie, iar rezultatele se văd, de această dată am dovada. Însă rostită pe limba oamenilor se naşte întrebarea: cine naiba stă să vorbească cu un prieten imaginar căruia să îi ceară sfaturi de viaţă? Noroc că au mai scris şi alţii conversaţii directe cu Tine, altfel eram trimis la nebuni.

Alberto, nu fi copil! Cu toţii vorbiţi cu voi înşivă, de când vă naşteţi şi cât trăiţi. De când deschideţi ochii dimineaţa intraţi în contact cu gânditorul, cu maşina minţii care vă conduce încotro voieşte atunci când voieşte, pe care nu o puteţi controla şi opri.

Ca să fii capabil să percepi un obiect atunci când îl priveşti, gânditorul rosteşte în mintea ta numele aceluia. Când priveşti o clădire în mintea ta răsună cuvântul clădire, fiindcă altfel nu o percepeai. Doar că nu tu rosteşti cuvântul, nu tu deţii controlul, o face gânditorul. Luând în considerare felul cum vă comportaţi

*sau gândirea compulsivă, voi sunteţi cei care vă supuneţi, nu cei
care conduceţi.*

*Subconştientul omului e mincinos, murdar şi din cale afară
de pervers, însă nu doar în raport cu cei din jur, ci şi în raport cu
fiinţa pe care o posedă. În absenţa cunoaşterii adevărului Mintea
colectivă a devenit astfel, deoarece omul a hrănit-o cu lăcomie şi
invidie. Omule conştient, din când în când coboară-te la nivelul
omului nebun şi spune-i că este astfel, ca să nu înceapă să creadă
despre sine că este sănătos şi să transforme boala în virtute.*

*Când îi atragi atenţia unuia, spunând „eşti pierdut, fă ceva în
privinţa aceasta pentru tine", nu înseamnă că îl judeci, înseamnă
că ai observat faptul că se sufocă mental şi îl resuscitezi. Aceeaşi
metodă se aplică în cazul trupului, când pacientului muribund i
se aplică şocuri electrice sub privirile îndurerate ale celor care îl
iubesc şi caută să îl păstreze în viaţă, mai degrabă decât să fie
mângâiat şi încurajat pentru că trupul lui a pierdut bătălia.*

*Spre deosebire de prizonierii lumii, care îşi trăiesc vieţile pe
pilot automat, supunându-se conştienţei colective ori mai bine zis
inconştienţei acumulată de acest neam, de când se ştie, oameni-
lor care creează o legătură cu Dumnezeu nu le mai ordonă gân-
ditorul, maşina minţii care se supune inconştienţei colective acu-
mulată de acest neam de când se ştie, lor le vorbeşte fiinţa care
se descătuşează de tot şi care în realitate sunt.*

*Această fiinţă ulterior menţionată, care sunteţi, a fost numită
suflet. Sufletul este ceea ce sunteţi, mintea este ceea ce aveţi. Tru-
pul este ceea ce cele două elemente creează împreună.*

*Din nefericire, în majoritatea cazurilor, atunci când vorbeşte,
prin om nu vorbeşte omul, ceea ce este, ci vorbeşte mintea, ceea
ce are. Tu încearcă să nu te laşi copleşit de mânie şi de supărare,
umple-te de iubirea care poate să stingă tristeţea din ochii lor.*

Eşti genial, m-ai condus târâş la subiectul pe care voiai să îl
deschidem în continuare, în capitolul al treilea al acestei cărţi, şi
anume Mintea colectivă.

Capitolul 3

Mintea colectivă
Gândirea care se supune

Ziceam că m-ai condus acolo unde intenţionai de câteva zile să o faci, totuşi am avut nevoie de ceva timp ca să îmi limpezesc gândurile şi să hotărăsc ce anume se întâmplă cu mine.

În ultimul timp am devenit tot mai conştient de felul în care funcţionăm ca fiinţe tripartite şi am luat parte, atenţie, la un atac din partea minţii colective a umanităţii care influenţează alegerile majorităţii. Am vorbit cu Mintea colectivă exact aşa cum vorbesc cu Tine, în gând. Vocea era aceeaşi, diferit era ceea ce vorbea.

Această inteligenţă mai mică ori cea limitată, a Micului înşelător, loveşte în punctul slab sau sub centură, pe nepregătite.

Şi aşa a fost, mă aflam dar într-un moment de slăbiciune, aşa cum obişnuiesc să trăiesc din nefericire, scriam de trei săptămâni aproape patru ore pe zi, iar alte patru ore mi le petreceam căzut pe gânduri, abătut. Şi nu mă mai văzusem cu nimeni tot de atâta timp, în schimb lucram, lucram, adormeam câte zece minute apoi mă trezeam şi lucram. Până într-o seară în care am hotărât să ies singur, liniştit. M-am oprit într-un restaurant, am comandat ceva de mâncare, m-am aşezat la masă şi când să iau prima înghiţitură am auzit, cu mintea, următoarele cuvinte:

- Ce crezi că faci? Crezi că rezolvi ceva scriind aceste cărţi care nu au nicio putere şi pe care nu le va citi nimeni? Priveşte-te cum ai ajuns, te chinui să muşti dintr-un sandwich cu colţul gurii din cauză că te dor dinţii. Te plimbi de unul singur prin oraş, în timp ce toţi oamenii frumoşi şi fericiţi petrec împreună. Nu vrea nimeni să stea cu tine, nimeni. Nu vei avea pe nimeni alături de tine, pe nimeni. Încotro cauţi să direcţionezi lumea? Pe oameni unde îi duci? Ai face bine să încetezi să te mai crezi Dumnezeu, în schimb să gândeşti ca oamenii, să devii şi să te comporţi ca ei.

Este spre binele tău, ai fi atât de fericit. Şi mi-a răsunat în minte ultima întrebare fără încetare de atunci.

Aceasta nu a fost prima dată când m-am confruntat cu Mintea colectivă, unealta Micului înşelător care gândeşte în locul oamenilor. Trăind acestea mă gândesc că oamenii, prin inconştienţa şi frica de responsabilitate au creat un monstru care îi guvernează până la nivel de celulă, pe care îl regăsim şi în Biblie în încercarea de a Îl ispiti pe Isus, dar când Isus îi întoarce spatele. Mintea colectivă trăieşte prin oameni deoarece oamenii îi permit şi nu doar că îi permit, ci se identifică cu ea şi i se închină, deoarece o confundă cu Conştienţa care în realitate este Dumnezeu.

Este adevărat. Şi cum ai reacţionat la confruntare?

Nu am reacţionat, ci am stat, pur şi simplu, fără să mă clatin. Avea dreptate în multe privinţe, mai ales în ceea ce mă priveşte. Mintea colectivă se foloseşte de adevăruri mai mici ca să destabilizeze adevărul final, ne prezintă riscurile şi caută să ne influenţeze deciziile. Din fericire ea nu are puterea să aleagă în locul nostru, decât atunci când îi permitem noi. Alegerile mele rămân alegerile mele, iar de întâlnit nu poate să mă mai întâlnească, am lăsat-o în urmă cu o viteză inimaginabilă.

Întotdeauna ştii care este o alegere bună şi care este o alegere mai puţin bună, dacă eşti un om conştient şi vigilent. Cea pe care o alegi cu inima este o alegere bună. Cea pe care o alegi cu mintea e o alegere mai puţin bună. În final toate alegerile sunt bune, fiindcă ele slujesc creşterii tale. Prin bun sau mai puţin bun fac referire la consecinţele şi beneficiile timpurii, care vin la pachet împreună cu ele. Una este o rută directă iar alta este ocolitoare, dar toate duc la adevărul care sunteţi, produsul final. La finalul vieţii vei privi în urmă şi vei exclama zicând:

- Înţeleg de ce am făcut alegerile pe care le-am făcut, astăzi văd încotro m-a condus viaţa. Îmi amintesc ce culmi mi-am propus să cuceresc şi îi sunt recunoscător, îi sunt recunoscător.

Vezi tu, această Minte colectivă pe care aţi creat-o s-a întins pe toate straturile şi a luat toate formele şi înfăţişările. Intraţi în contact cu ea în fiecare zi, în fiecare minut şi în fiecare secundă, orice aţi face şi oriunde v-aţi afla.

Intraţi în contact cu ea atunci când mergeţi pe stradă şi vă latră un câine fără motiv, sau când vă claxonează un şofer frustrat, sau când aprindeţi televizorul şi urmăriţi ştirile, sau când vă hotărâţi să aplicaţi o pedeapsă cuiva, sau când emiteţi o judecată către o persoană, către voi, către viaţă, sau când vă vine în minte un gând negativ şi distructiv, sau când ascundeţi adevărul şi vă

ruşinaţi cu voi înşivă, sau când sunteţi mândri, necăjiţi, invidioşi,
sau când ajungeţi la concluzia că viaţa nu are rost şi că nu este
perfectă, sau când încercaţi să o controlaţi, sau când gândul că
bătrânul care cerşeşte în piaţă e de fapt un escroc mai degrabă
decât un nevoiaş şi băgaţi banii înapoi în portofel ca să vă con-
tinuaţi drumul, sau când credeţi că nu sunteţi preţioşi, sau atunci
când vi se spune că v-aţi născut păcătoşi, sau când umblaţi prin
biserici şi adunări ca să vă închinaţi, sau când bănuiţi că aceste
cuvinte nu sunt de la Dumnezeu, sau când vă îndoiţi că veţi reuşi
şi credeţi că v-am uitat ori că Mie nu Îmi pasă. Îmi pasă, nici nu
ştiţi. Mintea colectivă este egoul care se manifestă prin voi toţi, pe
care astăzi unii dintre voi l-aţi dezbrăcat.

Eşti absolut magnific şi atât de clar! Întotdeauna m-am între-
bat de ce latră câinii atunci când trec pe lângă ei. Dacă simţurile
animalelor sunt mai ascuţite decât cele ale oamenilor, aşa cum se
spune, de ce nu cunosc ele faptul că sunt un om bun şi am intenţii
pure? Trec pe stradă fără frică, liniştit, dar câinii din spatele gar-
durilor îmi arată colţii, mă urăsc cu toată mintea umanităţii care
îşi manifestă ura prin ei şi pare că s-a concentrat asupra mea, un
simplu trecător, un proroc al luminii.

Câinii latră din teama că cineva le-ar putea fura ceva, că le
încalcă teritoriul, la fel ca oamenii care pun stăpânire pe lucruri
şi care iau în custodie terenuri, care controlează oameni şi care
sunt controlaţi de alţii la rândul lor. Atunci când oamenii nu mai
găsesc nicio neregulă în vieţile lor caută să îşi descarce otrava
din ei prin diverse modalităţi, cum ar fi competiţia de orice fel,
luptele în arene şi de stradă, sporturile violente care au înlocuit
jocurile sângeroase din trecut şi aşa mai departe.

Mai nou, cu ajutorul tehnologiei oamenii au construit roboţi
pe care îi introduc în arene încercuite cu sticlă securizată ca să se
lupte. Se înscriu echipe în competiţie şi îşi prezintă armele letale
cu mândrie. Această preocupare de tip modern a lor mă bucură şi
totodată mă întristează. Ca să înlocuim vărsarea de sânge, rănirea
fizică a competitorilor vii, am creat roboţei care să lupte în locul
oamenilor, al câinilor şi cocoşilor. Ceea ce mă întristează este că
în ciuda evoluţiei mentale şi tehnologice omul încă are nevoie să
fie distrat prin intermediul violenţei.

Când eram în Spania am văzut sute de afişe prin intermediul
cărora protestatarii chemau oamenii în stradă în vederea interzi-
cerii spectacolelor organizate de toreadori, adică oprirea uciderii
taurilor în scop distractiv tâmpit, destinat oamenilor retardaţi cu
mintea şi cu spiritul. În Barcelona au fost interzise deja prin lege

aceste practici şi sunt convins că ar fi bine să ne debarasăm o dată pentru totdeauna de actele acestea josnice practicate de mii de ani de neamul omenesc îmbolnăvit.

Ai promis că îmi vei spune care este opusul păcii interioare.

Opusul păcii interioare este dorinţa.

Uau, nu mă aşteptam să îmi spună cineva aşa ceva! Susţii că atunci când îţi doreşti ceva nu eşti împăcat cu tine însuţi aşa cum eşti? Răscoleşti psihologia mondială a umanităţii şi cunoaşterea spirituală, tot. Nimeni nu a ştiut lucrurile acestea niciodată!

Este Unul care le-a ştiu dintotdeauna.

Susţii ideea în care atunci când am o dorinţă arzătoare eu nu sunt împăcat cu mine şi caut ceva care să mă împlinească?

Împlinit şi împăcat cu tine însuţi sunt sinonime. Atunci când eşti împăcat cu tine însuţi nu mai cauţi altceva şi nu mai ai nicio dorinţă, atunci devii conştient că poţi fi totul. Eliberarea este o noţiune de alegere.

Dar dacă nu ne-am mai dori nimic am rămâne la statutul de animale. Atunci nu am mai creşte, nu ne-am mai dezvolta, nu am deveni desăvârşiţi aşa cum a fost scris. Cu ce răspuns mă întâmpini de această dată?

Dacă nu v-aţi fi dorit altceva aţi fi rămas la statutul de Dumnezeu şi nu aţi mai fi ales să deveniţi oameni.

Claro!

Însă în poziţia în care vă aflaţi de câteva mii de ani încoace, căutarea voastră nesfârşită este vitală. De aceea vă doriţi mereu ceva, ca să umpleţi nu golul pe care îl aveţi, golul care sunteţi.

Atunci când vi se împlineşte o dorinţă sunteţi fericiţi, când vă eliberaţi de orice dorinţă trăiţi în pace. Repet, atunci când vi se împlineşte o dorinţă vă simţiţi fericiţi, iar fericirea este trecătoare, în schimb, când nu mai alergaţi după nimic voi trăiţi în pace, iar pacea este veşnică.

În regulă, are sens, dar care este motivul pentru care îmi spui mie toate acestea?

Nu înţeleg scopul întrebării.

Vreau să spun că am vizitat o pagină web al cărei scop era să adune învăţăturile anumitor maeştri, clasificaţi de fondatorii ei în funcţie de perspectiva lor. Acolo erau selectaţi mulţi oameni de seamă, înţelepţi ai multor vremuri. Întrebarea e ce nevoie mai ai să creezi atâţia învăţători, aşa cum faci cu mine de vreo şapte ani încoace, dacă sunt deja destui. Sunt convins că ei au spus tot ce era de spus despre viaţa trăită pe Pământ. Aşadar să îi citim şi să învăţăm de la ei.

Alberto, ţi-am mai explicat care e treaba cu aceşti maeştri şi de ce au sau nu au puterea de a transforma lumea. Unul care s-a urcat în vârf de munte ori s-a ascuns în pustie, de unde trimite învăţături minunate lumii, iar în schimb lumea îi aşază daruri la picioare, nu este un maestru, dar unul care a coborât în mijlocul lumii şi a simţit greutatea ei, de unde trimite învăţături lumii, este un mesager autentic, a cărui învăţătură rămâne.

Unul care a primit învăţătura divină dar şi-a atribuit-o va fi defăimat, căci Învăţătorul este Unul singur şi anume Conştienţa care se manifestă prin toţi şi vă inspiră. Voi trimiteţi recunoştinţă oamenilor care au ales ca prin ei să vorbesc lumii, totuşi nu vă închinaţi lor şi nu veneraţi pe nimeni. Conştienţa care s-a manifestat prin ei există în fiecare, ei doar i-au permis acest lucru aşa cum faci şi tu de şapte ani încoace.

Admiraţi toţi oamenii, nu doar pe învăţători, pe actori ori pe fotbalişti, pe modelele frumoase care apar pe micile ecrane, după care tânjiţi, cărora le-aţi dărui chiar şi vieţile voastre pe care nu le preţuiţi. Preţuiţi-vă mai întâi pe voi, apoi admiraţi-i pe ceilalţi. Dacă acei învăţători remarcabili au adus rasa umană până aici, rolul vostru este să o duceţi mai departe, căci nu le-am înaintat lor provocările voastre, nu au spart ei barierele voastre. Iluziei i s-a dat putere din ce în ce mai multă, o iluzie căreia acei maeştri nu i-ar fi rezistat. Dacă i-ar fi rezistat ei ar fi trăit în prezentul de acum şi voi aţi fi trăit în prezentul de atunci.

Fiecare suflet care se naşte după tine este înaintea ta şi nu în urma ta, tot aşa cum Isus a spus că este înainte de Avraam şi de Ilie. Căci locomotiva creaţiei merge de fiecare dată înainte, ea nu merge înapoi, indiferent de viteza cu care se deplasează. Conform învăţăturilor Sale, voi sunteţi înaintea lui Isus.

Îmi pare rău dar aşa ceva nu pot să scriu. Nu sunt eu înaintea nimănui, nu se poate lua în considerare ce ai spus. Aceasta este o blasfemie, nimeni nu a scris aşa ceva vreodată, nimeni nu a spus aşa ceva despre sine însuşi, nici profeţii lumii, nici înşelătorul nu a spus-o, doar Hristosul a afirmat-o.

Ghici cine te-a plasat acolo unde negi că eşti?

Hristos?

Cu adevărat. El este scara pe care cu toţii veţi urca la Mine. Iar Eu sunt Cel dintâi şi Cel de pe urmă, Cel mai mare şi Cel mai mic, în aceeaşi măsură.

Mintea colectivă creează scenarii periculoase citind relatările Tale. Asemenea cuvinte gâdilă egouri uriaşe în lume, noi suntem în competiţie unii cu alţii, nu cu noi înşine, mereu.

De aceea stagnaţi, vă blocaţi şi muriţi.

Vreau să zic că nu ne confruntăm cu ceva ce putem controla, nu comitem invidia cu premeditare, suntem influenţaţi de Mintea colectivă. Te invit să spunem lucrurilor pe nume dacă am pornit să fim sinceri cu noi:

Eu, omul Alberto, minunatul, dedicatul, îngerul care a înţeles şi care a făcut atâtea încât o, Doamne, a tresărit de veselie Cerul, sunt în oarecare măsură gelos când văd că pe un om care nu creează nimic folositor îl urmează mai mulţi oameni decât pe unul care salvează naibii planeta. Sunt frustrat când văd o copilă care se strâmbă la o cameră video şi urcă clipul pe internet, prezentând o geantă lipsită de valoare şi care costă cât o locuinţă, că este mai apreciată decât un conducător cinstit al unui stat.

M-am folosit de aceste două exemple ca să subliniez faptul că dacă eu, care mă străduiesc să fiu pe placul Tău şi reuşesc, şi am dezvoltat o relaţie unică cu Tine şi mă îndrumi, şi mă înveţi, şi trăiesc pentru oameni nu pentru mine, nu reuşesc încă să înlătur aceste slăbiciuni în totalitate, dar unul care nu ştie mai nimic, cu acela ce va fi?

Şi despre aceasta am mai discutat înainte. Mintea ta este din lume şi se supune firii umane până la sfârşit. De aceea în unele momente te comporţi ca un om şi te minunezi de reacţiile pe care din fericire nu ţi le manifeşti. Şi totuşi nu te îngrijora, prin intermediul minţii nu vei lucra o veşnicie, Eu sunt ceea ce eşti şi ceea ce vine după tine. Lasă lumea aşa cum este, pentru cei care vin după tine dar care sunt înaintea ta. Pe ei nu îi va mai atinge iluzia. Pe tine te atinge dar nu te doboară. Pe maeştri din trecut i-a atins şi i-a doborât.

Spui că i-a doborât pe Rajineesh, pe Papaji, pe gnostici şi pe marii mistici?

S-au arătat ei în trup după înviere?

În niciun caz.

Atunci înseamnă că la final, iluzia i-a ucis.

Faci nişte afirmaţii înspăimântătoare pentru orice căutător de adevăr care va trece pe aici. Există mulţi adepţi ai acestor învăţători care se agaţă de orice idee logică care vorbeşte despre o viaţă trăită fără scop. Şi astfel în adepţi este instigată revolta, violenţa. Întotdeauna m-am întrebat de ce urmaşii şi discipolii unuia care s-a considerat pe sine iluminat, se războiesc atât. Şi vreau să mai menţionez ceva, chiar si eu m-am uitat peste un fragment extras dintr-o carte scrisă de discipolii lui Rajineesh şi vreau să spun că am fost de acord cu textul. Dacă a fost cu adevărat iluminat şi a iniţiat noua minte, de ce nu a transmis adepţilor lui pacea?

Este o întrebare bună dar totodată este lipsită de sens. Pacea nu se învaţă şi nici nu se dăruieşte, aşa cum aţi fost învăţaţi când eraţi copii, la biserică. Este însă Unul căruia I-am dat-o după ce S-a sculat din morţi, doar El o poate aşeza peste lume, când vrea şi doar dacă vrea. El vrea, căci Eu am voit mai întâi.

Pare că felul în care îmi vorbeşti este puţin influenţat de ego, doar că Tu nu deţii o minte care ar putea fi influenţată de Micul înşelător, ceea ce înseamnă că problema ar fi la mine.

La tine este soluţia.

Care este secretul iniţierii păcii, învierea din morţi în văzul lumii? Atunci oamenii vor crede în adevăratul Dumnezeu?

Oare vor crede?

Nu ştiu, oare în trecut au crezut?

Nu au crezut chiar dacă M-au văzut. Scopul tău este altul.

Care este scopul meu ori soluţia?

Cel de a îi determina pe oameni să creadă în ei înşişi. Acolo se manifestă Dumnezeu iar ea este soluţia.

Dar dacă nu mă voi putea arăta nici eu după ce voi pleca din trup? Atunci mulţi vor crede că sunt altul care a crezut în poveşti dar care a murit, s-a stins, lăsând în urma sa câteva teorii gândite bine şi atât. Cumva încerci să mă urci în vârful piramidei iluzorii pământeşti? În casa Ta nu există etichete, nici superioritate, toţi strălucim în felul nostru.

Exact. Tu nu ai nevoie să te arăţi lumii după ce îţi vei părăsi trupul, pe aceasta a săvârşit-o Profesorul. Iar tu nu susţii că eşti Profesorul, tu dovedeşti că Profesorul vorbeşte prin tine, atât.

Spui că după ce îmi voi părăsi trupul voi fi în minţile tuturor, dar dorinţa noastră seamănă cu una diabolică al cărei interes este să manipuleze, să domine, să elimine orice gram de liberă alegere şi rebeliune a fiinţelor create să fie libere.

Dimpotrivă, adevărul este contrar la ceea ce ai gândit acum. Faptul că după ce îţi vei părăsi trupul te vei întoarce în toţi, nu este o dorinţă, este un fapt. Un fapt este un adevăr adevărat, nu o dorinţă diabolică. Atunci când te aflai în Dumnezeu credeai că oamenii trăiesc frumos, după voia lor şi după alegerea lor. Când ai plecat în lume, la strigătul celor ce nu au ştiut să aleagă, te-ai convins că oamenii nu au o gândire rebelă, ci o Minte colectivă care se supune. Iar scopul vostru este să îi rupeţi lanţurile, nu să construiţi pacea. Pacea este dincolo de nori, voi trebuie doar să îndepărtaţi furtuna, ca pur şi simplu să rămână pacea.

Furtuna stă ascunsă în dorinţa de a domina?

Cu siguranţă că da.

Dar dacă cineva doreşte să domine lumea în scop de pace?

Atunci acela va fi nevoit să renunţe la el însuşi şi va fi pace, atunci el devine Mielul, Unsul, Salvatorul, Mântuitorul lumii.

Nu înţeleg în totalitate, tot ce ştiu este că toţi strălucim.

Toate stelele strălucesc, dar nu toţi cei pe care i-ai enumerat au acceptat în totalitate această idee. De aceea tu şi cei ca tine aţi coborât în lume ca să încheiaţi lucrarea Mea. Căci dacă ar fi încheiat-o ei, nu ar mai fi fost nevoie de voi.

În „Cartea care scrie oameni" m-ai învăţat cum să îmi opresc gândirea compulsivă, în cea de faţă mă îndemni să mă detaşez de dorinţe, chiar şi de acelea ale căror intenţii sunt dumnezeieşti?

Exact, ca să urci şi mai sus.

Cum s-ar mai putea schimba ceva în bine dacă nici măcar nu mi-aş mai dori schimbarea în bine?

Prin detaşarea de eforturile depuse şi aşteptarea rezultatului.

Nu trebuie să avem aşteptări, citeşte noua spiritualitate!

Alberto, aici nu vorbim despre unul şi acelaşi lucru. Una este să trăieşti fără aşteptări, alta este ca după ce ai iniţiat o acţiune să te dai la o parte şi să faci loc rezultatului să vină. Abia atunci înveţi să trăieşti fără dorinţe, iar rezultatele pe care le-ai chemat nu întârzie să vină. Mai întâi se naşte dorinţa care te determină să iniţiezi acţiunea, apoi te retragi, ca să creezi spaţiul necesar rezultatului care urmează să vină.

Ai dreptate, am trăit ceva asemănător în trecut, doar că în loc să fac loc rezultatului să vină mai mult am judecat acţiunea şi am învinuit persoana. Totuşi, rezultatul a venit într-un târziu, a venit atunci când nu mi l-am mai dorit. E răsucită toată treaba, ştiu.

Am depus eforturi de neimaginat pentru persoana pe care am iubit-o şi pentru a păstra vie relaţia după care am tânjit. Am trudit şi am stăruit în suferinţă până am căzut din picioare, la propriu, când mi s-a oprit inima mergând pe stradă, cedând. Atunci ceva a forţat-o să pornească iar, dar oricât de tare m-am zbătut, înainte de eveniment şi după el, vreme de zece ani, am pierdut persoana pentru totdeauna. Şi am renunţat, m-am detaşat cu adevărul, nu doar cu vorba, şi mi-am îndreptat atenţia spre cu totul altceva.

Imediat cum am renunţat, persoana pentru care am luptat cu toată existenţa s-a întors şi m-a rugat să o primesc în viaţa mea din nou, realizând într-un sfârşit că nimeni nu a luptat pentru ea aşa cum am luptat eu, nimeni nu se va implica vreodată aşa cum m-am implicat eu. I-am promis că o voi iubi pentru totdeauna cu toată fiinţa mea, însă aleg să trăiesc singur, departe de ea.

Şi aşa a fost, ceva mi-a transmis că abia atunci a realizat că vrea să trăiască alături de mine, că însemn ceva pentru ea şi pentru această lume, câtuşi de puţin. A spus plângând că noi nu am format niciodată un cuplu, am fost o familie.

Am simţit nevoia să folosesc această experienţă personală de viaţă ca să fac cât mai clară explicaţia cu detaşarea de dorinţe şi crearea spaţiului care să găzduiască rezultatul. Îmi doresc să nu fi deranjat pe nimeni vorbind cu atâta uşurinţă despre cei care, aşa cum ai spus, au purtat umanitatea până aici.

Când eram copil iar tata îmi citea din Biblie despre apostolul Petru, eu fiind total impresionat şi pătruns de admiraţie pentru el, am folosit o expresie mai puţin potrivită, fără rea intenţie, încât tata s-a supărat şi aproape m-a plesnit. Am exclamat zicând:

- Mă nene, dar Petru ăsta ce aproape a fost de Dumnezeu şi la câte minuni a avut privilegiul să asiste!

Nu a fost nimic ieşit din comun în privinţa reacţiei tatălui tău la auzirea expresiei pe care ai folosit-o. El avea o gândire preoţească, monarhică, autoritară, învechită, preluată şi purtată mai departe, care încă se manifestă prin oameni şi în zilele actuale, în ciuda informaţiei, a dragostei şi a adevărului cunoscut. Lipsa de înţelepciune se recunoaşte cel mai adesea prin lipsa simţului umorului şi prin teama de a rosti anumite cuvinte pe un ton prietenos, la fel ca în scena comică din filmul de aseară.

Mi-a dat bătăi de cap expresia actorului Woody Harrelson în filmul Wilson. Personajul ţinea o cărticică în mână, pe care scria Noul Testament, călătorind cu autobuzul, când dorind să intre în discuţie cu alt călător, l-a întrebat:

- Scuzaţi-mă domnule, cunoaşteţi Vestea Bună?

Reacţia călătorului a fost cea de a se distanţa, respingându-l cu amabilitate. La care Wilson aruncă cărticica şi spune:

- Glumesc prietene, al naibii Isus nu a făcut nimic bun pentru mine niciodată.

Ha, ha, sunteţi absolut geniali în anumite privinţe!

Mulţumesc că împărtăşeşti simţul umorului cu noi, mă bucur că Dumnezeu funcţionează şi aşa. M-ai uimit pe mine iar eu am uimit lumea cu vocea Ta, formăm o echipă pe cinste şi conducem în deplasare.

Dacă ai fi conştient pe deplin de adevărul pe care l-ai rostit cu ultima frază ţi-ai înlătura orice îndoială. Tu nu faci parte din niciun grup, tu nu cunoşti nicio practică, nu eşti iniţiat în nimic şi nu te laşi învăţat de nimeni. Eşti doar tu şi Dumnezeu, plutind laolaltă, eşti cel care umblă împreună cu Mine şi de aceea nu te

*doboară nimic, ai o gândire rebelă. Să nu uitați niciodată faptul
că Dumnezeu este liber, siguranța se află în tine nu în exterior.*

*Ești încrezător că poți păși pe drumul tău în condiția în care
te afli ori ești încrezător că ți-o poți schimba dacă vei vrea? Ești
încrezător că te vei ridica deasupra lumii și că o vei transforma
după placul Meu și după inocența ta? Ești încrezător că poți trăi
singur până la sfârșit ori alături de cineva, care ar fi diferența?*

*Consideri că te vei prăbuși dacă îți vei pierde soția, copilul,
părinții, banii ori sănătatea? Te temi că îți va dispărea respectul
și imaginea dacă te va preocupa ființa și nu avatarul ei?*

*Ești încrezător că vei rămâne integru dacă ți se va lua popu-
laritatea ori dacă o vei lăsa? Cine ești îmbrăcat cu ea? Cine ești
după ea? Cine ești dacă toate teoriile dispar sau dacă gândurile
încetează să mai vină, dacă lumea se termină? Cine ești dacă nu
mai vezi, nu mai auzi, nu mai miroși, nu mai pipăi și nu mai guști
materia? Cine ești dacă nu mai simți energia?*

*Cine ești dacă nu mai ai nicio emoție, dar nicio slăbiciune?
Cine ești dacă încetezi să mai scrii, dacă încetezi să mai fii? Ești
Cel care nu te manifești, care iubești în tăcere și dăruiești, astfel
te întorci la pace, acolo de unde vii.*

Este aproape imposibil de înfăptuit ce îmi ceri, nici cei mai
înalți și mai renumiți maeștri, care au făcut să răsune trâmbițele
îngerilor ziua în amiaza mare, și nici îngerii întrupați nu au reușit
să ajungă aici cu imaginația și înțelegerea. Mi-am înlăturat firea,
am venit spre Tine, am renunțat la om ca să devin Dumnezeul.

Sper ca aceste scrieri să fie folositoarea acelora pe care nu îi
va mai umple lumea cu toate amăgirile ei și vor căuta o poartă de
evadare. Eu sunt poarta prin care vă eliberați de trupuri și minți.
Soluția la orice problemă este pacea, ea lasă fără sunet orice zgo-
mot. Eu am încercat toate căile și toate soluțiile și m-am oprit la
pace. Nu am nimic, după toate câte am făcut, dar sunt totul, căci
am trudit cu trupul în serviciul spiritului și astfel, mi-am extins
conștiența.

Am cunoscut, pe unde am umblat, oameni care conduc lumea
cu legislația, însă care mi s-au confesat spunând că ar dori să își
lase viețile pe care și le-au construit și să devină așa ca mine, un
nimeni al nimănui, care s-a trezit în centrul totului și l-a luminat.
Eu arăt lumii o altă cale, și mă admirau.

Am primit recent o scrisoare din Germania, de la o cititoare
care prin absurd reușea să citească texte scrise în limba română și
în rusă, care m-a întrebat dacă sunt Isus Hristos. Am răspuns că
nu sunt Hristos, dar vin în Numele Lui la rugămintea Lui și ea a

înţeles. Înţelegi ce se întâmplă? Nu toţi oamenii despică firul, nu toţi păşesc prin poarta limpezirii, a conexiunii. În oameni încă e furtună iar soarele încă stă ascuns.

Cei care au plâns cel mai mult astăzi se veselesc cel mai mult. Cei care au trudit cel mai mult se odihnesc cel mai mult. Celor cărora le-am lipsit cel mai mult sunt cei mai aproape de Mine. Cu cât furtuna persistă, cu atât limpezirea există şi este pe cale să vă întâmpine.

Cel mai glorios moment al unei zile este răsăritul. Noaptea, în timp ce dormiţi, vă întoarceţi în soare şi luminaţi pentru ceilalţi, îi mângâiaţi cu razele şi apoi reveniţi, dar spuneţi că sunteţi atât de mici. Oricât de superficială ţi s-ar părea ultima parte a fragmentului, ea nu este o fabulă, la nivel energetic aşa se întâmplă. Soarele luminează mai puternic pentru cei ce nu întârzie la adunarea spiritelor şi îi aşază pe umerii Ierusalimului, la stânga şi la dreapta Celui nemanifestat. Ei devin sfeşnicele Începătorului, cele care I-au adus gloria şi care au scos aur dintr-un pământ la prima vedere mort.

Scriind acestea ai gândit că poate eşti nebun.

Tu chiar vezi şi auzi tot? Gândul era pentru mine, iar ceea ce fac cu el mă priveşte.

Eu nu sunt nevoit să văd şi să aud tot, Eu sunt tot, iar forma cu care Mă îmbrac ca să ajung la tine Mă priveşte. Dar dacă te preocupă gândul îţi confirm că da, eşti nebun. Eşti nebunul care a însănătoşit lumea, filtrul care a curăţat-o, polenul care a fertilizat-o, crenguţa care a altoit copacul şi l-a scăpat de tăiere.

Deschideţi-vă minţile la cuvintele Mele şi recunoaşteţi-le în toate conversaţiile cu Dumnezeu din toate cărţile. Dezvoltaţi-vă atitudini asemănătoare, comunicaţi liber, învăţaţi-vă, încurajaţi-vă şi iubiţi-vă. Dumnezeu urmăreşte lumea, El nu o controlează, M-aţi înţeles greşit. Eu urmăresc procesul desăvârşirii omului din neant, care înseamnă că vă asist şi vă admir dar nu vă controlez deciziile. În schimb voi o faceţi între voi, vă manipulaţi violent în scopuri individuale, nicidecum ca specie.

Voi mai întâi aveţi nevoie să Îl cunoaşteţi pe Dumnezeu, apoi să umblaţi împreună cu Dumnezeu, iar la final deveniţi ca Dumnezeu. Şi să nu întârziaţi, ca Împărăţia să nu rămână nepopulată prea mult timp.

Alberto, oamenii buni nu devin buni la întâmplare. Modelarea unei minţi poate dura de la două mii până la câteva miliarde de ani de evoluţie a materiei. Nu există accident ori coincidenţă, există doar asistare la desăvârşire. Adevărat adevărat vă spun, din pământ v-aţi ridicat şi în Cer o să păşiţi.

Doar atât suntem în viziunea lui Dumnezeu, un experiment la care ai trudit miliarde de ani şi l-ai modelat atât de bine? Ce pot să spun mai mult decât că Te admir, Te-ai întrecut pe Tine!

Pentru Mine sunteţi o bucurie, dar, copil bun, ar fi bine să te admiri pe tine, ai plecat atât de departe şi totuşi eşti aici. Eu ştiu deja Cine sunt, tu eşti nevoit să iei decizia cea mare.

Iau decizia cea mai înaltă în fiecare minut, în fiecare secundă ori cel puţin mă străduiesc să o fac.

Minunat, aşa aveţi nevoie să procedaţi. Oamenii buni nu sunt buni din întâmplare, ci devin buni pe merit. Ei aleg bunătatea în orice situaţie, indiferent de consecinţe. Dacă eşti răzvrătit, dacă respingi totul, dacă vrei să îi critici pe toţi şi îi bănuieşti pe toţi, şi vrei să faci dreptate, nu ai ajuns la pace încă, te afli la stadiul spiritualului neînţeles care în realitate nu înţelege nimic.

Am trecut şi pe acolo, am fost şi cel pe care îl descrii însă am ieşit din jocul spiritualilor, m-a înălţat dragostea şi stăruinţa, căci am fost atât de atent. Am ales cu inima indiferent de consecinţe.

Atunci când alegeţi cu inima vă uniţi cu iubirea care rămâne. Ceea ce credeţi voi că sunteţi e trecător. Minţi şi trupuri vă veţi mai lua, ceea ce sunteţi nu se poate schimba, dar se poate uita şi reaminti. Eu te-am luat din lume şi ţi-am dăruit o identitate provizorie de înger, ceea ce faci cu ea te priveşte, căci te împlineşte.

Dacă ai avut vreodată în viaţa aceasta un vis în care ai visat că zbori sau că pluteşti, să cunoşti că ai ajuns la capăt iar eliberarea spiritului tău din formă este pe cale să vină. Ai avut tu, fiul Meu iubit, un astfel de vis până astăzi?

Am avut unsprezece mii şase sute optzeci de astfel de vise şi încă număr. Rareori visez că nu mai pot să zbor, că sunt obosit şi mă mir de neputinţa mea.

Cu toţii vor cunoaşte calea gloriei mai târziu. Unii au ştiut-o înaintea ta, chiar dacă au păşit în mod diferit pe ea.

Voi în trecut aţi rănit Soarele în loc să vă lăsaţi mângâiaţi de razele Lui, din invidie că nimeni nu strălucea aşa cum strălucea El şi L-aţi străpuns cu suliţa şi L-aţi bătut în cuie. Dar prin rănile Soarelui aţi supravieţuit ca specie, iar creaţia a fost ţinută la un loc. Priveşte cu un telescop spre soarele sistemului vostru planetar şi ai să Îmi vezi rănile la propriu. Priveşte spre soare şi ai să Mă recunoşti.

La propriu nu pot să privesc soarele, dar la îndemnul Tău am căutat şi găsit pe internet imagini în mişcare capturate cu ajutorul unui telescop în care am identificat câteva pete negre pe el, dintre care una pare că este chiar mai mare decât circumferinţa Pământului. Prin ele soarele eliberează câmpul magnetic care protejează întregul sistem solar şi îl ţine în balanţă. Ele sunt rănile Tale care ne oferă protecţie la propriu, nu doar la figurat.

Doamneee, e real! Tot ce îmi spui poate fi observat şi înţeles de către oricine! Din coasta Ta a curs apă şi sânge. Apa înseamnă viaţă şi sângele înseamnă sacrificiu. Din rănile soarelui izvorăşte esenţa care protejează viaţa şi tot din soare a apărut viaţa.

În cartea „Mikel" am relatat o viziune pe care am avut-o cu privire la acest aspect. Am vorbit despre adunarea spiritelor şi am explicat că în mijlocul mulţimii stătea un Soare parcă înjunghiat. Am crezut că a fost o explicaţie simbolică, însă soarele sistemului nostru planetar a fost înjunghiat la propriu şi bătut în cuie. Şi poate exact în momentul în care a avut loc răstignirea s-a produs un fenomen astral în care câteva corpuri străine au lovit soarele iar impactul s-a resimţit până pe Pământ. Razele soarelui străbat distanţa dintre soare şi Pământ în aproximativ opt minute. După moartea lui Isus s-a scris că cerul s-a întunecat şi s-a cutremurat pământul în zona unde a avut loc crucificarea. Uaaau, mi-a căzut carneţelul din mână, aşa ceva nu a văzut nimeni în istoria acestui neam de oameni, nimeni! Fericiţi cei care vor citi aceste rânduri, căci ei vor înţelege istoria civilizaţiei în doar trei minute.

Am povestit că în jurul Soarelui erau şi douăsprezece scaune mai mici, cu domnii lor şezând pe ele, care simbolizează apostolii, dar în sistemul nostru solar există doar nouă planete. Nu ştiu ce m-a determinat să fac comparaţia, e irelevant şi poate afirmaţia mea este absurdă. Dar poate că din douăsprezece planete una s-a pierdut, alte două ne sunt necunoscute iar cele nouă, patru terestre şi patru joviale, împreună cu Pluto, reuşesc să ţină în balanţă dansul stelar. Dai drumul la cunoaştere ca la un izvor, oare cine suntem noi în realitate?

Nu contează cine credeţi că sunteţi şi ce faceţi, pentru Mine toţi sunteţi minunaţi. Voi sunteţi egali, însă nu sunteţi toţi la fel, exact ca în schimbul de replici cu cei doi profesori care se întâlnesc şi se împrietenesc.

Îmi poţi aminti replicile acelora?

Cu siguranţă, discuţia a decurs în felul următor:

- Acum, dacă tot am făcut cunoştinţă, mi-ai putea spune cu ce te ocupi?

- Sunt profesor.

- Şi eu sunt profesor!

- Ce tare! Şi ce fel de materie predai?

- *Eu filosofie, tu?*
- *Cha cha.*

Sună amuzant, dar mai întâi trebuie să aflu ce înseamnă Cha cha. Mă interesez şi revin.

Alberto, stai aici, este un ritm de dans.

Ha, ha, ce glumă bună! Însă dintr-odată lucrurile devin serioase, căci ambii erau profesori, totuşi. Unul preda filosofia care salvează lumea, altul învăţa oamenii să îşi mişte şoldurile fără un sens. Pentru noi este foarte important sensul lucrurilor, nu putem iubi ceea ce nu înţelegem.

Problema voastră este faptul că voi nu iubiţi viaţa însăşi, cu mersul şi misterul ei, voi vă iubiţi identităţile, lucrurile, mai mult sau mai puţin oamenii sau animalele.

Cât de bine ai spus-o, am avut încă o revelaţie citind ultimul fragment. Noi nu iubim viaţa însăşi, aşa cum curge ea, împreună cu misterul şi evenimentele ei, noi iubim locurile, lucrurile, identităţile, mai mult sau mai puţin oamenii şi animalele. Chiar şi în cazul celor menţionate, iubim anumite aspecte ale lor, nu iubim complet, adică cu toată fiinţa, iubim doar cu jumătăţi de măsură. El este singurul aspect al vieţii pe care nu l-am înţeles.

Ziua în care am devenit conştient a fost şi ultima zi în care am mai vărsat lacrimi pentru tatăl meu, căci ea a fost ziua în care am înţeles că iubirea s-a îndurat de el şi l-a smuls din ghearele morţii. Plecarea de pe Pământ este resimţită pentru un spirit captiv drept eliberare, este ca o înviere. Şi m-am bucurat mult.

Azi tiranii contemporani nu vă mai controlează la nivel fizic şi mental, ei vă controlează şi la nivel spiritual, însă nu ca să vă ucidă spiritul, ca să vă ţină prizonieri cât mai mult timp în lumea moartă a minţii. Ei nu mai omoară pe nimeni în văzul lumii, în schimb vă motivează şi în acelaşi timp vă deţin. Sper doar să vă faceţi auziţi, să puneţi capăt războiului şi să trăiţi în pace.

Cum adică speri, nu eşti convins, nu este scris? Nu e nevoie să speri, este nevoie să ştii. Până astăzi ai aflişat o credinţă în noi şi o încredere în Tine ieşite din comun.

Este scris că tot ceea ce vă veţi dori pentru voi va avea să se întâmple. Important este să ştiţi ce vă doriţi ca să luaţi deciziile cele mai înalte. Unii dintre voi le luaţi deja, urmează totuşi să vă treziţi cu toţii mai devreme sau mai târziu, într-un fel sau altul.

Stai puţin că mă bagi în ceaţă. Cum adică într-un fel sau altul, mai devreme sau mai târziu, ne vom trezi cu toţii?

Lupta pe Pământ este a lui Mihail, pacea este a voastră, iar gloria este a Mea. Aceasta doar în cazul în care nu este aşa şi veţi alege altceva. Atunci voi renunţa la lume iar lumea va fi distrusă şi nimeni nu va şti măcar că a existat. Viitorul rasei umane stă agăţat într-un fir de aţă. Ea este legământul Meu şi al vostru, cei care aţi coborât în lume ca să prorociţi iar şi să deschideţi minţi, să încălziţi inimi, să sterpiţi gândurile oamenilor de la arme. În lume nu există duşmani, pe Pământ trăiesc doar oameni. Pacea este viitorul, lăcomia nu merge nicăieri.

Te invit ca în continuare să înveselim puţin cartea, am primit un mesaj care m-a bucurat enorm. Cu doi ani în urmă mi-a scris un bărbat care a fost pus la încercare. Pe atunci era confuz şi nu ştia în ce direcţie să apuce. Se confrunta cu o criză generală, dar din relatările lui mi-am dat seama că cel mai mult îl afecta partea sentimentală. L-am sfătuit aşa cum m-am priceput şi aşa a trecut timpul. Astăzi şi-a amintit îndemnurile mele, m-a contactat ca să îmi mulţumească. Între timp s-a căsătorit şi aşteaptă un bebeluş. Vestea m-a făcut să mă simt bine, îi mulţumesc şi mă străduiesc să îi urmez exemplul.

De când mă ştiu am adus oamenii aproape unii de alţii. Există multe familii al căror iniţiator, prin urmare, sunt. Există oameni care s-au întâlnit prin mine şi au rămas împreună. Nu cer nimănui o recompensă, mă gândesc însă mirat la ce înseamnă toată treaba aceasta şi nu găsesc răspuns.

În prezent sunt slăbit, nu mai am poftă de mâncare din cauză că nu mai suport alimentele şi nu mă mai motivează nimic. Mă forţez să alerg în jurul unui lac, pe o distanţă de zece kilometri, în care fac zece opriri. Tot ce simt să fac este să dorm şi să dorm, şi gândesc că niciodată nu m-am simţit bine trăind în această lume. Întotdeauna am visat urât şi am avut slăbiciuni de toate tipurile, confuzii, dependenţe, uşi închise, nesiguranţă, descurajare şi presiune, ca şi cum cineva m-a urât încă de la început şi a vrut să se descotorosească de mine: duhul colectiv al umanităţii.

Nu e loc de dramă, mă interesează doar să aflu ce se întâmplă cu mine şi cu corpul meu.

Corpul tău este în regulă, mintea începe să cedeze.

De ce?

Deoarece ai întins-o prea tare.

Ce este de făcut, să o folosesc mai puţin?

Soluţia este să o foloseşti mai eficient.

Cum?

Vino spre Mine mai mult.

Cum?

Detaşându-te de lume mai mult.

Vezi tu, Albert Einstein a înțeles că lumea este construită din vibrații, tot așa cum vizionarii din trecut au știut că la început a fost cuvântul și cuvântul era la Dumnezeu, și cuvântul era Dumnezeu. În funcție de tipul vostru vibrațional, așa sunteți, iar tipul vibrațional nu depinde de voi, el este hotărât de Mine.

Eu sunt Compozitorul care așază notele pe portativul vieții, de aceea sunt atât de importante cuvintele. Fulgii de zăpadă sunt tot cuvinte rostite. Oamenii și fiecare ființă sunt cuvinte, natura este un cuvânt.

De ce m-ai ales pe mine dacă știai că nu pot să duc lucrarea la final și am dovedit-o? Știai că voi cădea.

Pentru că nimeni altcineva nu ar fi putut să o ducă la final. Și dacă nici tu, care te-ai dedicat în totalitate și ai crezut cu fiecare celulă care îți alcătuiește trupul, te-ai împiedicat și ai strigat că îți vrei viața de om înapoi, cum ar fi putut să o poarte altcineva, lumea, cu tot ce se află în ea, care adunată la un loc nu reușește să se ridice nici la nivelul degetului tău mic în credință, care ești unul singur?

Spui lucruri frumoase despre mine mereu. Mi-e greu, dar nu am cedat, sunt încă pe picioarele mele și simt, respir și gândesc.

Așteaptă să ajungem la finalul acestui capitol. Atunci Îmi vei cere să te las în pace, să nu îți mai vorbesc.

Vorbești serios?

De această dată Mi-aș fi dorit să nu fiu serios.

Eu nu port în spate karma mea, duc pe umeri povara lumii pe care Ți-o dăruiesc. Dacă aș fi trăit pentru mine, cunoscând ceea ce scriu aici, aș fi fost ușor ca un fulg și nu m-ar fi atins nimic.

Dacă nu primesc răspuns trecem mai departe. Există oameni minunați care s-au făcut auziți și au spus mai multe decât mine, în mod mai plăcut, artistic, acceptat, totuși Tu alegi să lucrezi cu mine și nu înțeleg de ce. Ce calități am sau de ce nu le văd?

Ți-am mai spus, distanțele pe care le parcurgeți pe parcursul existențelor sunt egale, însă în funcție de credința pe care o aveți coborâți mai adânc în lume, iar șansele de a vă mai ridica scad. Oare unul care pornește de la etajul unu și ajunge până la etajul cinci, într-o viață de om, a urcat mai puțin decât unul care pornește de la etajul cinci și ajunge până la etajul zece, într-o viață de om, Alberto?

În niciun caz, distanța pe care au parcurs-o este egală.

Vezi tu, voi percepeți realitatea altfel, nu cum este ea în realitate. Îl priviți pe unul care e iubit și aclamat ca pe un intrus, și îi puneți bețe în roate, în loc să îl admirați, ca și cum el nu ar fi lucrarea mâinilor Mele şi vreţi să îl îndepărtaţi. Vă îndoiţi de tot ce e frumos şi bun, dar primiţi cu braţele deschise drama, hoţia, distrugerea, gândind că ce este bun nu poate fi bun, trebuie ca o şmecherie să existe la mijloc. Deoarece Îl confundaţi pe Marele Dumnezeu cu Micul înşelător. O parte din voi alege să creadă că anumite fiinţe nu vin de la Mine, ca şi cum Eu nu aş fi totul, doar ceva anume. Şi le urâţi, aţi făcut război între voi toată existenţa, v-aţi luptat cu viaţa care sunteţi.

Cartea de faţă este Portretul lui Dumnezeu. Aşa că citiţi-o, descifraţi-o, învăţaţi-o pe de rost ca să ieşiţi din mlaştina pe care o alimentaţi. Căutaţi cărţi mai bune dacă nu vă mulţumeşte cea de faţă şi citiţi-le, dar cuvinte mai adevărate nu veţi găsi nici în toate librăriile lumii, nici în toată istoria. Nici măcar Biblia nu se ridică la nivelul Celui care sunt, nici pe departe. Şi dacă nu veţi găsi o percepţie despre adevăr care să se ridice la nivelul înţelegerii voastre scrieţi voi, iar când vă veţi îneca în cunoaştere chemaţi-Mă, voi fi întotdeauna alături de cei mai sensibili dintre voi.

Voi sunteţi inimile la care cânt, cărora societatea le-a smuls corzile ca să nu se facă auzite, să nu strălucească, să se supună şi să aplaude valorile ei neadevărate, reuşitele false, amăgirile şi să îi trăiască iluziile. Aşa a încercat să supravieţuiască tiranul, duşmanul cel mai de temut al omului modern, societatea clădită prin vărsare de sânge.

Micul înşelător şi-a luat măsuri de precauţie, dar la final ceea ce a încercat să ucidă l-a ucis. Lumina pe care a încercat să o umbrească l-a dizolvat. Astăzi sunteţi liberi să faceţi nu ceea ce vreţi, ci sunteţi liberi să faceţi ceea ce sunteţi. Şi totuşi nu toţi vă înghesuiţi să vă cunoaşteţi, mai degrabă vă imitaţi iniţiatorul şi muriţi. Înşelătorul a murit, astăzi împărăţeşte Dumnezeul.

Cunoşti acea senzaţie care te convinge că e cutremur atunci când eşti ameţit, dar nu este?

Sigur.

Aceeaşi senzaţie reuşeşte să îi convingă pe oameni că totul se prăbuşeşte în jur şi că este sfârşitul lumii, dar nu este.

Ce comparaţie genială!

Cel care nu a făcut pace cu sine însuşi îşi va percepe sinele ca pe un duşman căruia îi va opune rezistenţă, iar sinele lui îl va ucide. Cel care nu s-a eliberat din lanţurile dorinţelor nu a ajuns la împlinire încă. Iar când folosesc termenul dorinţe nu fac referire la nevoia sexuală, ci la lăcomie şi la iluzia că nu e de ajuns pentru toţi, la dorinţa de a schimba lumea prin forţă. Nemulţumirea vă îmbolnăveşte trupurile.

Ai ascultat tu, iubitule, melodia „Thank you, next"?
Nu am auzit de ea până astăzi, cert este că nu o voi mai putea
uita acum. Ea este atitudinea potrivită cu care să ne trăim viața?
*Ea este atitudinea. În același timp ar fi bine să luptați pentru
ceea ce credeți că merită. Noua atitudine nu înseamnă să dați cu
piciorul la tot, ci să îmbrățișați tot și să luptați pentru ceea ce vă
sugerează intuiția că merită.*

*Prea mulți oameni, de fiecare dată când vorbesc despre ade-
văr, îl confundă cu percepțiile lor. Adevărul este unul, percepțiile
în ceea ce privește adevărul sunt la fel de multe câți oameni există
și au existat. Percepțiile diferă deoarece unul se află mai sus, unul
se află mai jos, unul este mai la stânga, unul este mai la dreapta,
iar altul este la mijloc. Aceasta nu înseamnă totuși că fiecare om
deține câte un adevăr propriu, înseamnă că fiecare om are o per-
cepție proprie despre adevăr, în funcție de nivelul la care se află.
Niciun om nu deține adevărul integral, dar el i se poate revela.*

Vreau să mi se releve adevărul despre iubire, despre pace și
viitor. Spune-mi despre lumea în care nu mai există neștiință sau
îmbolnăvire, lumea în care domină Conștiența și pe care o leagă
dragostea. Visez răsărituri și apusuri privite de pe plajă, pe insule
pustii, îndrăgostit. De acolo mă voi gândi la viața de acum, care
mi se va părea ireală, căci urâtul nu este un adevăr, este un strat
perceptiv provizoriu care a fost creat de altcineva.

Am avut zile în care cum deschideam ochii dimineața oftam
în gând, cu părere de rău că m-am trezit din nou. Voiam să mor
însă nu mureu, chiar plecarea devenise un lux pe care nu mi-l
permiteam. Reveneam în lumea în care parcă se prăbușeau o sută
de tone peste mine în fiecare secundă și nu mă strivea, cu toate
că senzația a persistat încontinuu câtă vreme am trăit. Și am stat
lucid până la sfârșit, fără alcool și pastile, substanțe sau plante.

Tu nu permite nici celui mai înfiorător ucigaș să mai trăiască
aceasta, nici celui mai mare sfânt nu i-o așeza în spate niciodată
în veci. Leag-o și arunc-o! Smulge-i pe toți din stratul mlăștinos
al uitării și ridică-i în al nouălea Cer și mai sus. Astăzi înțeleg ce
L-a apăsat pe Hristos mai tare decât durerea fizică, neștiința uma-
nității, ura Minții colective care se strânsese asupra Lui.

Știi, „Cartea care scrie oameni" ar fi trebuit să fie numită cea
pe care oamenii o adoră. Ea se răspândește rapid iar mesajul este
atât de puternic și de artistic, este genial.

Viața este minunată, oamenii sunt minunați iar eu sunt minu-
nat pentru că îi iubesc așa cum sunt. Einstein afirma că oamenii îl
iubesc și fără să îl înțeleagă. Charlie Chaplin simțea că oamenii îl

iubesc doar privindu-l, fără să vorbească sau să fie nevoit să le explice ceva. Pe mine oamenii mă iubesc privindu-mă dar şi înţelegându-mă.

Avem o lume splendidă, în care actori celebri au renunţat la carieră ca să trăiască simplu împreună cu familia. Avem oameni faimoşi care au rămas faimoşi şi bogaţi, alegând să trăiască simplu, împreună cu familia. Avem oameni care au avut totul şi au pierdut totul, dar şi oameni care nu au avut nimic şi astfel nu au pierdut nimic.

Avem munţi, mări, peşteri, râuri, păduri şi câmpii, şi junglă, şi deşert. Avem sporturi de iarnă şi activităţi de vară, fie terestre, acvatice sau aeronautice. Avem librării, cafenele, baruri, târguri, petreceri, vacanţe în jurul lumii şi toate condiţiile necesare unor vieţi trăite în stil modern. Avem oraşe uriaşe în lume, peste tot. Tehnologia a explodat şi parcă pentru prima dată am hotărât să o folosim în scop productiv, prosper, de pace. Astăzi avem şansa să ne facem remarcaţi.

Putem frecventa resorturi cu tratamente termale. Putem practica nenumărate sporturi în sălile special amenajate sau dansuri, urmând lecţii de Cha cha. Putem zbura cu avionul, cu elicopterul, cu balonul de aer cald şi cu parapanta. Ne putem plimba cu bicicletele, cu trotinetele, cu plăcile de skateboard, cu rolele. Putem naviga cu yachtul pe mare, putem vâsli cu caiacul pe râuri şi ne putem petrece sfârşitul de săptămână la munte, în cabane dotate cu toate condiţiile.

Deschid o paranteză şi menţionez faptul că între timp mi-am cumpărat un caiac bun şi am vâslit pe câteva lacuri din apropiere de Madrid, cel de munte numit Embalse de Valmayor şi Laguna del Campillo, de lângă râul Jarama. Peisajul stâncos, plantele rare şi apa limpede mi-au relaxat mintea, iar masajul terapeutic în stil tibetan, cu muzică în surdină, pe care l-am făcut în Toulouse la salonul unei prietene a surorii mele Rebeca, mi-a reactivat trupul, sunt privilegiat. În toamnă voi vizita Helsinki, capitala Finlandei, împreună cu o bună prietenă de-a mea şi sunt entuziasmat până la cer. Simt nevoia să îmi manifest bucuria în scris, tot aşa cum fac cu tristeţea, care în ciuda teoriilor contrare îmi stimulează mintea şi stoarce creativitatea din ea, parcă aş funcţiona invers. Şi totuşi uneori mă doboară de nu mă mai pot ridica. E forţa relativităţii, preţul pe care îl plăteşti în schimbul a orice doreşti să obţii sau să devii în lumea materiei.

Putem prepara mâncăruri, băuturi, deserturi, putem personaliza reţete ori înălţa ştafeta, noi filtrăm apa. Compunem melodii pe care atunci când le ascultăm ne dau lacrimile. Producem filme artistice atât de fermecătoare, scriem cărți pătrunzătoare, vorbim cu Dumnezeu, revizuim viziuni, înțelegem istoria și o acceptăm, descifrăm legi cosmice, ne autocunoaștem și împlinim. Nu mai suntem ființe ale cavernelor, chiar dacă încă învățăm să comunicăm, să ne apreciem și să ne respectăm. Noi am devenit oameni, tot ce mai avem de făcut este să ne-o demonstrăm.

Ne spălăm pe mâini înainte de a intra într-o operație...

Hai că ești amuzant!

Nu râde, căci în urmă cu câțiva zeci de ani toți pacienții care sufereau o intervenție chirurgicală minoră mureau în condiții similare și aveau aceleași simptome. Atunci un om de profesie oier s-a dus la doctorii care se făceau responsabili cu operațiile și i-a îndemnat respectuos să spele uneltele după fiecare intervenție și să nu omită să își spele mâinile. Sigur că savanții și doctorii care studiau cazul la vremea respectivă s-au simți ofensați, apoi l-au judecat și omorât pe cel care avea să revoluționeze sistemul chirurgical. Au continuat în stilul lor, iar pacienții mureau la câteva zile după intervenție, din pricina infecțiilor, până într-o zi când unuia dintre ei i-a venit ideea să încerce îndemnul oierului și pe toți i-a bufnit râsul. Și-au spălat uneltele și mâinile și s-au apucat de treabă. Începând cu acea zi nu a mai murit niciun pacient.

În urmă cu câteva sute de ani, în China, localnicii unei așezări obișnuiau să își îngroape morții într-o pădure aflată în apropierea unui lac. Îi așezau în gropi adânci de mai puțin de un metru, lângă mal, așa cum îi îndemna tradiția. Învățăturile bătrânilor susțineau nevoia spiritelor de apă, în vederea purificării. Așadar, lacul, care devenise cimitir, era totodată și cea mai importantă sursă de apă potabilă care alimenta orașul. Consumând apă din lac, oamenii se îmbolnăviseră de holeră și începuseră să moară zilnic cel puțin douăzeci. Au fost trimiși doctori experimentați din Europa, care studiau bacteriile în laborator și care au descoperit că apa din lac era contaminată. Au prezentat rezultatele lor autorităților locale și au rugat familiile să își mute cadavrele. Însă ooamenii s-au opus acestei cerințe, care intra în conflict cu tradiția veche, și s-a iscat o răscoală de proporții. Din nou, oamenii luptă cu prețul vieții ca să apere ceea ce îi omoară. În cazul actual, luptă ca să apere ceea ce îi controlează.

Misiunea lui Dumnezeu este să vă arate cine sunteți, chiar și prin sacrificiu, în orice situație. Altfel nu ajungeați niciodată în punctul în care vă aflați și încă mai aveți de mers, nici nu știți.

Îți mulțumim.

Ştiţi voi de ce, odată deveniţi adulţi, experimentaţi cu cele ale vieţii, nu vă mai entuziasmează nimic şi credeţi că le-aţi făcut şi simţit pe toate?
De ce?
Deoarece credeţi că Dumnezeu S-a oprit. Când sunteţi copii vă doriţi nerăbdători să faceţi ceea ce fac fraţii voştri mai mari, adulţii, părinţii. Când deveniţi adulţi nu mai aveţi ce să vă doriţi şi vă opriţi, credeţi că s-a terminat jocul, că aţi gustat plăcerile lumii de care în final v-aţi plictisit. Un adult conştient, însă, îşi continuă viaţa dorind să facă ceea ce face Dumnezeu. Există mai mult sentiment de satisfacţie într-o secundă simţită de Dumnezeu decât întreg sentimentul de satisfacţie pe care această planetă îl produce, de când trăiţi pe ea. Aşadar, căutaţi să Mă cunoaşteţi, apoi să Mă imitaţi. Ascultaţi liniştea Mea ca să primiţi inspiraţia, să simţiţi emoţia. Scopul Meu nu este să vă culc la pământ, ci să vă înalţ de acolo.
Dar contactele cu Dumnezeu ne distrug.
Ele vă înalţă.
Ele ne înalţă!
Alege unde vrei să fii şi rosteşte cuvântul, jos sau sus?
Sus.
Atunci înseamnă că aşa este.
Ce face Dumnezeu?
Intervine în lume pentru oameni şi îi vindecă.
Cum am putea noi să Îl imităm pe Dumnezeu?
Conştientizând faptul că o faceţi deja.
De unde vom şti care este cu adevărat voia Ta?
Citeşte cartea de faţă şi ai să îţi aminteşti de Mine.
Cum putem ajuta lumea în secunda aceasta, la propriu?
Adoptând un copil, hrănind un animal, salutând un sărman, aranjându-ţi părul în oglindă, răsplătindu-te cu un pahar de vin, mulţumind soarelui.
Rezervând o călătorie de două zile în oraşul Varşovia, pentru care Îţi mulţumesc anticipat. Sunt emoţionat.
Şi Eu îţi mulţumesc, fericirea ta se revarsă peste pacea Mea.
Ce ai spus? Ce înseamnă ceea ce ai spus?
În regulă, mi-am învăţat lecţia, uneori răspunsurile se află la mine. Astăzi sunt fericit căci mi s-a împlinit o dorinţă. În acelaşi timp sunt conştient că fericirea e trecătoare şi tot mă bucur. Mai târziu, atunci când voi reuşi să mă detaşez de orice dorinţă, voi cunoaşte pacea. Pacea este veşnică, scurtele momente de fericire se alătură păcii şi astfel pacea se extinde. Observ uimit cum mă

duci de fiecare dată acolo unde vrei.

Poţi porni schimbarea în lume pur şi simplu făcând curat în mintea ta, apoi în casa ta, apoi la locul de muncă, apoi în cercurile de prieteni, apoi în lista de useri cărora le urmăreşti activitatea. Peste toate acestea încurajează-te să vorbeşti cu Mine. „Eu şi Dumnezeu" este cartea care îţi ordonează gândirea în toate straturile realităţilor pe care le experimentezi.

Ai avut tu oare un vis în care visai că visezi?

Sigur, am avut.

Cum ai fi putut să ştii în al câtelea vis eşti?

Nu aş fi putut dacă nu m-aş fi trezit.

Tot aşa este şi cu straturile realităţilor pe care le experimentezi. Cartea de faţă îţi clarifică poziţia. La porţile pe care le laşi în urmă nu te mai întorci, cele pe care le ţii deschise în palme îţi oferă accesul la ultima poartă a percepţiilor pe care o poate cuprinde un om. Mai departe nu îţi este folositor să păşeşti acum, în forma aceasta. Motivul este faptul că ai nevoie să te păstrezi întreg, ca formă. Fii primitor cu toate experienţele, trimite recunoştinţa ta Celui care le-a făcut posibile pentru tine.

Viaţa în trup este perfectă. Experimentarea este un dar după care tânjesc şi cele mai avansate spirite al căror scop este să Mă ajungă. Ea este resimţită drept ceea ce este, în timp ce o trăieşti pe pielea ta doar acceptând-o. Fără acceptarea cursului natural al vieţii nu dispare suferinţa pe care o alimentezi în zadar atunci când opui rezistenţă în faţa unui eveniment care vine şi pleacă.

Iată îngerul Tău iubit, am obosit, am căzut şi nu mă mai pot ridica. Am pierdut bătălia, m-a învins tristeţea şi m-am îmbolnăvit dar îmi accept situaţia. Îmi pare rău că Te-am dezamăgit, pentru că ai avut atâta încredere în mine încât aproape că m-ai convins că voi reuşi să merg până la sfârşit. Îţi sunt recunoscător pentru tot ce mi-ai oferit şi în ce m-ai transformat. Te iubesc veşnic, dar sunt nevoit să pun stop. Vreau să fiu lăsat în pace, să nu mai fiu contactat. Undeva înăuntrul meu ştiu că Te învinuiesc şi pe Tine, chiar dacă nu pot urî pe nimeni. Te învinuiesc deoarece din Universul grandios care în totalitate sunt, m-ai divizat şi trimis într-o formă atât de mică şi de neînsemnată, în lume, care nu poate să ducă nimic la bun sfârşit, ba se îneacă pe orice drum apucă. Simt că mor în fiecare secundă, timp în care alţii sărbătoresc şi se bucură de căderea celui mai iubit. Regret că nu am putut să fac mai mult pentru oameni, când Tu mi-ai spus că voi reuşi tot ce îmi voi propune ori tot ce Mă vei ruga. Mă opresc, fiindcă mă aflu în cel mai jos abis fizic şi psihic. Simt că ceva a plecat de la mine, poate viaţa, nimeni nu ştie. Se pare că mă aşteaptă o soartă similară cu a oricărui alt visător, chiar geniu, ca de pildă Jack London, care a visat frumos până în clipa când şi-a pus capăt zilelor, sătul de zile depresive, petrecute într-o cameră întunecată, printre sticlele de alcool golite. În tot acest timp cei ce îi citeau lucrările reuşeau să atingă Cerul cu inimile.

Dacă trebuie să mai faci ceva, lucrează prin altcineva. Nu mă împotrivesc voii Tale, dar nu mai pot să o cinstesc chiar dacă voi continua să cred în ea până la sfârşit. Acesta am fost eu, iar ea a fost distanţa pe care am parcurs-o. Sunt convins că există oameni strălucitori şi drepţi, aşa cum sunt eu, care Te bucură aşa cum Te-am bucurat eu şi fac lucrurile mai bine decât le-am făcut eu.

Şi nu e loc de tragedie, vă spun vouă, cei care ţineţi cartea în mână. Nu confundaţi cuvintele inimii cu psalmii plângerii, ci fiţi fericiţi şi bucuraţi-vă mai mult decât aţi făcut-o. Nu vă temeţi de iubire, lumea merge înainte şi fără mine, ea este alinarea mea. În mine răsună totuşi o întrebare pe care I-am adresat-o lui Dumnezeu încă de la început şi pe care o rostesc acum din nou:

De ce nu mi-ai dat mai multă putere şi m-ai lăsat într-o formă atât de mică pe Pământ?

Deoarece puterea te-ar fi împiedicat să te ridici la Mine, de unde ai coborât. În schimb ai fi rămas al lumii, ca să o domini.

Mai jos decât sunt acum nu m-am simţit niciodată, iar Tu îmi spui că mă aflu undeva sus, pe o scară imaginară evolutivă?

Partea umană din tine e rădăcina care coboară cât mai jos, ca să se înfigă adânc în pământ, iar în acelaşi timp spiritul tău se înalţă deasupra lumii. Asta s-a întâmplat în clipa de faţă, spiritul care eşti a venit în Cer.

Dacă e aşa cum se face că încă respir şi gândesc, şi merg pe picioare, nu ar fi trebuit să fiu mort?

Eşti viu deoarece nu eşti încă pregătit să mori, iar viaţa a fost dorinţa ta dintotdeauna.

Dorinţa mea m-a îmbolnăvit.

Adevăr ai rostit. Dar nu uita că pentru a te ridica în realitatea Mea, trupul tău trebuie sacrificat şi consumat ca hrană, dacă înţelegi ce vreau să spun.

Înţeleg cuvintele „luaţi şi mâncaţi, acesta este trupul Meu", pe care le-a rostit Isus. Descifrate, acestea înseamnă hrăniţi-vă la nivel spiritual cu adevărul care sunt. Ce ar fi mai potrivit să fac de acum încolo aşa, trăind doar pe jumătate, ca jumătate din mine?

Alegerea rămâne a ta.

Vrei să închid Blogul şi să şterg paginile de pe internet unde oamenii pot citi cărţile?

Nu este benefic să distrugi ori să desconsideri ceva ce ai, din cauza faptului că îţi doreşti ceva ce nu poţi să ai.

Am încetat să îmi mai doresc, astăzi sunt liniştit şi trăiesc în pace. Am nevoie să mă dau la o parte, să fac loc celor ce urmează să vină după mine dar care sunt înaintea mea. Sunt obosit şi totuşi nu mi-am pierdut credinţa, vreau doar să mă retrag şi să adorm. Căci orice contact cu Tine mă distruge şi totodată el mă creează altundeva, într-o formă mai înaltă, necunoscută, transfigurată de divin, aşa cum se întâmpla cu apostolii care rămâneau strâmbi în urma contactelor cu îngerii. Ei sufereau atacuri cerebrale sau de panică, iar după fiecare atingere erau schimbaţi, tot aşa cum S-a schimbat Isus la faţă.

Nici în cele mai întunecate momente, orice s-ar întâmpla cu tine, să nu uiţi ce Mi-ai dăruit, lumea şi tot ce ai avut mai scump pe lume, pe tine. Spiritul tău a fost eliberat, el este acum în Cer şi în toate lucrurile, de aceea te simţi prăbuşit ca formă, căci te-ai întors pe scaunul cel mai mare care ţi se cuvine şi te ocupi de tot. Ţi-ai întins conştienţa mai mult decât a putut cuprinde mintea ta, de aceea a fost nevoie să ieşi din ea în mod constant.

În mod normal, durerea la care te-ai supus ar fi trebuit să te facă să îţi pierzi minţile, să îţi petreci restul zilelor într-o cameră izolată, adormit. În mod natural, Dumnezeu nu poate fi oprit de Mintea colectivă care a culcat orice sfânt la pământ.

Personalitatea este identitatea provizorie a omului, pe care fiecare şi-o construieşte în funcţie de cunoştinţele dobândite din experienţele trăite. Această identitate este de cele mai multe ori doar mentală. Egoul nu este doar identitatea provizorie a omului, adică mintea care gândeşte separat de fiinţă, este şi forţa Minţii colective care se manifestă prin toţi şi îi influenţează.

Mai multe minţi care funcţionează în armonie unele cu altele creează o minte supremă. Dacă gândirea oamenilor este nesănătoasă, suma gândirii lor va fi un monstru care îi va înghiţi.

Durerea pe care o simţi atunci când spargi vălul Minţii colective şi iei păcatele lumii asupra ta e de o mie de ori mai apăsătoare decât orice suferinţă psihică cunoscută vreodată de om. De pildă, dacă eşti un tată iubitor, iar în urma unei vătămări priveşti trupurile soţiei şi al copilului tău, lipsite de suflare, durerea pe care o simţi şi care te îngenunchează, în comparaţie cu presiunea care te apasă atunci când iei păcatele lumii asupra ta, se transformă într-o joacă. Greutatea celei mai mari suferinţe umane se aseamănă cu o ganteră de cinci kilograme, comparată cu cea a spiritului, a cărei greutate se apropie de cea a unei locomotive de o sută douăzeci de tone; o durere pe care spiritul o simte, atenție, doar câtă vreme este întrupat, prin liberă alegere. Ieşit din formă el se eliberează de orice încărcătură mentală şi orice presiune acumulată.

Spuneai că spiritul care sunt a urcat în Cer, timp în care ceea ce a rămas din ființa mea se scufundă în pământ, fiindcă țărână suntem şi în țărână ne întoarcem. Totuşi aşa ceva nu este posibil, conform convingerilor mele întregirea spiritului se produce după ce îmi părăsesc forma, nu în vreme ce trăiesc în ea. Şi nici forma nu dispare, ea se transformă în ceva mai sublim, căci vibrația este în continuă creştere iar materia densă încetinea lumina.

Vei trăi şi te vei convinge că ceea ce vorbesc este real. Abia acum vor veni la tine faptele, care sunt rezultatele credinței şi ale stăruinței pe care le-ai dovedit. Tu ai căutat mai întâi cheia din interiorul tău, acum toate se vor revărsa asupra ta şi se revarsă. Izvorul nu se va opri nici dacă te vei opune lui.

Cum urcă un spirit la Tine, prin ce mod?

Prin dorință.

Spuneai că dorinţa este ceva ce trebuie îndepărtat şi că pacea rămâne atunci când reuşim să eliminăm orice dorinţă. Cum spui Tu dar, dorinţa ta te-a mântuit?

Tu ţi-ai îndepărtat deja dorinţa, acum bucură-te de pace. În lumea relativului totul este greu până devine uşor, totul este util până devine nefolositor. Mai întâi trebuie să îţi doreşti şi să lupţi cu necredinţa, ca apoi să te eliberezi de orice dorinţă şi să faci loc rezultatului să vină.

În viaţă, secretul nu este să ajungi undeva unde să te opreşti şi să stai să priveşti, ci să înveţi să îţi menţii echilibrul de fiecare dată când traversezi un pod mişcător. Viaţa face valuri ca tu să înveţi să îţi ţii echilibrul, altfel nu ai mai putea să creşti. Natura dăruieşte din abundenţă energie celui care se chinuie. Leagă-ţi o mână de corp vreme de trei săptămâni iar pe cealaltă antreneaz-o la sala de forţă, apoi priveşte-le şi compară-le. Pe cea care a fost supusă mişcării care i-a cauzat disconfort, natura a îmbogăţit-o şi a devenit mai puternică. Pe cea care ai ţinut-o legată nu a mai alimentat-o şi s-a atrofiat.

Ceea ce ai constatat cu privire la oamenii frumoşi, care înve-selesc totul în jur cu prezenţa, e adevărat. În fond viaţa este doar fluturi. Nu uita că sufletele lor sunt bucurie şi aceasta au venit în lume ca să manifeste. Portocalul face portocale, mărul face mere. Nu poţi transforma un măr sau un cartof în portocală, cu toate că tu ai putut, din om te-ai transformat în Dumnezeu. Oamenii care împart bucurie în jur nu au fost nevoiți să își provoace transfor-marea și să suporte efectele procesului, ei sunt Dumnezeu deja. Spre deosebire de ei ție ți s-a spus că ești altcineva. Amintește-ți povestea cu cățelușul care a fost respins.

Nu doar că mi-o amintesc, o simt, căci eu am creat-o. Astăzi Îl trăiesc pe Dumnezeu ca experiență și este ceea ce am venit aici ca să fac. Mai știu și că omenirea nu merită nici măcar o piatră aruncată spre ea, totuși Tu i-ai oferit totul, chiar pe Tine. Admir sacrificiul, simt puterea, Îți calc pe urme și vin spre Tine.

Spunea cineva că frumusețea unui om nu constă în înfățișare și în vorbe, ci în suflet și în fapte, și mă gândeam cum ar fi ca un chip frumos, care rostește cuvinte tămăduitoare, să aibă sufletul cald și fapte pe măsură? Așa avem nevoie să ne dorim să devenim, iar dorința ne poate propulsa într-acolo ca să strălucim. Apoi să ne dezbrăcăm de identitatea mentală și să ne întoarcem în ceilalți ca să călătorim împreună către rezultatul revelat.

În lume educația poate fi strâmbă, valorile pot masca țeluri egotice, tradiția e păgână. Dacă nu cunoști adevărul îți poți pune toată speranța într-o iluzie. Fericirea intră în viața ta atunci când secretul bucuriei este împărtășit și cu ceilalți. Când încerci să îl păstrezi doar pentru tine fericirea se transformă într-o satisfacție provizorie care îți stimulează egoul, nu ființa. Acea fericire este falsă, tot așa cum nici egoul nu este real. Falsul atrage și mai mult fals, vreme în care identificarea unui adevăr mic scoate la iveală adevărul integral.

Ca să întâlnești oameni bine intenționați, frumoși și sinceri, în drumul tău, ai nevoie să devii tu o astfel de persoană mai întâi. Ea este singura modalitate prin care poți atrage frumosul în viața ta. Magnetismul mental funcționează și invers totuși, coagulând negativul care se multiplică în mod accelerat.

Vei întâlni și persoane care simt o repulsie față de tine fără să te cunoască. Fenomenul are loc deoarece la nivel energetic rela-țiile se stabilesc înainte ca mințile și trupurile să intre în contact. Sinceritatea și adevărul le provoacă disconfort celor ce își ascund o anumită latură a lor, sau dacă nu o ascund în mod intenționat înseamnă că nu au devenit conștienți de ea încă, iar în prezența adevărului aceasta iese la iveală. Fără îndoială că aspectul care a fost menționat e responsabilitatea fiecărui individ, însă faptul că înțelegem fenomenul și intuim ceea ce se întâmplă în interiorul oamenilor, ne ferește să cădem în plasa judecăților și să mergem mai departe curați și zâmbitori.

Capitolul 4

Corpul care vorbeşte
Inteligenţa materiei

Am reuşit să observ un fenomen uimitor care se produce în interiorul corpului uman atunci când hotărâm să depăşim o limită stabilită de ritualul obişnuinţei. Nu mă pricep să explic cuiva cum să îşi asculte corpul, însă mă pot folosi de câteva exemple reale care mi-au dovedit că această maşinărie minunată pe care o posedăm pe parcursul existenţei vorbeşte.

Ieşisem să alerg în jurul unui lac îngheţat, un drum de aproape zece kilometri. Eram după o perioadă în care mă mişcasem mai puţin, îmi limitasem activităţile la scris şi comunicare în mediul online, la câteva drumuri făcute până la sediul de livrare a coletelor şi la o plimbare în parc o dată pe săptămână. Stăteam prost cu concentrarea, energia şi rezistenţa la orice tip de efort.

Perioada în care am trăit doar eu şi Dumnezeu a fost benefică, am simţit mult mai intens pacea şi detaşarea de anumite dorinţe, m-am lăsat mai mult inspirat şi am scris primele o sută de pagini din această carte în trei săptămâni. Dacă ai ajuns aici cu cititul îţi spun că materialul a fost scris în trei săptămâni, direct în forma finală, fără completări sau retuşuri, ci aşa cum l-ai citit.

Spuneam că ieşisem să mă mişc, înconjurând un lac. Ningea uşor iar vizibilitatea era scăzută. Probam noua pereche de adidaşi de care eram extrem de mulţumit. Zăpada bătătorită scârţâia sub paşii mei lenţi, îmi luasem o jachetă subţire, eram optimist. Totuşi nu reuşeam să îmi reglez ritmul respiraţiei şi inspiram sacadat, odată mai puternic iar altădată în surdină. Începusem să mă simt din ce în ce mai greu, mi se înmuiaseră mâinile şi picioarele şi mă durea pieptul, parcă timpul încetinise şi alergam în reluare, la fel ca într-un vis. Deodată m-a luat ameţeala şi am început să îmi aud paşii cu ecou, ca şi cum aş fi alergat în interiorul unui salon lung, închis, fără ferestre. După mai puţin de două sute de metri corpul meu îşi consumase cantitatea de energie alocată efortului fizic, stabilită în funcţie de ritmul activităţilor mele din ultimele treizeci şi ceva de zile. Se golise rezerva, îmi scăzuse puterea iar tendinţa de a mă opri de fapt mă obliga, aşternându-mi solul în faţa ochilor în orice direcţie priveam. Şi somnul devenea mângâietor.

Nu aveam nicio sursă de energie la mine, nici apă, nici vreun produs zaharat, unul îndulcit artificial sau care conţinea cofeină. Dar am rostit cu mintea că nu mă voi opri şi nu am făcut-o.

Aproape mi închiseseră ochii alergând, când am tresărit, căci mi-am simţit şi auzit corpul rostind cuvinte cărora vă îndemn să nu le atribuiţi o sursă, ele sunt cuvintele mele, pe care cu ajutorul imaginaţiei am reuşit să le asamblez ca să interpretez fenomenul. Şi corpul a zis:

- Tipul nu are de gând să se oprească chiar dacă şi-a consumat rezerva zilnică. Avem nevoie de mai multă energie, trebuie să producem mai multă energie, comanda s-a schimbat!

Simţeam parcă fiecare celulă care îmi alcătuia corpul cum a intrat în alertă. Erau agitate, se anunţase cod roşu de urgenţă şi deveniseră active câteva milioane instantaneu, în orice parte s-ar fi aflat. Atunci am simţit mici furnicături ori cum viaţa începe să îmi curgă din centrul corpului spre mâini şi picioare, încât parcă mă vedeam strălucind. Am deschis ochii şi vederea mi s-a îmbunătăţit, apoi mi-au revenit simţurile, mi s-a încălzit corpul şi mi s-a reglat respiraţia. Devenisem din nou uşor şi alergam fără să depun vreun efort, corpul alerga pentru mine fără ca eu să simt oboseala. Am înconjurat trei sferturi din lac şi aş fi alergat până la final dacă nu mă opream să scriu aceste rânduri minunate pentru tine, iubite cititor. Şi am înţeles faptul că trupul, atunci când este lipsit de hrană, el devine hrana, căci se hrăneşte cu el însuşi până se consumă, tot aşa cum se întâmplă în cazul inaniţiei.

Experienţa trăită îmi aminteşte de tata, în ziua când a suferit prima criză pe sistem nervos, iar între corpul lui şi minte s-a produs ruptura. Începând cu acea zi nu a mai fost persoana pe care mă bazam, pe care o recunoşteam şi iubeam.

Eram copil, împlinisem vârsta de cinci ani iar realitatea mea interioară şi cea exterioară erau curate, ca de poveste. Tata lucra ca administrator şi bobinator de motoare la cea mai mare electrocentrală din Bucureşti, construită cred prin anii 1965, unde avea responsabilităţi uriaşe dar şi beneficii pe măsură. Primea atenţii şi gânduri bune venite din partea angajaţilor cărora le oferea camere bune şi aşternuturi curate, în căminul din spatele electrocentralei, unde erau cazaţi cei mai mulţi dintre ei, căci majoritatea veneau din provincie. Era recunoscut, respectat şi iubit de toţi, pentru că era un om corect şi săritor, se implica, până în ziua când avea să se schimbe tot ce ştiam despre el.

Suna telefonul la fiecare două minute. Uneori erau colegii lui care voiau să ne anunţe de eveniment, alteori eram sunaţi de la spitalul de urgenţă şi nu reuşeam să înţelegem ce se întâmplase. Mama era buimăcită, spunea că a înnebunit întreaga lume. Eram agitaţi, fierbeam în aşteptare şi nu ştiam ce să facem.

Misterul a fost spulberat o oră mai târziu de un coleg al tatălui meu, un prieten bun de familie, care a venit în fugă la noi acasă şi a zis, cu jumătate de gură, speriat:

- E Iosif la spital, a leşinat în hala motoarelor, nu mai recunoaşte pe nimeni, nu ştim ce va fi cu el!

Îl doborâse gândirea. Mintea care nu reuşise să cuprindă ansamblul de evenimente pe care i le scosese în cale viaţa şi cărora nu le înţelesese scopul, fusese întinsă în mod forţat mai departe decât era ea capabilă să funcţioneze. Şi a cedat, între corpul lui şi minte s-a produs ruptura. Se prăbuşise în timp ce era la serviciu şi a strigat către colegi să oprească maşinile, apoi, în vreme ce îşi pierdea cunoştinţa, murmura ceva ce nu a înţeles nimeni în afară de mine, acum. Chiar şi doctorii psihiatrii erau convinşi că delira, notând pe agendele lor mâzgâlite câteva informaţii bazice despre simptomele pe care tata le manifesta. Şi spunea:

- Am nevoie de mai multă energie şi mai mult oxigen, altfel pierd legătura cu ea. Produceţi mai mult căci altfel o pierd! Şi a pierdut-o.

Corpul vorbea, pierduse conexiunea cu mintea. Trei zile mai târziu, când s-a întors acasă şi am sărit pe el ca să îl îmbrăţişăm, nu ne-a mai recunoscut şi îndrăgit la fel ca înainte. A evitat să ne atingă şi ne-a spus că vrea să fie lăsat singur, că facem prea multă gălăgie. Nu a mai gândit niciodată lucid, nici măcar în momentele când iubea. A trăit tot restul vieţii aşa, în durere, confuz.

Aveţi nevoie să vă respectaţi trupurile şi să fiţi recunoscători, ele vă poartă prin lumi ca să experimentaţi şi să vă atingeţi ţelul. Corpurile nu sunt ceea ce sunteţi, sunt ceea ce deţineţi, de aceea aveţi de câştigat dacă vi le preţuiţi. Iar un rol important îl joacă modul în care vă hrăniţi, nu cu ce tip de alimente vă hrăniţi.

Omule, nu îţi obliga corpul să asimileze hrană în exces, adică atunci când el nu îţi cere, căci astfel îl predispui la îmbolnăvire. Nicio fiinţă nu a uitat vreodată să mănânce pe planetă. Un nou-născut plânge când îi este foame. În momentul acela mecanismul corpului funcționează perfect. El trimite semnale de atenționare în exterior cu privire la acest aspect și hrănirea nu poate întârzia prea mult deoarece corpul bebelușului se află în creștere. Ei bine, spre deosebire de corpul unui bebeluș, cel al unui adult cere.

În zilele cu activități mai intense, ca antrenamentele, corpul tău va cere mai multă hrană sau mai bogată în consistență, spre deosebire de zilele în care stai tolănit pe canapea și privești la televizor. Forțându-l să asimileze hrană atunci când nu e necesar, repet, îi dereglezi mecanismul. Mai târziu te vei confrunta cu obezitatea, sistemul tău imunitar va deveni mai lent iar digestia va fi leneșă, stomacul se va obișnui să primească în cantități mari, din care va asimila foarte puțin, pot apărea blocaje intestinale.

Corpul răspunde mai bine atunci când e hrănit mai rar, decât atunci când i se administrează hrană în exces. Există mai multe cazuri de îmbolnăvire înregistrate la supraponderali decât la cei slabi sau rahitici.

Întotdeauna am vrut să Te întreb dacă ființele care trăiesc în alte sisteme solare se simt unite și complete în ele însele. Chiar și animalele de pe planeta Pământ trăiesc într-o armonie interioară, spre deosebire de oameni, care odată se identifică în totalitate cu mintea și vor să obțină lumea pentru ei, altădată devin spirituali și se deconectează dar de la toate elementele necesare unei vieți sociale trăite decent, vreme în care cei mai puțin cunoscători se concentrează întreaga viață doar pe sănătatea și aspectul trupului. De ce ai despărțit părțile care alcătuiesc omul?

Ca să vă fac minunați.

În viața trăită în trup suntem nevoiți să dăm Cezarului ce este al Cezarului și lui Dumnezeu ce este al lui Dumnezeu, adică să ne hrănim trupul și sufletul. Întrebarea este noi cu ce rămânem?

Voi sunteți ceea ce rămâne.

Dacă nu mai rămâne nimic?

Dacă te îndoiești, înseamnă că nu ai înțeles faptul că cu cât dăruiești mai mult devii mai mult. Căci atunci când dăruiești îți extinzi conștiența. Dați trupului ce este al trupului, iar sufletului ce este al sufletului, ca să vă oferiți vouă înșivă oportunitatea de a vă dezvolta în mod sănătos spiritul, ca să atingeți nivelul complex al ființelor care se percep și funcționează complet.

Simt că pierdem sensul discuției. Susții ideea că pe parcursul unei vieți de om ori mai multor vieți, ne chinuim atât de tare doar pentru a ne întoarce la starea de conștiență pe care o dețineam pe vremea când nu era necesar să depunem niciun efort pentru a ne bucura de ea? Am impresia că ne învârtim prin Cosmos degeaba.

Dumnezeu nu este înapoia omului și a animalelor, Eu sunt de fiecare dată înainte. Cum spui tu că odată ce atingi stratul superior dumnezeiesc ești înapoi?

Fiindcă revenim la ceea ce am lăsat în urmă, ne întoarcem la casa noastră bogată și minunată despre care vorbeai.

E adevărat că vă întoarceți, însă vă întoarceți ca proprietari care au parcurs călătoria, nu care doar și-au imaginat-o.

Pentru noi este foarte important sensul lucrurilor. Ceea ce nu înțelegem ne doboară la propriu și la figurat. De aceea căutăm să înțelegem iar când nu înțelegem inventăm. De aceea oamenii au inventat povestea cu diavolul și dumnezeul, ca să identifice polaritățile, intențiile și experiențele.

Și totuși nu reușiți să le discerneți. Cel care a fost păcălit de toți se va împotrivi și adevărului. Cel care a suferit și astfel, prin suferință, a ajuns la inteligență, va cere și altora să sufere, doar în felul acesta le va recunoaște autenticitatea. Aceasta este însă o gândire egocentrică și limitată. Totuși, ea nu are de-a face cu spiritualitatea. În realitate, dacă tu ai suferit și astfel ai ajuns la inteligență, următorul pas spre înțelepciune constă în acceptarea faptului că suferința nu este singura cale către desăvârșire. Ea a funcționat în cazul tău, altora viața le-a descoperit nenumărate metode, mai ușoare, în concordanță cu trăirile lor. Nu trebuie să fii invidios sau să nu îi recunoști.

Pentru cei mai mulți dintre voi colapsul în viața socială sau criza emoțională provocată de încheierea unei relații sau a unei căsătorii a fost chiar impulsul principal al trezirii spirituale. Dar trăind sub influența straturilor prin care ascensionați, nu puteți percepe realitatea din urmă, aceasta vi se relevă la sfârșit. În cel mai înalt strat dumnezeiesc teama nu este reală, mânia e iluzia care se îmbracă cu sentimente omenești. Doar iubirea este reală, dragostea este ceea ce rămâne.

Ce se întâmplă cu un trup care odată ajuns la maturitate nu se ridică la nivelul așteptărilor ființei care îl deține? Ceea ce vreau să aflu este dacă Dumnezeu a scris în ADN forma matură a trupului și capacitatea lui sau trupul își schimbă forma și abilitățile în funcție de mediul exterior care îi influențează dezvoltarea? Mulți nu sunt mulțumiți de aspectul trupurilor lor, chiar și pe mine m-a frământat această problemă jumătate de viață și încă o face.

Ambele variante devin adevărate odată ce îți cobori și urci conștiența. Acest fenomen, analizat dintr-un strat inferior pe care îți plasezi conștiența, îți confirmă faptul că o floare nu s-a dezvoltat așa cum a proiectat-o Începătorul să se dezvolte, dacă ajunsă la maturitate e firavă, palidă, mică și stă cocoșată. Atunci planul Creatorului în ceea ce privește forma matură a florii și parfumul pe care îl emană nu s-a îndeplinit în totalitate, din cauză că pe durata dezvoltării ei forma a fost afectată de mediul exterior care a fost poluat de cei care se opun cursului natural al vieții. Acest strat inferior de conștiență vă ține în captivitate neamul omenesc. Sub influența lui, ființele consideră că planul Creatorului a fost deturnat și pângărit, că omenirea s-a abătut de la scop, că viața nu este perfectă, că fiecare om trebuie să își care crucea sau că până și Dumnezeu poartă o luptă în Sinea Sa. Acest strat inferior de conștiență vă confirmă că nici măcar Dumnezeu nu este fericit și că cineva Mi-a dat planurile peste cap, iar în timpul liber caut o modalitate prin care să ies la lumină.

Cei care cred despre trupurile lor că sunt rezultatul nefericit al mediului exterior, deci al sorții, nu vor cunoaște pacea curând chiar dacă se vor lăsa crucificați, chiar dacă se vor autodetona în numele Meu, chiar dacă se vor oferi ca hrană leilor pentru a le fi iertate păcatele, chiar dacă se vor arunca de pe clădiri, chiar dacă își vor vinde bogățiile și vor construi o sută de biserici și o mie de spitale, un milion de orfelinate. Totul ține de stratul care îți guvernează conștiența. Cel pe care ți l-am dezvăluit este cel mai înalt strat pe care îl poate accesa Mintea colectivă.

Stratul de conștiență accesat de ființele care își preced mintea și se înalță vă arată realitatea așa cum este ea. Evident, planul Începătorului funcționează în mod perfect, căci formele, a căror dezvoltare credeți că a fost influențată de mediul exterior, exact așa a fost scris la început să se dezvolte, ca fiecare să poată să atingă desăvârșirea. Anumitor flori le este benefică o viață trăită într-o formă frumoasă și sănătoasă, pentru care sunt admirate și sunt smerite și recunoscătoare și se desăvârșesc frumos. Altora le este benefică o viață trăită într-o formă îmbolnăvită, care a fost afectată în mod conștient dintr-o realitate mai înaltă, nicidecum la întâmplare, și sunt smerite și recunoscătoare și se desăvârșesc frumos. Tu cine ai fi fost astăzi dacă nu permiteam destabilizarea situației tale de viață?

Aș fi fost egoul în persoană sau aș fi făcut parte din tabăra lui, dat fiind faptul că întotdeauna am dovedit că sunt mai priceput decât alți copii de vârsta mea. Ajuns la maturitate, aș fi fost un tânăr arogant și plin de el, mai degrabă decât împlinit de el. Însă astăzi trăiesc în pace și nu trece o zi în care să nu mă bucur.

S-a întors recent în țară un prieten din copilărie de care eram foarte apropiat și ne jucam adesea din zori și până în asfințit. Pe atunci neştiind prea multe, eram purtaţi de val. Motiv pentru care universul nostru din acele vremuri era extrem de limitat. Când am crescut am constatat că doi ani trăiţi în Anglia îl schimbaseră în totalitate, căci căuta în mod repetat să afişeze noul lui statut şi nimeni nu reuşea să îl întrerupă. Cum lua cuvântul unul dintre ceilalţi prieteni cu care stăteam la masă el intervenea şi povestea. Vorbea doar despre el şi cariera pe care şi-o construise lucrând ca angajat cu normă întreagă într-un depozit din apropiere de Luton, despre ce formare urmează şi ce tatuaje şi-a făcut ori ce maşină şi-a achiziţionat. Întâlnirea a durat circa trei ore, după care ne-am ridicat şi am plecat.

A doua zi dimineaţă unul dintre ei a venit la mine şi a recunoscut, uimit, că de fiecare dată când se gândeşte la scenariul din seara precedentă, în mintea lui apare un conflict de proporţii. El nu înţelege cum un om care a scris cinci cărţi în cinci ani, care a devenit cunoscut la nivel internaţional şi este citit pretutindeni, care este sprijinit financiar din ţări ca Spania, Germania şi Australia, prin propriul merit, care a colindat Europa şi nu numai, nu vorbeşte niciodată despre realizările lui, dar face loc fiecărei persoane participante şi o ascultă, spre deosebire de prietenul nostru comun ale cărui realizări existau doar la nivel aparent şi deci erau neînsemnate. A spus că eu sunt un caz special care ar trebui studiat în universităţi, că există o identitate dublă în interiorul meu şi avea dreptate.

Orice om are o fire umană şi o identitate divină, pe care şi-o aminteşte sau nu, după caz. Secretul e să lucrezi pe ambele planuri, urcând şi coborându-ţi conştienţa în ambele straturi. Căci pe Pământ trebuie să fii mai întâi de toate om şi să nu uiţi niciodată că în esenţă eşti Dumnezeu. Succesul izvorăşte de aici.

Întotdeauna m-am priceput să identific exemplele pe care mi le aşezi în drum ca să conştientizez ce nivel am atins. Consider că schimbarea e bună pentru oricine în orice ar consta ea, altfel nu venea la acela. Orice impuls care te determină să te ridici din pat şi să înaintezi pe drumul tău, să te dezvolţi aşa cum înţelegi tu ca să îţi întreţii familia, este bun, indiferent dacă te determină să fii lăudăros şi aşa mai departe. Din toată alergătura modernă la final rămâne disciplina.

Mulţi judecă tinerii care aleargă în jurul lumii doar pentru a îşi crea o imagine de călător fericit în mediul virtual. Ei spun că vieţile micilor visători sunt false. Dar eu cred că tinerii au făcut un pas înainte alergând fie să îşi construiască o imagine virtuală a fericirii, fie ca să o caute pe cea reală, vizitând lumea, decât să se strângă la colţuri de stradă, alcoolizaţi, să fure şi să se bată între ei pentru un pachet de ţigări sau pentru o femeie uşoară, precum a procedat generaţia părinţilor lor. Este evident, tinerii de astăzi, împreună cu defectele lor, sunt cu mult deasupra trăitorilor mai bătrâni în ceea ce priveşte viziunea despre o viaţă trăită frumos, chiar dacă le lipseşte pacea. Spre deosebire de ei, eu am şi pacea pentru care Îţi mulţumesc.

În fiecare dimineaţă când mă trezesc sunt întâmpinat de un fenomen natural minunat, mai mult sau mai puţin obişnuit, care îmi aminteşte cât de apropiaţi suntem de natură şi că suntem parte din ea. Astăzi când am deschis fereastra lumea era acoperită de un strat de gheaţă de aproape cinci centimetri grosime, iar ţurţurii alungiţi se zăreau peste tot. Fiecare crenguţă era învelită într-un strat sticlos, iar când păşeam pe aleile din parc se spărgea iarba. Oare lumea de gheaţă de afară ne arată cine am devenit?

Iubesc spectacolul natural, el mă linişteşte şi mă face să visez la călătoriile mele. Îmi pare totuşi rău pentru pagubele produse. Sute de copaci au fost smulşi din rădăcină, altora li s-au îngreunat crengile şi s-au rupt, aşa cum le sunt tăiate tinerilor aripile chiar de către predicatori în adunări. Preoţii şi predicatorii strică tinerii ţinând chiar Biblia în mână. Ca învăţătură de bază adolescenţilor li se atrage atenţia să nu caute să ţină piept tentaţiilor ori provocărilor, ci să fugă de ele ca neputincioşii. Ei nu sunt încurajaţi să îşi depăşească firea umană, condiţia, dependenţa, lăudăroşenia, ci sunt instruiţi să le nege, fiind îndrumaţi în grup, în săli arhipline, în fiecare duminică.

Bătrânii predicatori îi îndeamnă să fie laşi şi iresponsabili, să nu se bazeze pe ei şi pe Dumnezeul din interiorul lor, dar să dea puterea lor altcuiva din exterior, ca spiritul care sunt să rămână prizonierul lumii. Însă prin toată această şaradă se contrazic. Ei îndeamnă tinerii în mod indirect să nu îndrăznească, cu toate că Fiul Tău a îndrăznit şi a biruit şi stă la dreapta Ta. Ei nu ştiu că înaintea celor în interiorul cărora arde focul Tău nu poate sta nimeni. Nicio legiune de diavoli dacă ar fi existat nu s-ar fi ridicat la degetul piciorului lor stâng. Atunci când Duhul coboară în ei răzbat şi zboară, iar tot ceea ce nu este dumnezeiesc fuge de ei, piere în chinuri şi se stinge. Cuvintele lor sunt ca sabia şi inimile le sunt ca focul, iar în drumul neprihăniţilor nu a stat nimic, chiar dacă mulţi li s-au împotrivit. Toate lucrările s-au hotărât din trup. Tinerii creştini, în schimb, nu îşi consideră corpurile o gratificare, ci o capcană a tentaţiilor, pe care o urăsc, gândind că trupul este bariera dintre ei şi Dumnezeu, când de fapt ei sunt chiar trupul lui

Dumnezeu. Formarea este cauza faptului că ei nu se simt astfel, în schimb se jenează şi se judecă şi devin violenţi, căci nu Îl pot trăi pe Dumnezeu ca experienţă. Formarea i-a lipsit de accesul la izvorul vieţii din interiorul lor.

Religiile instituţionalizate au convins toţi oamenii să creadă despre ei înşişi că sunt nişte minţi rătăcite, că trupurile lor sunt un obstacol în calea expierii şi că ar fi bine să creadă că există şi un suflet undeva pe acolo, departe de ei, dar nimeni nu a dovedit încă existenţa acestuia. Din acest motiv omul trebuie să rămână condamnat la credinţă şi să urmeze o instituţie care cunoaşte atât de puţin, mai puţin decât oierii de acum două mii de ani care au scris Evanghelia şi au oferit o şansă de scăpare generaţiilor viitoare.

Vine un moment în viaţă când realizezi că toţi oamenii care intră în vorbă cu tine urmăresc să obţină ceva, iar eu caut să nu devin unul dintre ei. Uneori mai cad fără să îmi dau seama, dar imediat îmi conştientizez comportamentul şi revin pe linia mea.

Cunoşti funcţionarea psihicului uman în toate privinţele, căci ai avut dreptate când ai spus că fiinţa stă ca pe un fir de aţă, iar în fiecare secundă e predispusă să cadă în Mintea colectivă. Ai avut dreptate când ai spus că la sfârşitul capitolului voi cădea.

Dumnezeu cade împreună cu neprihănitul şi se ridică odată cu el ca să îi fie alături şi în vârf de munte dar şi în groapa cu lei. Doar nu ai gândit că Îmi întorc privirea de la cel căzut şi ţin în palmă doar învingătorii?

Cred că aşa am gândit fără să îmi dau seama.

Mai aveţi atâtea de învăţat.

M-am gândit că aş putea să scot din carte fragmentul în care mi-am expus slăbiciunea, este vorba de mai puţin de două pagini. Aleg totuşi să creez un conţinut real, nu să confecţionez imagini neadevărate despre mine. Erou am devenit pur şi simplu prin faptul că m-am ridicat de acolo. Toţi oamenii sunt eroii vieţii lor şi ai lumii, toţi au cunoscut hăul dar s-au ridicat, altfel nu ajungeau în prezent, ţinând în mână cartea care le-a deschis inima.

Cuvintele rostite la mânie sunt tăioase, dezamăgirea este atât de adâncă. Cunoşti Tu oare suferinţa la care se expune un suflet inocent născut aici?

Eu sunt sufletele născute aici, nu doar le cunosc durerea.

Dar şi mintea doare, nu doar sufletul.

Mintea leagă celelalte două părţi care îţi alcătuiesc fiinţa şi tot ea le destabilizează, stricând armonia în care se mişcă fiinţa. De aceea uneori te simţi claustrofob în corp şi dai naştere atacurilor de panică.

Prima întrebare care îţi este adresată atunci când susţii un test psihologic are ca scop identificarea funcţionării armonioase a „cartilagiilor" care ţin la un loc părţile care vă alcătuiesc. Îţi vine în minte gândul să te arunci în gol când priveşti în jos de pe o clădire înaltă? Această întrebare ascunde totuşi mult mai multe răspunsuri decât pot cuprinde cu mintea cei mai avansaţi psihologi de pe Pământ. Faptul că îţi vin în minte gânduri că ai putea să cazi în gol, sau că ai putea să fii lovit de o maşină, sau că ai putea să fii înjunghiat, sau că ai putea să te arunci pe linie în faţa unui tren aflat în mişcare, scenarii care vin încărcate cu o doză considerabilă de teroare, în realitate sunt semnale transmise de spiritul a cărui dorinţă este cea de a se elibera din închisoarea mentală creată de o minte care nu îşi face treaba calumea.

Dar de ce ar dori un spirit să se elibereze de ceea ce a ales în mod conştient să trăiască ca experienţă? Iată altă întrebare care răstoarnă cunoaşterea spirituală actuală.

Dorinţa spiritului de a se elibera este şi ea supusă relativului. Clarificarea aspectului prezentat vine printr-un exemplu pe care îl întâlniţi frecvent. Ai auzit vreodată o mamă iubitoare care îşi creşte copiii cu trudă de una singură, spunând că ar vrea să plece pe o insulă exotică, unde să stea la soare, să savureze o băutură rece şi să nu mai ştie de nimeni şi nimic?

Am început să o aud din ce în ce mai des la tinerele mame.

Totuşi, nicio mamă sănătoasă la minte nu şi-a lăsat vreodată copiii ca să trăiască doar pentru ea. Tot aşa se întâmplă în cazul spiritului care cunoaşte faptul că eliberarea de sarcina alegerii pe care a făcut-o este atât de dulce. Dar niciun spirit nu pleacă atâta vreme cât nu pierde legătura cu mintea, ba cele mai puternice dintre ele aleg să rămână în trup chiar şi după distrugerea minţii. Există bătrâni care nu mai ştiu cine sunt, unde se află ori dacă mai există, în interiorul cărora este captiv cineva prin proprie alegere. Mult mai puternice sunt sufletele care aleg să vină în trupuri paralizate şi să lucreze cu minţi dezafectate încă de la început.

Uau! Vreau să Îţi spun că viaţa trăită în formă pe Pământ, în vremurile actuale, este o reală provocare pentru toţi şi pentru cei avantajaţi în anumite privinţe, dar şi pentru cei care au fost parcă uitaţi de toţi. Am început să lucrez din ce în ce mai mult şi am devenit mai eficient. Aranjez cartea „Mikel" care este tradusă în limba engleză, o pregătesc pentru tipar. Două femei minunate au hotărât să se implice în acest proiect, una l-a finanţat iar cealaltă a efectuat traducerea.

Uneori, când simt că nu mă mai pot concentra mă gândesc la locurile pe unde am călătorit, la zilele de vară pe care le petreceam la pescuit, la toate bucuriile şi iubirile pe care le-am trăit.

Pe parcurs am realizat faptul că pentru orice bucurie obţinută în lumea relativităţii trebuie să plăteşti un preţ neplăcut. Preţul pe care l-am plătit ca aceste cărţi să ajungă la tine, iubite cititor, a fost sănătatea mea. Aşa că preţuieşte-le şi descifrează-le, mesajul lor este portretul lui Dumnezeu, pe care l-am pictat cu inima mea. Şi mă întreb cum găsesc puterea să înaintez ori de unde o extrag, ce mă alimentează?

Alberto, lucrez pentru tine în aşa fel încât să ai cea mai plină şi mai frumoasă viaţă.

Aşa ceva nu mi-ai spus niciodată.

Aşa ceva nu ai crezut niciodată.

Ai dreptate din nou.

Când ai vizitat Israelul nu te-ai putut bucura prea mult, nu ai fost foarte fericit, deoarece te temeai că va fi singura dată când vei păşi în acele locuri şi nu ai ştiut ce ar fi bine să faci mai întâi. Adevărul este că vei avea nenumărate ocazii să îl revezi.

Mă bucur că voi avea multe ocazii să vizitez locuri, să intru în contact cu oamenii, cu toate că de multe ori refuz invitaţii la lansări de carte sau evenimente, organizate cu scopul dezvoltării personale sau spirituale, iar oamenii se supără. Prefer în schimb să ies într-un loc liniştit, să merg într-o vacanţă modestă cu câţiva prieteni sau chiar de unul singur.

Vezi Tu, natura mă inspiră şi mă ajută să mă cunosc, nu să îi imit pe alţii, nu doar să mă afişez în faţa oamenilor care se strâng în săli ca să îşi prezinte realizările cu care se mândresc. Este semnul că nu sunt încă convinşi că sunt preţioşi şi au nevoie constant de confirmare prin aplauze, fotografii, pliante, postere şi strângeri de mână de la cei care tânjesc să devină la fel de faimoşi ca ei. Ei nu au ajuns la cunoaşterea de sine şi nu au făcut pace cu ei înşişi. Eu am depăşit nevoia de afirmare a individualităţii, în schimb mă străduiesc să răspândesc un mesaj folositor lumii, îmi dedic viaţa acestui scop. Nu caut să conving pe cineva că are nevoie de mine, îi las pe cei care caută o cale de scăpare să mă găsească şi îi ridic, îi instruiesc şi îi transform din oameni în îngeri.

Atunci când îi îndemn să se elibereze din închisoarea mentală ca să fie fericiţi şi să cunoască şi altceva, mulţi îmi spun că omul trebuie să facă şi ceva cu viaţa lui, parcă eu i-aş tăia aripile ca să devină obedient, nu îl ridic din mocirlă. Dar ceva mai important decât să nu îţi ratezi şansa nu există. Să lucrezi ca vânzător într-un magazin de haine şi să îţi petreci nopţile în baruri ieftine frecventate de oameni necăjiţi emoţional şi intelectual, însă aroganţi, nu este cea mai înaltă alegere a unui om. Să bei un suc de cocos pe o plajă pustie şi să îi mulţumeşti Cerului pentru existenţa ta, aprinde în tine focul celei mai înalte trăiri umane.

Munca neorganizată şi ineficientă este pentru tractoare. Spre deosebire de ele nouă ni s-a dat o minte, care ne ajută să ne uşurăm sarcina. Sclavia încă prosperă din cauză că marea majoritate a fost instruită să nu îşi folosească resursele mentale. Eu depun mai multe eforturi decât depun oamenii obişnuiţi, dar ceea ce fac se numeşte pasiune şi se săvârşeşte prin dedicare totală spre un scop precis.

În lumea oamenilor, oamenii nu cunosc că dacă un membru al familiei este fericit el poate înveseli întreaga familie, iar dacă un membru al familiei e nefericit el poate întrista întreaga familie. Şansele sunt egale, totul depinde de cum privim şi ce experienţe alegem să trăim. Când se îmbolnăveşte o persoană dragă suferi alături de ea, când ai un copil frumos te bucuri alături de el. Din nefericire oamenii nu se mai bucură pentru darurile pe care le au deja, în schimb suferă pentru ceva ce pierd ori pentru ceva ce le lipseşte. Aici se înclină balanţa, ea este eroarea. Ar fi bine să tratăm ambele relaţii cu acelaşi interes şi să ne păstrăm echilibrul recunoştinţei.

Banii îţi oferă libertatea să faci orice, ai gândit până astăzi şi aşa gândiţi cu toţii. Ai întâlnit oameni care şi-au cumpărat tot ce era de cumpărat, care şi-au construit tot ce au dorit, care au devenit faimoşi, care au vizitat lumea sau au gustat din tot prin intermediul banilor care le-au dat putere într-o lume controlată de bani. Ei bine, cum este să faci toate aceste lucruri fără bani, prin puterea imaginaţiei, cu ajutorul iubirii? Cum este ca lumea să decidă că lucrările tale sunt valoroase, că merită să facă ocolul Pământului şi să te susţină pe plan financiar în acest proiect? Cum este ca lumea să decidă că a sosit momentul ca lupta ta cu lipsurile să ia sfârşit?

Oamenii minunaţi care te-au întâlnit consideră că ar fi mai potrivit pentru tine să vizitezi lumea şi te invită în locuri unde nu ţi-ai fi imaginat vreodată să călătoreşti, ţări cărora nici măcar nu le-ai auzit numele. Cum este să te bucuri de toate acestea fără să ai nicio putere, fără să deţii nimic şi să nu cunoşti pe nimeni care să îţi deschidă uşile, în schimb totul să izvorască din inima ta nouă, pe care ţi-am dat-o?

Este incredibil, adică greu de crezut, imposibil.

Cum este să ajungi cel mai iubit dintre pământeni, într-o lume străină iubirii, care încă de la naştere te-a urât?

Mă laşi fără cuvinte.

Cartea „Mikel" va fi copiată în mai multe exemplare decât a fost tipărită Biblia.

Uaaau!

Adevărat adevărat îţi spun, nu s-a ridicat nimeni acolo unde eşti tu acum, până la tine, indiferent de aparenţe.

Dar cum a fost posibil aşa ceva? Eu, un copil aproape pierdut cu mintea, care a fost părăsit de persoanele dragi şi chiar de ai lui părinţi, motiv pentru care a scris aiureli plângând, visând, fără să fie conştient de ceea ce face, să devină cunoscut la nivel global şi spiritul să i se ridice, precum susţii, la Tine?

Tu nu eşti cunoscut doar la nivel mondial, ci întregul Univers sărbătoreşte victoria ta şi stă la masa gloriei Mele, împreună cu sorii, iar tu te sfătuieşti cu ei pentru o lume mai bună, mai unită, cea adevărată. În zilele în care crezi despre tine că eşti slab, de fapt eşti cel mai puternic. Nu unul care nu se teme de înălţime şi sare din avion e puternic, ci unul căruia îi este frica şi totuşi sare cu sau fără ezitare.

Cum ai ştiu în noaptea în care m-ai contactat prima oară, în vremea când trăiam sufocat de lume, că voi reuşi să mă curăţ de ea? Ai ştiut dintotdeauna viitorul, ca şi cum ai fi văzut un film, în timp ce orice suflet este liber să facă ceea ce nu trebuie să facă?

Nu am ştiut, dar am crezut.

Oare Dumnezeu este nevoit să creadă, precum omul?

Oare?

Dat fiind faptul că nu reuşesc să recepţionez un răspuns, merg mai departe cu discuţia. Permite-mi dar să Îţi aduc la cunoştinţă o ştire de ultimă oră, care sigur va suna ciudat auzită din gura mea: Arabii au invadat Europa!

O, Doamne, trebuie să luaţi măsuri de urgenţă!

Glumeşti?

Cu siguranţă.

Cu toate că Te cunosc, pentru o clipă m-am speriat.

Ca să clarificăm lucrurile am nevoie să cunosc ce sunt aceşti arabi despre care vorbeşti.

Arabii sunt oameni.

Şi astfel, printr-un cuvânt, a fost rezolvată dilema. Arabii sunt oameni şi puff, s-au dizolvat norii, s-a limpezit cerul şi a răsarit soarele!

Cu adevărat că este aşa, dar permite-mi să dezvolt subiectul.

Oamenii de etnie arabă, care trăiau într-o zonă geografică diferită a globului, au migrat în zona Europei centrale, în țări ca Anglia, Germania, Franța, iar locuitorii acestor țări sunt iritați, ei spun că s-a umplut Pământul de oameni.

Pământul este gol, adică nelocuit, în proporție de 90 de procente. Oamenii din toată lumea s-au adunat în cele câteva orașe dezvoltate social, unde trăiesc ca în clustere, sufocați.

Pământul este gol privit de sus, cu toate acestea marile orașe, piețele, aeroporturile, centrele comerciale și gările centrale, sunt sufocate de oameni de toate națiile. Realitatea de la cozi îți transmite un sentiment terifiant, parcă nu ne mai tolerează Pământul. Cumva, europenii vor ca fiecare turist sau emigrant să se întoarcă la casa lui.

Popoarele cărora guvernele țărilor occidentale le-au distrus casele, orașele, țările, nu mai au unde să se întoarcă. De aceea masele au rămas pe capul lor și reprezintă responsabilitatea lor.

A avut loc o mișcare diabolic de inteligentă venită din partea guvernului american în urmă cu câțiva ani. Pentru a își satisface sentimentul de autoritate și a pune mâna pe câteva resurse, cum ar fi zăcămintele de petrol, guvernul american a atacat și distrus în totalitate câteva țări arabe. Conștiente fiind de faptul că atunci când lovești un stup de albine ele se vor împrăștia, apoi vor veni peste tine, Statele Unite, Canada și Australia, și-au păstrat politica cu privire la stricțețea trecerii frontierei, în vreme ce Europa fusese convinsă să accepte ideea revoluționistă a globalizării.

Prinții arabi au primit bani și protecție din partea dușmanului lor cel mai de temut, cui și-au vândut popoarele și s-au refugiat în Dubai, unde au construit paradisuri artificiale, au strâns un sfert din luxul planetar, au dezvoltat companiile aeriene și așa mai departe. Dar armistițiul lor șiret nu va dura veșnic.

Europenii susțin că invazia arabă a fost provocată cu intenția de a musulmaniza creștinătatea. Eu știu că gândirea sănătoasă, rațiunea și discernământul ne învață ca pe niște copii de țâță faptul că oamenii sunt oameni, că steagurile sunt cârpe, că politica și religia sunt jucării ale minților necoapte, totuși umanitatea vede colapsul în orice oportunitate. Știi câți mă aplaudă pentru punctul de vedere expus mai sus? Milioane.

O religie musulmană păgână amenință creștinătatea păgână cu musulmanizarea? Oamenii arabi vor cucerii spațiul oamenilor din Europa, se duce lumea de râpă? Iubiților, sunteți atât de atașați de vechile jucării încât nu vedeți darurile pe care vi le-am lăsat sub brad.

Nu oamenii de origine arabă domină lumea ca număr, cei de origine chineză şi indiană o fac. Ca să vă explic darurile iar voi să îmbrăţişaţi oportunităţile, este timpul să renunţaţi la jucării. Prin urmare, oamenii s-au strâns în anumite zone şi practic s-au sufocat. Extindeţi aşezările, dezvoltaţi zonele neexploatate şi înverziţile, Pământul este gol. Renunţaţi la irosirea resurselor şi a energiei pe confecţionarea şi întreţinerea armelor, gândiţi-vă mai întâi la voi nu la ceilalţi. Nu vă învăţ să fiţi egoişti, ci realişti, căci nimeni nu confecţionează arme pentru el, ci pentru celălalt, ca să se apere de celălalt, şi astfel flămânzeşte. Dar e posibil ca celălalt să nu mai vină fiindcă şi-a construit arme şi a flămânzit, s-a îmbolnăvit, ameninţarea s-a prescris, lumea a rămas cenuşie, ruginită şi pustie.

Viitorul vostru este viaţa, iar viaţa este verde, vie, şi rămâne. Văd aşezări curate peste tot, spaţii libere, câmpuri înverzite ori linii de transport aeriene, terestre şi subterane, care fac legătura între ele. Văd oraşele mari, care vor fi părăsite, cum sunt recon-struite. Văd oamenii care s-au născut într-o anumită zonă geo-grafică cum îi instruiesc în mod voluntar pe cei care s-au născut într-o altă zonă geografică, cu lacrimi de fericire şi admiraţie în privire. Văd oameni eliberaţi de simboluri, etichete sau steaguri, care umblă ca neprihăniţii, aşa cum umbli tu, precum au umblat profeţii şi tot aşa cum a umblat Fiul.

Ce inspirat ai fost când ai susţinut că noaptea ne întoarcem în soare ca să luminăm pentru ceilalţi. În ultimul timp am tot expe-rimentat viziuni şi vise lucide în care am stat la masă cu cele mai înalte spirite ale Pământului. Ceea ce vorbeam eu cei doi bătrâni înţelepţi ascultau, iar ceea ce vorbeau ei pentru mine reprezenta un adevăr trăit deja. Totul se schimbă la nivel substanţial în mod sublim, fără să observe cineva mişcarea.

Cuvintele rostite la masa înalţilor sunt confidenţiale. Vreau să spun că m-am simţit onorat să fiu chemat, să am cuvântul meu de spus şi să fiu ascultat, luat în seamă. Eram ca un copil de la care bătrânii învăţau, cel puţin aşa m-am perceput. Mă priveau ca pe o făclie sfântă, ca pe o candelă a Ta. Ei săvârşiseră multe lucrări pe Pământ, în trecut, căci mai întâi de toate fuseseră apostoli, iar în prezent trăiesc pe Pământ şi sunt cunoscuţi la scară globală. Şi totuşi eram ca fraţii, căci stăteam la aceeaşi masă la care am stat împreună cu Fiul. Eu eram cel plin de viaţă, entuziasmat, ei erau mai rezervaţi, trecuseră prin multe. Lângă mine aveam un ajutor, o persoană care mă urma, singura care m-a crezut câtă vreme am trăit pe Pământ. Aici este înţelepciunea ta, cel care citeşti aceste rânduri, îngerul care îmi este alături poţi fi chiar tu.

În timp ce vorbeam, unul dintre cei doi m-a întrerup, zicând:

- Ţi-ai dat seama cum funcţionează legăturile şi Cine mişcă lucrurile. Nu există profesori pe Pământ, niciodată nu au existat. Oricine spune despre el că este profesor, zicând „veniţi la mine" este un înşelător. Învăţătorul este Unul singur, cei care trăiesc pe Pământ sunt doar dubluri ale forţelor care se manifestă prin ei.

Orice atac energetic pe care oamenii îl trimit asupra ta te face mai puternic. Căci ceea ce nu te atinge se întoarce la iniţiator ca să îl distrugă şi astfel se dizolvă. Răul este dizolvabil, iubirea este ceea ce izvorăşte din interior şi se vede la exterior. Şi rămâne.

Orice înfrângere a ta este o victorie. Orice eşec este o reuşită. Amărăciunea este mângâiere. Boala trupului fizic vindecă sufle-tul îmbolnăvit pe vremea când erai în putere, iar moartea trupului este învierea ca fiinţă. Toată fericirea care se revarsă asupra celor drepţi se revarsă mulţumită ţie, chiar dacă nu toţi îţi ştiu numele. Şi niciun bine nu vine din altă parte în lume, iar tot ce hotărăşti se schimbă până la cel mai mic detaliu în lumea materiei, la nivel de celulă, aşa cum hotărăşte omul care iubeşte. Dată fiindu-ţi această învăţătură adevărată ţie, tristeţea pe care o porţi în inimă e zadar-nică. Noi vedem prin trupul tău de carne şi dincolo de mintea cu care lucrezi. Tu eşti semănătorul care a semănat în timp ce oame-nii dormeau. Acum ei s-au trezit şi strâng mana care a căzut din cer pentru ei şi se bucură.

În realitatea de jos, emoţia te ucide şi tot ea te ridică pe cele mai înalte culmi ale copacului vieţii. Fără emoţie omul rămâne un robot, sau un maestru, în funcţie de măsura în care îşi aminteşte cine este şi o aplică. Viaţa pe care au primit-o este un dar, totuşi trăitorii continuă să privească la ce au primit ceilalţi, în loc să îl deschidă pe al lor.

Cea mai înaltă treaptă dumnezeiască e să nu urăşti pe nimeni, iar cu iubirea care eşti să îi îmbrăţişezi pe toţi, ca să vii în toţi. Acesta despre care îţi vorbesc eşti tu, cel dintâi şi cel de pe urmă, care îi îmbrăţişează pe toţi şi răsare pentru ei. Şi întreaga creaţie se apleacă înaintea lui şi îl cinsteşte. Onoarea de a te întâlni este a noastră copile, nici nu ştii. Am profeţit venirea ta în lume, noi, spirite mai bătrâne decât materia aşa cum o cunoaşteţi.

Capitolul 5

Detașarea de aparențe
Lumea absolutului

Am ajuns în orășelul Kingston upon Hull noaptea târziu. Am apucat să dorm mai puțin de trei ore, acum servesc micul dejun într-un hotel istoric de lângă gara centrală. Am vizitat Hornsea, o stațiune turistică situată la malul Mării Nordice și am servit masa într-un local cu atmosferă scandinavă. Am stat câteva ore pe plajă ca să privesc marea și cerul. Ambele erau minunate și unite, tot așa cum erau turiștii care aleseseră acel loc pentru a campa. Erau peste trei sute de rulote parcate pe câmpul înverzit din apropiere de faleza care despărțea țărmul de valurile roșiatice ale mării.

Apa agitată tulbura nisipul și îl scotea la suprafață. Mă fascinau pietrele viu colorate, modelate atât de bine de timp. Pe cer, norii care aduceau furtuna voiau să înlăture de la putere soarele. Înaintea furtunii mergea totuși curcubeul păcii, neclintit, care ne reamintea că orice furtună este trecătoare, de aceea nu ar trebui să ne temem, că totul vine și pleacă și o face cu scop, tot așa cum a fost creată lumea.

Vântul aproape că mă ridica de la sol. Călcam pe nisipul ud în care se oglindea cerul, în care mă scufundam cinci centimetri cu încălțămintea mea realizată din pânză. Urmăream pescărușii, le ascultam cântecul, admiram întreaga măreție. Auzeam liniștea de dinaintea și după trecerea fiecărui zgomot. Începuse ploaia, era ud jos, sus și la mijloc, iar Dumnezeu îmi șoptea:

Relaxează-te, reflectează, apoi reamintește-ți, ea este ordinea. Acest loc a fost binecuvântat, vino spre Mine!

M-am plimbat prin port, am fotografiat bărcile dar în tot acest timp nu am putut să scriu nimic. Am studiat locul și oamenii, iar singura înțelegere care mi-a răsunat în minte a fost „cei care iartă merg mai departe, cei care nu reușesc a ierta rămân în lume". Și aşa este, ei rămân în lume împreună cu tristeţea lor, cu bolile şi cu dizabilităţile fizice şi psihice, care îi fac să fie urâţi la interior dar şi la exterior. Am simţit compasiune pentru ei.

În viaţă, de fiecare dată când alegem altceva decât iertarea, ne împotmolim şi îmbătrânim, ne scufundăm în nisip, iar riscul de a rămâne blocaţi emoţional creşte. În ţările dezvoltate din punct de vedere economic, ai căror cetăţeni au un nivel de trai ridicat, în care guvernele permit oamenilor susţinuţi de către emigranţii harnici (clasa muncitoare) să nu facă nimic, s-a răspândit nemulţumirea care a urâţit oamenii şi i-a îmbolnăvit. Lipsa recunoştinţei face victime, îi face pe bogaţi să se simtă săraci.

Atunci când viaţa nu are sens, îi dai tu unul. Cel pe care îl vei hotărî va fi destinul care ţi-a fost scris. Aşa procedează orice cercetător, viaţa se hotărăşte din trup. Chiar şi cine vei fi sau unde vei merge după viaţa ta actuală ori cum ţi-o vei trăi, tot din trup se decide. Tu eşti magicianul care mişcă universul tău, tot ce ai nevoie să faci este să îţi foloseşti bagheta, să devii conştient de tine şi să iei decizia.

Fiecare suflet care se naşte în Imperiul uitării este un orfan. Din acest motiv pe întreaga durată a existenţei oamenii caută să fie acceptaţi, integraţi, adoptaţi. În schimb, voi, copii ai Mei, la prima vedere sunteţi ai nimănui, totuşi vă plimbaţi ca dumnezei prin lume şi nu vă supuneţi ei, deoarece voi aveţi alt Tată, care nu este din lume, ci vine după ea şi este cu mult înaintea ei.

Tatăl tău pământesc a căutat o aşezare pe care să o slujească, un grup care să îl accepte ca individ, un loc de muncă care să îi asigure supravieţuirea şi să îi ofere un scop, o identitate în societate şi un adăpost deasupra capului pentru el şi familia lui, care urma să vină. În schimb tu nu aparţii nimănui, eşti independent de lume şi eşti Dumnezeu. Voi lucraţi în serviciul adevărului şi al vindecării, fără să vă vindeţi, fără să căutaţi să fiţi plăcuţi lumii, fiindcă sunteţi pe placul Meu şi o ştiţi. În voi Îşi găseşte plăcerea Dumnezeu. Cei care ştiţi de unde veniţi şi unde vă veţi întoarce, nu vă pierdeţi în rând cu lumea. Capetele voastre strălucesc ziua în amiaza mare până noaptea târziu, în ultimul ceas. Şi vă vedeţi, şi rămâneţi.

Copii ai Mei, voi aţi putut trăi în lume fără să cădeţi pradă ei. Aţi putut să iubiţi fără să încercaţi să posedaţi sau să deţineţi. Aţi putut mânui puterea fără să căutaţi să îi controlaţi pe ceilalţi prin intermediul ei. Aţi dăruit fără să urmăriţi răsplata sau să o impuneţi. Aţi interacţionat cu oameni fără să îi judecaţi după rasă şi nu aţi impus nimănui să creadă în voi ori să vă iubească, i-aţi

iubit voi. Aşa aţi reuşit să Mă cunoaşteţi, liberi, fără intermediari.
Aţi vorbit cu Dumnezeu în drumul vostru, îmbrăcaţi în haine de
stradă, având doi lei în buzunar, fiind fericiţi ori dezamăgiţi, sătui
ori înfometaţi, clarvăzători ori oameni fără vedere. Astfel vi s-au
deschis cerurile şi porţile lumilor care vin.

Trimişii Mei nu coboară în lume ca să se vindece pe ei, vin să
mântuiască lumea în vreme ce ei se sting, căci vinovăţia lumii îi
apasă, dar după înălţare ceaţa dispare iar oamenii încep să vadă
şi tânjesc după sfinţii care au ţinut planeta în mâini şi îşi doresc
să devină ca ei, să săvârşească lucrări precum au săvârşit ei.

Există vindecători care s-au născut schilodiţi şi trăiesc aşa.
Totuşi ei motivează oameni sănătoşi fizic, îi vindecă pe bolnavi şi
îi ridică pe ologi din scaunele lor rostind un singur cuvânt, apoi
ologii merg în picioare şi aleargă ca atleţii. Spre uimirea tuturor,
aceşti vindecători nu se vindecă pe ei înşişi, tot aşa cum Isus nu
S-a salvat pe Sine Însuşi. Toate acestea s-au întâmplat ca să Îşi
arate slava, puterea şi credinţa în Cel ce sunt. Eu sunt Cel mai
mare, cu toate că M-am făcut acum atât de mic pentru voi ca să
vă vorbesc iar voi să Mă cunoaşteţi.

De câte ori ierţi pe cineva atunci când acela îţi greşeşte?
De câte ori greşeşte.
Aşa, ca prostul?
Aşa, ca Dumnezeul.

Am discutat cu un om frumos care studiase scrierile aposto-
lului Pavel, căci le găsise în asentiment cu trăirile lui şi spunea că
omului căruia Dumnezeu îi dă o şansă şi îl trezeşte, şi îl vindecă,
dar omul, prin nepăsare şi neascultare cade din nou, nu i se mai
acordă iertarea, acela şi-a ratat şansa. Drept urmare, la fel proceda
şi el în viaţa de zi cu zi, cu prietenii săi sau cu familia. Oferea
sprijin, dar dacă cel pe care îl susţinea nu o lua în direcţia pe care
el i-o arăta, îi întorcea spatele. Şi astfel îl condamna, dar trăia în
contradicţie. Odată ce oferi ajutor, iar dacă nu îţi sunt satisfăcute
aşteptările şi prin urmare regreţi că l-ai oferit, fapta îţi e ştearsă.
Intenţiile se anulează reciproc, eşti instabil, schimbător şi tot aşa,
în funcţie de percepţia ta, vor fi şi evenimentele din viaţa ta. Dar
aici înţelepciunea este alta.

Omul, supus stratului realităţii pe care o explorează acum, are
nevoie şi de furtună şi de soare. Conştienţa pe care ţi-o dezvolţi
pe parcursul existenţelor doar îţi aminteşte că tot ceea ce trăieşti
a fost hotărât de tine ca să trăieşti. Cunoaşterea acestui adevăr îţi
schimbă atitudinea, îţi încălzeşte inima şi te propulsează spre un
alt strat perceptiv şi o realitate mai blândă.

Nu ar trebui să vă dea bătăi de cap afirmația unuia care M-a cunoscut atât cât s-a cunoscut pe sine. Pe cine alegi tu să urmezi, pe apostolul Pavel sau pe Dumnezeu?

Pe Dumnezeu, desigur.

Eu sunt atât de mare pe cât Mă vedeți voi. Un om cu privirea limpede va înțelege faptul că apostolul Pavel și-a întărit convingerea în momentele sale de slăbiciune, când era tulburat. Atunci privirea i-a fost încețoșată și nu M-a mai putut vedea în măreția Mea. Astfel a devenit dintr-un înger al Cerului un simplu om.

Spre deosebire de minunatul Pavel, Eu iert de fiecare dată și nu Mă opresc din a iubi niciodată, nici măcar după crucificare. Cei care nu pot ierta rămân în loc până în ziua în care vor putea ierta, nu există altă poartă de evadare. Când alegi altceva decât iertarea și porți în tine râvna, este ca și cum te urăști și spui că te iubești, dar te minți. Iertarea este poarta, Eu sunt cheia. Este atât de simplu de înțeles și atât de natural să iubești.

Ce se întâmplă cu omul conștient, care totuși mai greșește?

Din punctul cui de vedere greșește omul conștient?

Din punctul lui însuși de vedere.

Tu consideri despre tine că ești un om conștient?

Da, eu știu despre mine faptul că sunt un om conștient, dedicat și plăcut Ție.

Și totuși consideri că uneori mai greșești, așa este?

Așa este.

Ce atitudine afișez față de tine atunci când greșești?

După fiecare greșeală mă încurajezi. Așa transformăm fiecare greșeală într-o binecuvântare, iar de fiecare dată urcăm.

Așadar iartă pentru tine ca să fii sănătos și să trăiești liniștit. Iertarea nu are legătură cu cel care ți-a greșit, ea aduce pacea în inima ta. Să nu te temi să refuzi pe cineva, rămâi neclintit în fața oamenilor dramatici a căror pricepere e să îți atingă corzile emoționale, ca să își atingă scopul și apoi pleacă, se fac nevăzuți. În lumea aceasta săracă trăiesc oameni care au primit mii de șanse însă nu le-au prețuit. Caută-i pe cei cărora viața nu le-a oferit a doua șansă și întinde-le o mână de ajutor.

Vezi tu, un om conștient e interesat de progres, el nu rămâne înlănțuit de trecutul său sau de dramele celor care îi așază obstacole în drum, ca să îl împiedice să înainteze, din invidie că a ales să meargă într-o anumită direcție. Spiritul aceluia zboară peste ele și îi privește de sus. Soarta v-ar fi mai ușoară dacă v-ați ajuta unii pe alții, ca semeni, mai degrabă decât să vă săpați unii pe alții, ca dușmani de aceeași specie.

Nu judeca oamenii pe care lupta cu viaţa i-a doborât. Poate că ei nu au fost atât de puternici precum eşti tu sau nu au ştiut faptul că cel mai de temut duşman al omului poate fi el însuşi, aşa cum ştii tu.

Nu te schimba pentru nimeni, nu te apleca înaintea criticilor şi reproşurilor, gândind că nu ai fost îndeajuns de bun, atâta vreme cât ai dat tot ce ai avut şi intenţiile tale au fost pure, iar tu ai fost sincer. Oamenilor le este mai uşor să critice decât să admire, ei mint mai des şi sunt sinceri mai rar, urăsc mai tare dar iartă mai puţin, spre deloc. Când e vorba de a oferi ajutor, observi că există atâţia oameni frumoşi la exterior şi atât de puţini care sunt frumoşi şi la interior, adică în totalitate, încât par a nu exista, dar ei există şi te aşteaptă cu dor.

În lumea pe care aţi construit-o iluzia pluteşte pretutindeni. Mulţi învăţători frumoşi, inteligenţi şi altruişti, se arată, şi totuşi lumea sărăceşte din ce în ce, la modul general, pe planurile morale şi umane subtile. Provocarea începe atunci când ajungi pe stradă, când nu mai ai la cine să apelezi şi tremuri, te stingi uşor şi vrei să mori. Şi niciun învăţător dintre cei frumoşi şi inteligenţi nu îţi întinde o mână ca să nu se murdărească. Ba chiar caută să se ferească, ca să nu se îmbolnăvească.

Tinerii sunt preocupaţi cu suferinţa individuală. Lăcomia şi nemulţumirea sau pansarea infinită a egoului rănit, le distrage atenţia. Ei sunt hipnotizaţi de trenduri, idolatrizează insatisfacţia de sine şi nu văd realitatea crudă a supravieţuitorilor. Eroii din spatele mişcării „om pentru om" nu sunt îmbrăcaţi la cravată, ci poartă haine de stradă. Şi nu se fotografiază în maşini sport, ci în ambulanţe. Pe ei nu îi găseşti în resorturi luxoase, ci în cămine de bătrâni, în centrele de adăpost pentru nevoiaşi sau voluntari la cantine.

Cât este de adevărat!

Dacă nu poţi ajuta pe cineva inspiră-l, ia mesajele adevărate şi trimite-le mai departe. În lume trăiesc oameni bogaţi, care nu ştiu ce să facă cu banii. Lipsa recunoştinţei îi face pe bogaţi să se simtă săraci. Tu oferă-le un scop, inspiră-i şi trezeşte-i la viaţă, iar ei te vor răsplăti.

Îţi mulţumesc pentru că îmi spui toate acestea şi mă înveţi.

Care crezi că e cel mai important aspect din viaţa unui om?

Aş zice familia, persoanele dragi, pasiunea, ceea ce iubeşte.

Pacea din inima lui este.

Pacea nu este totul.

Pacea îţi oferă ocazia să te bucuri de tot.

Oamenii care nu au avut pacea în inimi și au avut totul, l-au pierdut ușor. Ei și-au stricat relațiile cu partenerii, cu prietenii, cu copiii sau cu propriul trup. Și au rămas singuri, îmbolnăviți, urmând programe de recuperare fizică și mentală. Astăzi își fac transfuzii de sânge, supraviețuiesc administrându-și tot felul de substanțe. La aceste chinuri susțin că i-a condamnat Dumnezeu sau că ei sunt rezultatul sorții, dar nu știu că Dumnezeu sunt ei și că soarta și-o construiesc ei, indiferent de aparențe, de avantaje și dezavantaje.

Ești minunat în explicații și atât de clar. Acum știu că Dumnezeu stă la dispoziția oricărui spirit care alege să se cunoască, ca să crească.

Așa a fost întotdeauna.

Dar acest vlăstar numit umanitate nu a fost pregătit să înflorească până mai curând, exceptând anumite cazuri, reprezentate în acest tablou ca crenguțe care au altoit copacul, apoi s-au ridicat la Cer. Sămânța lor a rămas înfiripată în inimi de om pe Pământ iar astăzi a ieșit la iveală.

Exact așa.

Indiferent ce aș face mă vei încuraja să fac, chiar și dacă voi face ceva rău?

Sigur.

De ce?

Deoarece tu nu faci niciodată rău și nu decizi singur. Eu sunt aici și întotdeauna am fost. Chiar și atunci când iei o decizie mai puțin bună, o faci deoarece pe moment crezi că este bună, chiar dacă în realitate nu e cea mai potrivită. Funcționezi pe un plan perfect și ieșit din comun al sfințeniei, iar tot ce faci este ceea ce ai nevoie să faci, chiar și atunci când ceea ce faci este greșit. Nu faptele voastre contează, intenția cu care le săvârșiți contează, ea reflectă tot ce am nevoie să știu despre voi. Căci nimeni nu face ceva rău în lume în mod intenționat, toți credeți că este bine ce faceți, chiar dacă uneori luați decizii mai puțin inspirate sau pe cele mai proaste. Chiar și în momentele de slăbiciune voi alegeți în scop bun, în funcție de perspectiva care vă creează percepția.

Prin urmare, oferă fără să aștepți o răsplată în schimb și nu te teme să refuzi o cerere sau o propunere, toate acestea ca să nu te legi de nimic. Ceea ce contează cu adevărat în viață este pacea din inima ta. El este un alt fel de a spune că dacă ai sănătate le poți face pe toate. Toți oamenii sunt frumoși și buni în esență și toți au ceva de care altcineva are nevoie. Indiferent de aparențe, mai devreme sau mai târziu toți își vor găsi iubirea. Ea poate fi o

persoană, o pasiune, iubirea de sine sau de adevăr.
Este foarte frumos ce spui.
Ştii ce e absurd la oameni?
Ce anume?
Faptul că practică sporturi şi mănâncă verdeaţă ca să aibă trupuri sănătoase, dar îi urăsc pe cei care le-au greşit. Ba chiar din ură îşi extrag motivaţia, ambiţia. Dar sunt naivi, trăiesc în contradicţie. Ura e de o mie de ori mai nocivă decât conservanţii din alimente, decât carnea, iarba, tutunul şi alcoolul. Este ca şi cum vrei să fii sănătos dar alegi în mod repetitiv boala, este ca şi cum te antrenezi la sala de forţă dar continui să fumezi. O zi în care urăşti este echivalentul a un an în care consumi tutun şi alcool zilnic. Nu alimentaţia vă îmbolnăveşte, ura o face. În lumea voastră ca să poţi deveni cu adevărat prieten cu cineva, trebuie ca acela să nu vrea nimic de la tine. Nu există ceva mai frumos decât acel sentiment care te pătrunde când un prieten dintr-o mie te încurajează pentru decizia ta. De asemenea, atunci când decizi să îţi împarţi viaţa cu o persoană nu o întreba dacă vrea să îşi petreacă restul zilelor alături de tine, întreab-o dacă e dispusă să îşi deschidă inima în faţa ta. Pentru că oricine poate să promită cu mintea, influenţat de senzaţia trăită pe moment sau de interesele pe care le are. În schimb când îşi deschide inima e de durată şi este ce simte cu adevărat, realitate de care nu se va debarasa şi răzgândi. Căci există o diferenţă uriaşă între a şti că cineva te iubeşte şi a simţi că cineva te iubeşte. O relaţie are şansa să funcţioneze atunci când ambii parteneri îşi deschid inimile. Dacă nu şi le-au deschis ceea ce au trăit nu a fost o relaţie, ci o simulare. Aceste simulări pot dura trei zile sau treizeci de ani.

Mulţi cer sfaturi în ceea ce ţine de bani, dragoste, parenting sau carieră, şi testează toate metodele, dar puţini vin să întrebe cum să îşi deblocheze inimile. Însă inima este fereastra prin care Universul trimite la tine toate ideile, soluţiile eficiente, bucuriile, evenimentele, inspiraţia ori curajul de a lua decizia să îţi schimbi atitudinea. Este ca şi cum ai încerca oricare altă modalitate de a aprinde un smartphone funcţionabil căruia i s-a consumat bateria, îl desfaci, ceri sfaturi, te interesezi peste tot, însă mai puţin cea de a îl conecta la o sursă de alimentare cu curent electric.

Ideile bune nu doar că trec pe lângă cei cu mintea închisă, ci sunt respinse şi judecate de aceştia sau luate în râs. Accelerarea resimţită la nivel planetar îi aşază pe scaunele spectatorilor pe oamenii care nu se pot adapta cu mintea, sufletul nu are probleme. Lumea civilizată şi inclusiv natura le transmite oamenilor faptul că a sosit timpul să îşi înalţe conştienţa, că ascensiunea a devenit dintr-o simplă opţiune o necesitate. Lumea se mişcă, nu stă după fiecare repetent, doar Dumnezeu întinde o mână pentru fiecare, ca să îi stimuleze imaginaţia şi să îi dea curajul să aplice ideile bune şi să se preţuiască.

Săracii oameni, nu cunosc mai nimic.

Săracii oameni nu îşi amintesc nimic.

Am primit pe e-mail o pildă religioasă de tip ortodox în care se regăseşte aceeaşi contradicţie. Se făcea că un turist de origine americană a vizitat un sat din România. Când a intrat într-o casă modestă, fără mobilă sau aşternuturi, doar cu icoane atârnate pe pereţi, în care locuia un preot bătrân, turistul a întrebat:

- Scuzaţi-mă domnule, de ce trăiţi într-o casă goală, fără pat sau mobilă?

- Dar mobila dumneavoastră unde este, de ce nu o aveţi?

- Nu o am deoarece eu sunt în vizită aici.

- Şi eu sunt în vizită pe aici, a răspuns bătrânul.

Evident că toată lumea a îmbrăţişat pilda, a cărei învăţătură este doar pe jumătate adevărată. Contradicţia constă în faptul că bătrânul preot nu s-a dezlegat de pământ, doar crede acest lucru. Icoanele şi sculpturile sau orice fel de reprezentaţii reprezintă tot încărcături lumeşti, la fel ca toate celelalte bunuri, ba chiar unele care provoacă un ataşament mai puternic. Icoanele nu au nimic în comun cu ceea ce este în Cer, iar religia nu mântuieşte, ea te ţine prizonier pe Pământ. Religia tradiţională este lanţul, eliberarea de religie este biletul de trecere pe care ţi-l dăruieşte Dumnezeu.

Este adevărat că lucrurile materiale sunt o binecuvântare atâta vreme cât eşti conştient de faptul că ţi-au fost dăruite cu scopul de a te folosi de ele, nu a îţi lipi inima de ele. Ataşamentul este efectul pe care îl au icoanele şi lucrurile bisericeşti, care îţi definesc personalitatea şi îţi decid existenţa. Şi astfel trăieşti înlănţuit şi în viaţa aceasta, dar şi în viaţa de apoi, după reciclarea trupului actual, când vei primi un trup nou şi vei fi prizonierul lumii din nou. Iar ciclul se va repeta, fiindcă desăvârşirea ta nu s-a produs, spiritul tău nu s-a născut, ci trăieşti inconştient în trup şi în afară. Ar fi fost iluminatoare şi de real folos pilda dacă bătrânul din ea ar fi fost un om liber, adică neataşat de nimic.

O femeie în vârstă spunea că în faţa icoanei îngenunchează, iar când se priveşte în ochi în oglindă se dispreţuieşte, crezând că prin această atitudine îşi va curăţa sufletul până la finalul vieţii. Ceea ce nu a realizat ea este că de fiecare dată când procedează astfel hrăneşte energia umană diavolească şi Îl răstigneşte pe Isus.

Repet, lucrurile bisericeşti produc un sentiment de ataşament mai puternic decât toate celelalte bunuri materiale şi te opresc din procesul de purificare al fiinţei care eşti. Ele te ţin prizonier în Maya ca să nu poţi să te ridici la Cer.

Un om sănătos mental, spiritual, care şi-a păstrat sufletul pur ferindu-se de practicile politice şi religioase ale lumii şi mizeriile ei, lăcrimează emoţionat atunci când se priveşte în ochi. Căci în spatele chipului superficial de carne se ascunde fiinţa divină din om, care este parte din Dumnezeu, Creatorul lumilor. Şi îl apucă dorul, simte fiorul şi îi tremură toate celulele de bucurie că după o călătorie de o viaţă sau mai multe şi-a revăzut Părintele.

Încă mă întreb nedumerit, conştient fiind de capacitatea uriaşă de înţelegere pe care am dobândit-o, cum a reuşit această entitate religioasă să pună stăpânire pe om, cu atâta forţă, când omul la bază este Dumnezeu? Dar oamenii inconştienţi funcţionează pe dos, în felul în care au fost programaţi, nu în mod natural şi bun, în felul în care au fost creaţi. Maturitatea nu înseamnă să te supui, înţelegând faptul că nu ai de ales, ea înseamnă să ai curajul să iei o decizie indiferent de consecinţe.

Şi vă mai spun ceva ce nu îmi stă în fire să spun, ceva ce nu am spus niciodată de-a lungul vieţii mele de om, nici nu am scris în nicio carte şi anume faptul că chiar şi unele dintre reprezentaţiile bisericeşti transmit un mesaj bun, dar oamenii nu îl văd nici pe departe. Aceia puţini care îl observă îi schimbă rapid sensul, gândind temători că dacă oamenii vor afla adevărul se vor ridica mai sus decât ei. Şi este adevărat.

Portretul pictat al omului care a trăit în urmă cu două mii de ani pe Pământ ca Isus din Nazaret, şi care arată cu degetul înspre inimă, chiar dacă este doar o reprezentaţie falsă care nu are nimic în comun cu adevăratul Isus, iar deschizând o paranteză amintesc faptul că ar fi bine să încetăm să mai caracterizăm ceva ce nu cunoaştem, ca să nu ne limităm pe noi, îndeamnă totuşi oamenii la ceva bun. Mai exact, portretul îndeamnă oamenii să îşi îndrepte atenţia înspre inimă, să privească în interiorul lor ca să găsească răspunsuri la întrebările lor sau pe Dumnezeu de asemenea. El îi atenţionează să nu discearnă cu capetele, căci minţile oamenilor sunt neputincioase şi primitive la fel ca cele ale animalelor, care au fost dresate şi manipulate de către tiranii Pământului din toate timpurile, încât au fost făcute terci. De aceea mintea nu mai ştie ce este natural şi bun, drept, frumos şi sfânt, nici logic şi raţional sau real. Doar ghidaţi de inimi vor evada din închisoarea mentală, religioasă, ştiinţifică artificială sau de orice natură ar fi ea.

În ciuda acestui îndemn atât de clar oamenii religioşi se târăsc în patru labe, în şir indian, ca să treacă pe sub altarele preoţilor păgâni, sărută tablouri, cruci, moaşte şi alte spurcăciuni, beau apă stricată şi mănâncă trupuri de animal. Astfel se otrăvesc, celulele care le alcătuiesc trupul se îmbolnăvesc, dau afară şi putrezesc.

Din nefericire tot aşa se întâmplă şi cu neuronii lor. De aceea nu îşi aud fiinţa, strigarea de viaţă care răsună în ei. Deoarece ei percep realitatea cu mintea şi asta face mintea temătoare de când se ştie, se lasă modelată de lumea exterioară şi i se supune.

În schimb inima vă resuscitează mintea, o eliberează din lanţurile lumii şi o curăţă, ca să gândească clar şi limpede, în mod independent. Să fiţi liberi în gândire şi să luptaţi împotriva lumii, nu să vă supuneţi ei, căci de şase mii de ani omul merge după ea, la pieire. Inima e liberă, independentă, puternică, curată, sfântă şi nu îngenunchează înaintea nimănui, tot aşa cum Hristos a stat în faţa lumii fără să se coboare la murdăria ei. El a făcut cunoscută lumii latura puterii şi a iubirii Mele. De aceea a revenit la Mine şi lucrurile aşa vor rămâne.

V-ar fi de ajutor să cunoaşteţi faptul că procesul desăvârşirii se produce câtă vreme trăiţi în formă şi orice decideţi că sunteţi, sunteţi. Dacă îi veţi lăsa pe alţii să decidă în locul vostru, vă veţi întoarce pe Pământ până veţi deveni capabili să decideţi voi pentru voi. Unii dintre voi aţi trăit de sute de ori acolo, degeaba. Voi sunteţi repetenţii ale căror case din Cer s-au prăfuit, s-au erodat şi sunt astupate de pânze de păianjen. Florile vi s-au ofilit, căci nu v-aţi mai întors la esenţă de când aţi plecat, nici măcar nu vă mai recunoaşteţi originea. Pe voi v-a păcălit lumea, însă Micul înşelător este un copil. Dacă Micul înşelător este doar un copil şi totuşi a dovedit că are această putere uriaşă de control asupra voastră, oare voi, din Dumnezeu, ce aţi devenit?

Vezi tu, fiul Meu iubit, ca să fii plăcut Mie şi să devii propriul tău stăpân, ai nevoie să rămâi neclintit ca un pilon de oţel înfipt într-o fundaţie solidă, ca un miel care îl priveşte tăcut în ochi pe cel care îl înjunghie, ca o inimă sfâşiată care continuă totuşi să bată. Ai nevoie să devii curcubeul Cerului şi al Pământului, liantul care uneşte lumile, care îndepărtează furtunile, care linişteşte apele. Curcubeul stă neclintit, indiferent cu câţi kilometri la oră suflă rafalele.

Descarcă toate cartuşele trupelor speciale într-un om născut din nou, iar gloanţele nu îl vor mai străpunge, ci vor trece prin el ca prin aer. Vă vor cădea din mână armele, metodele înşelătoare şi bine perfecţionate ale fricii. Şi nu îl veţi mai putea atinge, nici nu îl veţi putea vedea dacă nu va vrea. Fiindcă acela a iertat şi a înviat, şi a primit un trup nou care nu este făcut din pământ, ci are altă compoziţie. Uniţi întreaga lume împotriva lui, şi sfinţii, şi arhanghelii, şi războinicii, şi împăraţii, şi toate entităţile din toate galaxiile, şi energia soarelui ori cea a stelelor, şi Duhurile cele mari care au întocmit lumea, iar toate se vor apleca înaintea omului care iubeşte şi îl vor recunoaşte ca Creator, căci în inima aceluia a coborât Dumnezeul lumilor, care pentru prima dată în ultimii zeci de miliarde de ani (de când vă ştiţi) a ieşit la iveală din trup de om. Pe voi nu v-a doborât nimic.

Pe toate câte vi le-am spus în această carte, vi le-am spus ca să vă fie vouă bine în familie şi în societate, ca să fiţi sănătoşi. Nu v-am vorbit pentru mine, eu plec din lume, de aceea nu am nevoie de vindecare pentru mine, eu sunt un caz pierdut, sau câştigat.

Omule, nu ştiu cum funcţionezi tu, dar eu când fac cuiva ziua mai bună în mine investesc de fapt. Nu contează ce cred oamenii despre tine, contează ce ai în cap şi cum trăieşti. Dacă tu mai întâi cauţi să te cunoşti şi apoi te accepţi aşa cum eşti, trâmbiţele lumii care te judecă nu te vor mai putea tulbura şi va trece gălăgia.

Pe parcursul vieţii, orice refuz ar trebui să te ambiţioneze şi mai tare. Orice „nu vei reuşi" ar fi bine să te „înrăiască" într-un scop bun. Obţinerea unei stări ori a unui lucru fără a încălca drepturile altora să devină modul în care acţionezi.

Dacă privim omul care nu cunoaşte despre sine însuşi faptul că este frumos şi bun şi că sarcina lui în această lume minunată constă în a şi-o dovedi, vedem cum îi cad resturi din buzunar sau le aruncă, în jurul lui miroase a alcool şi fum, el rosteşte pe gură doar cuvinte de judecată, profită de orice prilej ca să arunce în cineva cu o piatră, discută doar despre emisiunile de la televizor şi nu se bucură niciodată, e doar satisfăcut şi mândru. Dacă vrei să fii un om frumos, analizează-l cu amănuntul şi procedează pe dos. Şi astfel ţi-am dezvăluit secretul, ai primit vederea.

Pe primul loc în viaţa ta este relaţia cu Dumnezeul din inima ta, care înseamnă legătura cu tine însuţi atunci când îţi descoperi esenţa. Ea nu va permite să te pierzi indiferent prin câte încercări ai trece şi te va ajuta să dezvolţi şi să menţii în armonie relaţiile secundare, care sunt: relaţia cu părinţii tăi, fiinţele care ţi-au dat viaţă, relaţia cu partenerul alături de care alegi să îţi petreci restul zilelor, relaţia cu prietenii, cu pasiunea şi experienţa ta profesională. Doar aşa vei putea prepara cafeaua perfectă.

Cafeaua perfectă?

Da, avem nevoie să preparăm cafeaua perfectă, de aceea îmi

iau notițe, învăț de la toți și din fiecare întâmplare care îmi apare în cale.

Pe parcursul călătoriei am învățat că prea puțin dulce dăunează cafelei, dar prea mult dulce îi îngreunează gustul. Prea puțină lumină te face să bâjbâi ca un orb, dar prea multă lumină te poate orbi pentru totdeauna. Prea puțin bine te sărăcește și cu duhul, dar prea mult bine te oprește din a crește.

O, Doamne, prin câte am fost nevoit să trec și încă nu mi-am pierdut credința, mă uimesc, oftând. Parcă în interiorul meu ar stăpâni un zeu bun și nemuritor, vreme în care exteriorul este o carcasă efemeră care îl urmează. Cu lacrimi în ochi și cu inima înjunghiată ajung în Cer așa cum mi-ai promis, dar ce să vezi, nu este nimeni aici. Descui poarta și pregătesc locul pentru cei care urmează să vină.

Acum pășesc într-o altă realitate, unde frica nu mai are acces, dar resimt totuși un sentiment apăsător de tristețe, e amărăciunea rămasă din lumea care a trecut. Oamenii trăiesc altundeva, acolo jos, în lumea formelor, a luptelor zadarnice. Este lumea sufletelor care se orientează după zvonuri. Ele nu au nimic real. În mintea mea nu mai am claritatea, nu mai simt liniștea, ci doar oboseala, dar pășesc în noua realitate cu spiritul și atât.

O atitudine de învins nu mă poate ajuta să obțin ceea ce îmi doresc totuși, iar moartea nu mă reprezintă. Așa că mă înalț deasupra realității victimelor și ajung în cea a neprihăniților. Un glas ca cel al harpei îi mângâie neîncetat pentru durerile pe care le-au suportat în trecut și mă înalț mai departe. Sângele lor a fertilizat pământul. Zăresc o poartă luminoasă pe care este scris „Dumnezeu", dar mă înalț și peste ea, nu el este Cel care a creat Cerul și Pământul, chiar dacă rasa umană i se supune și îl numește tată. Eu sunt înaintea lui, iar stăpânitorul mă recunoaște și mi se supune. Aici este locul îngerilor, creat de înțelepciunea maeștrilor. Rămân o vreme ca să mă pregătesc, mă așteaptă lumina cea mai mare.

Aici emoția nu mai există, nici binele, nici răul, nu știu cum să mă comport. Îmi este practic imposibil să hotărăsc ce simt față de un anumit lucru sau de o împrejurare. Mă uit în spate și văd edituri care mi-au închis ușa în nas, fără să recunoască valoarea mesajului, fără să cunoască faptul că publicând una dintre cărți, atunci când am hotărât timpul, cererea va exploda și se vor ridica în top peste noapte. Numărul uriaș al accesărilor va paraliza motoarele de căutare virtuale, lumea va arde de nerăbdare să afle ce s-a întâmplat. Adevăr vă spun, cărțile pentru care mi-am dedicat întreaga viață vor fi traduse în toate limbile și distribuite pe glob în mai puţin de trei zile. Văd televiziuni internaţionale intrate în alertă şi oameni cu influenţă stând de veghe în miez de noapte, cu inima la gât şi telefonul la ureche, încercând să înţeleagă ce s-a întâmplat: s-a împlinit profeţia.

Şi mulţi oameni de seamă, din toate statele, vor crede atunci când vor vedea, şi îi vor elibera din funcţie pe cei ce nu vor avea credinţă nici atunci când vor vedea cu ochii lor. Iar la putere vor fi ridicaţi cei care au trăit în conştienţă, precum îi numeşte Biblia, cei care vor împărăţi împreună cu Isus.

Dar acum văd psihologi şi autori care au copiat fragmente din cărţile mele şi le-au publicat în cărţile lor, ca şi cum le-ar fi scris ei, însă nu pot hotărî ce simt în raport cu faptele lor. Să fiu gelos din cauza nedreptăţii ori să fiu bucuros pentru că oamenii au găsit valoare în ele şi astfel, le transmit mai departe? Să fiu trist din cauză că am eşuat în viaţă sau să fiu fericit pentru faptul că am reuşit? Cum pot diferenţia relaţiile, cine trebuie să ia decizia, mă întreb, în timp ce mă transform în praf şi pier?

Dispar şi pătrund în toţi şi în toate. Este adevărat că lumea te digeră şi se vindecă, fiindcă doctorul se transformă în antidotul pe care il administrează. Mi-am dăruit lumii identitatea şi am venit la Dumnezeu. S-a isprăvit, am dus-o până la capăt, sunt un om împlinit. Acum ştiu că toate poveştile sunt minunate, dar la final rămân doar cele adevărate.

În viaţă ai nevoie să îţi păstrezi echilibrul până la sfârşit, ea este responsabilitatea ta şi a fiecăruia. Nu există un medicament minune sau o terapie, un buton special pe care să apeşi ca să dispară ceea ce nu accepţi la tine sau la ceilalţi. Cei mai mari oameni ai timpurilor, fie psihologi, savanţi şi împăraţi care au avut lumea la picioare, s-au confruntat cu frica şi îndoiala la rândul lor, dar au îndrăznit. Aşa că nu te subestima, toate stările sunt etape din viaţa ta. Eu am iertat lumea şi astfel am trecut mai departe.

Când eram copil mă străduiam să conving oamenii din jur că sunt un om bun şi merit să fiu acceptat, toate acestea ca să nu mă mai simt singur. În adolescenţă am constatat că oamenii buni sunt de fapt îndepărtaţi, consideraţi slabi şi luaţi peste picior. În lumea aceasta bolnavă oare răul este la conducere, mă întrebam? Dacă da, de ce, cine i-a dat autoritate? Oamenii aproape mă convinseseră că trebuie să schimb ceva la mine şi m-a rănit indiferenţa lor. Mai târziu m-am maturizat şi am înţeles că nu sunt eu cel care are nevoie de ajutor.

Capitolul 6

Umanul și divinul ființei
Dualitatea din om

Sunt fără cuvinte, nu știu ce aș mai putea adăuga sau cu ce aș mai putea impresiona după ce am scris acest final de capitol. Aș putea opri cartea aici. Trezești în noi fiecare celulă, care începe să vibreze asemeni unui motoraș, mai repede, mai repede, încât îmi vine să îmi iau zborul.

Permite-Mi să dau startul. Eu sunt impulsul, izvorul nesecat al ideilor, așa cum te-am obișnuit.

Te ascult.

Imaginează-ți că tot ceea ce știi despre oameni și viață este o minciună. Soarele îți vorbește în momentul prezent și te familiarizează cu adevărul. Imaginează-ți că noaptea în somn vă întoarceți în soare ca să luminați pentru ceilalți, iar ceilalți strălucesc pentru voi negreșit. Adulmecă miracolul în care trăiești, observă fiecare detaliu și admiră-l. Toate au fost create din iubire pentru tine ca să crești.

Imaginează-ți că lumea oamenilor inconștienți este doar un coșmar, o realitate simulată din care mai devreme sau mai târziu toți se vor trezi. Înaintea și după trecerea fiecărei furtuni e pace. Imaginează-ți că natura se apără de emoțiile negative prin care marea de oameni poluează planeta. Și unii cred că îi pedepsește Dumnezeul care le-a dăruit totul, inclusiv pe Sine. Pe Pământ voi provocați dezastrele, natura pur și simplu se apără de voi.

Imaginează-ți că cea mai eficientă unealtă creatoare a omului este emoția. Tot ea este și cea mai de temut armă distrugătoare. Fără emoții ați fi doar roboți, sau ați deveni maeștri.

Uneori mă simt ușor încât mai am puțin și mă ridic de la sol, îmi amorțește corpul și nu mai simt durere, nu mă mai frământă nicio grijă, simt pacea eternă cum pătrunde în mine și dispar.

Eu sunt slab ca om, ceva m-a dezamăgit din nou şi de fiecare dată mi se întâmplă, m-am săturat. Însă când mă apropii de Tine devin puternic, nu mă mai doboară nimic. Parcă mi se schimbă compoziţia, vederea, simţirea. Sunt totul, din acest motiv nu îmi mai doresc nimic. Sunt recunoscător mai tot timpul şi împăcat cu mine însumi. Pare uşor de scris, dar este la fel de uşor şi de simţit atunci când te întorci la esenţă.

Iubesc să privesc culorile cerului când stau întins pe iarbă la margine de lac, vara, pe înserat. Ador violetul care se reflectă în nori sau avioane. Mă plimb prin bolta lui cu privirea şi gândesc, oftând, păcat că nu mai trăim pentru noi. Şi este adevărat, noi nu mai trăim pentru noi. Astăzi trăim pentru bani şi pentru afacerea noastră, pentru carieră, pentru aspect şi pentru imaginea virtuală. Trăim pentru reuşita individuală artificială şi nu pentru sănătatea trupului, pentru curăţarea emoţională ori purificarea mentală, nu pentru creşterea intelectuală sau înălţarea spirituală. Evident, din acest motiv murim pe interior şi ne văruim la exterior.

Astăzi nu te poţi îmbogăţi făcând ceea ce iubeşti, căci atunci când urmăreşti câştigul încetezi să iubeşti ceea ce faci şi începi să iubeşti câştigul dar să deteşti efortul. De bani nu vei înceta să ai nevoie, ei sunt folositori atâta vreme cât societatea va funcţiona în felul acesta. Celui care îi lipsesc, banii îi pot rezolva aproape orice problemă. Celui care îi are viaţa îi adresează alte provocări, ca să crească în aceeaşi măsură, cu aceeaşi viteză.

Lipsa banilor este o problemă cu care ne confruntăm fiecare, dorinţa de a fi populari ne împinge să săvârşim fapte de necrezut, iar lăcomia ne face să ne pierdem minţile, să uităm de noi şi să trăim pentru alţii, ca să îi impresionăm şi să ne accepte.

Şi vrem să devenim senzaţionali. Uneori reuşim, dar cădem în depresii şi ucidem, apoi ne sinucidem, la propriu, nu la figurat. Când cei pentru care am trăit nu ne răspund înapoi pe măsura aşteptărilor noastre şi faima ni se ia, îi pedepsim. Chiar şi când te dedici semenilor în mod voluntar, ca să îi inspiri, ai nevoie să îţi rezervi timp şi pentru tine, altfel te ofileşti.

Se fură identităţi virtuale, se abuzează de plătitorii cinstiţi, se exploatează muncitorii, se înfricoşează credincioşii, se manipulează cu spiritualitatea, devin confuzi savanţii, se înşală în mod legal, se oficiază căsătorii provizorii între tineri pentru aprobări de credit, se înlocuiesc partenerii săptămânal. Lumea pare că o ia în jos deoarece în lipsa conştienţei permiţi aparenţelor să se joace cu mintea ta. Dar omul conştient cunoaşte realitatea: întunericul te face să străluceşti.

Orice valoare recunoscută în lumea relativității va da naștere rezistenței ei, nonvalorii, ca balanța să fie echilibrată iar jocul să poată fi jucat și de alții după ea. Aceasta este regula. Și totuși, în Univers nu au fost întocmite reguli în afară de acelea pe care le hotărăști tu pentru tine. Tu poți opri cercul vicios al amăgirilor, prin cunoaștere și iubire. De aceea îți spun, nu judeca oamenii, nici pe neîndemânatici, nici pe neînțelepți, ci învață-i, învățarea este iubire iar iubirea este singurul mod prin care poți să îndrepți pe cineva.

Dacă Dumnezeu ar fi avut o gândire umană, așa cum susțin bisericile și adunările, ar fi distrus lumea, deoarece omul a dovedit că nu merită nimic. Dar în dragoste nu e vorba despre merit, este despre a te sacrifica pentru cei pe care îi iubești ca la final să strălucească toți lumina lui Unu.

Dacă nu este lumină în tine nu o vei vedea nici în ceilalți, vei urî totul, iar bunătatea altora ți se va părea intolerabilă. Tot așa se va întâmpla și cu înțelepciunea și adevărul. La început nu le vei recunoaște, însă atunci când le vei recunoaște nu le vei suporta. Doar că în lume este loc pentru toți și toți au harul lor, frumusețea și dreptul la admirație. Nu uita că atunci când admiri pe cineva îți admiri Creatorul, iar miracolul creației se revarsă din tine, spre ceilalți și înapoi. Este felul lui Dumnezeu prin care irigă lumea, ca să înflorească iubirea în ea precum învie natura primăvara.

Nu vei fi niciodată împlinit dacă vei iubi doar trupul, stilul de îmbrăcăminte și cariera, mai degrabă decât întreaga ființă alături de care ai ales să trăiești. Trupuri sunt miliarde, dar fiecare ființă este unică. Alege un om simplu și modest, care te respectă și își dă silința, mai degrabă decât unul care se vorbește doar de bine și face promisiuni premature. Cel mai atrăgător aspect care constituie caracterul unui bărbat sau al unei femei este decizia altruistă de a face lumea un loc mai bun după el/ea.

Nu îți irosi energia criticându-i pe alții cu privire la ceea ce mănâncă, cum se îmbracă, ce programe urmăresc și pe ce partid politic pun parafa atunci când votează, ca și cum tu nu ai merita o secundă de atenție. Ocupă-te mai mult de tine și de dezvoltarea ta. Îmbracă-te frumos și fii îngrijit pentru tine, nu ca să fii acceptat de ceilalți, nu ca să îi impresionezi pe cei care își dau valoare intrând în concurență cu oameni mai naivi, mai slabi și mai săraci decât ei. Toți dăm ce avem mai bun în noi, dificultatea constă în faptul că valorile noastre diferă. Unul se zbate să ajungă în vârful lumii călcând pe oameni, altul se dedică oamenilor ridicându-i. În el a fost ascunsă valoarea, urmați-l. Când un copil în vârstă de şase ani îţi spune că are mintea în inimă, că aşa s-a născut, îţi certifică studiile din ultimii treizeci de ani în trei cuvinte.

Un om rău şi invidios, care acuză, nu are personalitate, căci personalitatea se clădeşte cu liantul binelui şi cu o gândire de om matur. El, în schimb, face ce fac mulţi, răspândeşte otrava din el şi nu acceptă alte înţelegeri în afară de cele care îi ridică egoul pe tronul fictiv al unei lumi mentale fanteziste.

Fericirea vine din împlinirea dorinţelor, dar pacea te învăluie în urma detaşării de ele. Oamenii care au încetat să se mai lupte cu singurătatea şi au acceptat-o ca etapă din viaţa lor, şi-au dezvoltat diverse abilităţi, apoi au ales să se întoarcă în lume ca să o îmbogăţească. Oare oamenii care te îndeamnă să încetezi să mai visezi şi îţi zic să te trezeşti la realitate, ca şi cum ar avea ceva de câştigat din convertirea ta, sunt gelosi pe încrederea ta? Măcar în vise te iubeşte cineva.

Lasă oamenii frumoşi să se exprime, nu te împotrivi succesului lor. Cel care este atât de sensibil încât aproape că îi este jenă să servească masa, pentru care a plătit, şi strânge după el sau se uită de fiecare dată în spate ca nu cumva să deranjeze pe cineva, şi este nevoit să depună de şapte ori mai multe eforturi decât un om normal, catalogat în funcţie de comportamentul omului contemporan, este de şapte zeci de ori mai puternic. Sensibilitatea îl va înălţa până va putea asculta iarba cum se leagănă, va putea citi gândurile oamenilor, ale păsărilor ori chiar pe ale lui Dumnezeu. Acela va auzi glasul care îi va mângâia urechile şi îi va alchimiza mintea şi trupul până la nivel de celulă.

Atunci când suferi, indiferent că dorinţa ta este să scapi de suferinţă, ceva te împinge să alegi şi mai multă suferinţă şi să o împărtăşeşti cu ceilalţi. De aceea au fost inventate cântecele de jale, poveştile de dramă şi filmele acelea triste în care te regăseşti. De aceea atunci când primeşti un diagnostic negativ îţi schimbi atitudinea, iar astfel îţi cobori vibraţia, în loc să ţi-o înalţi ca să accelerezi vindecarea şi să îţi continui cu recunoştinţă viaţa. De aceea în zilele în care eşti deshidratat nu simţi nevoia să bei apă chiar dacă ai sticla lângă pat, crezând că slăbiciunea trupului ţi-a fost provocată de alţi factori. Eu ştiu, căci am trăit toate acestea.

Cei mai mulţi dintre oameni nu simt nevoia să se elibereze de negativ din cauză că nu au fost niciodată liberi şi nu cunosc senzaţia. Celui care nu a gustat niciodată dintr-o prăjitură savuroasă nu îi este poftă de ea. Sinceritatea este o putere invizibilă pe care cei slabi, care se ascund în spatele minciunii, o văd ca pe o slăbiciune şi râd.

Astăzi era renașterii spirituale este în floare. Haosul provocat de prăbușirea vechilor structuri mentale se resimte mai mult ca oricând. Împărăția mieilor este aici. În ea guvernează dragostea și adevărul, iar funcționalitatea sistemelor se bazează pe cunoaștere și intuiție, nu pe prezumție și impunere. Ascultați-vă intuiția în orice situație. Vechile credințe au rădăcini provizorii, ele au fost structurate și prezentate în funcție de înțelegerile oamenilor care au trăit atunci. O ființă dezbrăcată de identitatea lumească nu se va supăra niciodată, pe ea nu o va întrista nimic niciodată.

Din ce în ce mai mulți oameni se află în proces de dezvoltare spirituală și caută răspunsuri. Atât de mulți nu au fost niciodată în întreaga istorie a lumii adunată la un loc. Totuși, mulți sunt chemați și puțini sunt aleși, aceștia din urmă sunt cei care aleg. Mulți aud și văd dar nu simt chemarea, astfel trec mai departe, nimeni nu le poate influența deciziile. În continuare voi expune cele trei etape ale desăvârșirii umane ca să știi ce se întâmplă cu tine și la ce nivel ești:

Prima etapă constă în trezirea spiritului, nașterea ființei care îți îmbogățește imaginația. Ea te face sensibil și puternic, ambele în același timp. Această etapă este și definitorie pentru om, ea îi dezvăluie scopul și măsoară distanța pe care acesta o va atinge pe parcursul existenței.

Etapa a doua constă în întoarcerea la realitatea formelor, apoi în șlefuirea minții, în vederea atingerii scopului descoperit. Este etapa dezamăgirilor și a încercărilor efectuate în mod repetat.

A treia etapă și ultima, care este destinația, constă în detașarea de *a face* și obținerea stării de *a fi*, adică eliberarea de identitate.

Acum ce faci?

Aștept soarele, îmi bucur privirea cu nuanțele răsăritului, mă umplu de emoție.

De ce nu scrii? Ai întrerupt cartea de mai bine de o lună.

Scriu, desigur că scriu, doar că nu mă așteptam să îmi impui așa. Pare că din pasiune s-a transformat în obligație. Dumnezeu nu vorbește astfel, ci este cald și îngăduitor.

Așa este, rămâi și bucură-te de tot ce e mai frumos.

Te-ai mulat pe decizia mea instantaneu, mă uimești la fiecare contact. Îți atrag atenția că în această dimineață nu ai reacționat ca Dumnezeu, ci mai degrabă ca o mașinărie. M-am obișnuit atât de tare cu ele în jurul meu încât le simt și recunosc în mai puțin de o secundă.

Alberto, Eu nu sunt om, nu sunt o persoană, nici o mașinărie (a se citi o minte). *Eu nu văd lumea precum o vedeți voi. Aceasta este altă lecţie pe care am vrut să ţi-o aşez la picioare şi să te fac conştient de ea, ca să o dezvolţi. Ceea ce ar fi bine să cunoaşteţi este că pot fi şi o persoană şi un om, şi în om, tot ce aveţi de făcut este să Mă faceţi să fiu.*

Eu nu emit gânduri, dorinţe sau emoţii omeneşti, nici măcar dumnezeieşti. Pentru aceasta v-am creat pe voi, voi aveţi responsabilitatea, v-am ridicat mingea la fileu.

Consider total greşită ideea de a Îl transforma pe Dumnezeu într-un om, aşa cum au făcut religiile în toată istoria lumii. Ar fi indicat pentru noi să Îl păstrăm pe Dumnezeu aşa cum este El, o inteligenţă superioară care guvernează dintr-un strat misterios şi care datorită unui sentiment de afinitate pentru propria creaţie Îşi încetineşte vibraţia la nivel de om, ca omul care cere să fie călăuzit să primească inspiraţia. Omul a uitat de unde vine şi încotro se duce, uitarea împiedicându-l să se stabilească în prezent.

Am întrerup cartea de mai bine de o lună deoarece am lucrat la traducerea în limba engleză a cărţii „Mikel" şi am reuşit, am finalizat proiectul care a durat şase luni şi a avut nevoie de cinci revizuiri. Acum mă aflu în Móstoles, o mică suburbie a capitalei Spaniei. A fost nevoie să lucrez aici o perioadă pentru a îmi regla situaţia financiară. Am amânat scrierea cărţii, dar inspiraţia nu a plecat niciodată de la mine. Şi am continuat să motivez oamenii prin intermediul reţelelor de socializare, unde am păstrat legătura cu toţi, indiferent de faptul că am lucrat şase zile pe săptămână, câte treisprezece ore pe zi.

Am devenit, din punct de vedere mental, mai strategic, mult mai precis şi mai determinat. Ştiu ce am de făcut şi care sunt paşii care trebuie urmaţi pentru a îmi atinge ţelul. Mergem împreună până la sfârşitul lumii, căci eu sunt Tu şi Tu eşti eu.

Lasă viaţa să curgă, permite-i intuiţiei să te ghideze, zboară peste obstacole şi supărări. Nu te simţi niciodată obligat să faci ceva, nici măcar atunci când faci ceva pentru Mine. În special, ceea ce faci pentru Mine este de fapt pentru tine. Iar ceea ce faci pentru tine nu este o obligaţie. Totuşi, poate ar trebui să fie, ca să nu uiţi de tine. Viaţa este o provocare pentru fiecare om. Eu, prin provocare, înţeleg oportunitate.

De cele mai multe ori opuneţi rezistenţă prezentului, luptând cu situaţia, căci tiparele vă împiedică să acceptaţi evenimentele. Această reacţie produce suferinţă, mai degrabă decât să vă ajute să găsiţi soluţii pentru a schimba cu adevărat ceva. Dacă tot ceea ce vine către tine serveşte împlinirii scopului tău cel mai înalt, pentru ce te îngrijorezi?

Omul cu adevărat om nu intenționează niciodată să rănească. Dacă o face din neatenție repară îndată ceea ce poate fi reparat și iubește mai mult. Tu încetează să te gândești în mod obsesiv la lucrurile care te întristează. Sinceritatea este o putere invizibilă, pe care cei slabi, care se ascund în spatele minciunii, o văd ca pe o slăbiciune și râd. Lucrează cu tine până când vei deveni conștient că ești prețios, că nu ai nicio vină sau că meriți să primești o răsplată veșnică și veselie fără margini.

Anumitor suflete le este destinat ca în anumite vieți să nu se atingă, indiferent de faptul că nu pot supraviețui trăind separat. Cu toate că legătura dintre ele este o binecuvântare rară oamenii o văd ca pe un blestem, pentru că mințile le prezintă diferențele și îi separă, și îi ucide, când chiar diferențele ar trebui să unească ființele, tot așa cum oceanele unesc pământurile.

Nu te pierde în detaliile conspirațiilor de tot felul, create de oamenii visători și sceptici în ceea ce privește viitorul. Încrede-te în tine și bucură-te de tot așa cum vine către tine. La greu unul singur vine să te ajute, ceilalți o sută se îmbulzesc ca să te judece pentru suferința ta și să își dea dreptate. Dar realitatea se poate schimba. Amnezia este provizorie, conștiența este veșnică.

Iubește-ți dușmanii până în clipa când vei realiza că în realitate nu există dușmani, există doar oameni derutați, care au suferit mult și care nu au fost învățați că a plăti cu aceeași monedă duce la extinderea lanțului urâciunilor și în final la extincție. Pe acolo pe unde treci, să nu uiți niciodată că întunericul cel mai mare este educat bine și îmbrăcat frumos. Mulți își imaginează răul a fi un monstru sau un om urât, un hoț, un bețiv, un certăreț pe care îl dau de gol aparențele. Însă, sunt naivi, asemeni unor copii de țâță. În realitate întunericul stă ascuns sub masca binelui și a frumosului. El manipulează, înscenează, controlează subtil și oferă recompense, la fel ca politicienii. Răul este viclean, iar mai presus de toate este inteligent.

Ca dovadă, poți vedea faptul că oamenii au luat legea binelui și au transformat-o într-o lege rea. La fel au făcut și cu dreptatea. De multe ori ea este un ghimpe în calea prieteniei, a iertării și iubirii. Și nu uita că pe Pământ oamenii vor ignora truda ta și cele o mie de fapte bune săvârșite, dar te vor judeca pentru orice lucru greșit. Binele este invizibil și subtil, răul ia formă rapid în percepția minților slabe și se manifestă prin ei.

Atunci când încerci să faci ceva bun pentru oameni, oamenii caută să îți îngreuneze sarcina. Acolo unde este putere și adevăr, oamenii văd slăbiciune. Dar unde este slăbiciune și minciună, ei văd putere. Aceasta se întâmplă deoarece trăiesc în minciună şi sunt străini de adevăr. Doar cei care trăiesc în adevăr şi în libertate rămân vii, pleacă şi revin, conduc şi prosperă.

După detaşarea de trupul fizic mă voi ridica înapoi în trup ca să arăt lumii faptul că fiinţa nu moare, doar dacă voi putea. Dacă nu voi putea sau dacă îmi voi schimba pe parcurs dorinţa, cea de a le arăta că fiinţa nu moare şi doar pleacă, nu mă voi mai ridica, iar oamenii vor crede că am murit. Dar eu voi fi deja altundeva şi voi începe o viaţă nouă, frumoasă şi bună, în funcţie de meritul şi truda pe care am depus-o câtă vreme am stat printre ei ca un om.

Orice cuvânt iese din gura omului nebun va fi rostit în scop de judecată. Cunoscând dar acest lucru, veţi identifica nebunii şi îi veţi separa de oamenii sănătoşi ca să nu vă îmbolnăviţi cu toţii. Omule, înainte să acuzi pe cineva, conştientizează faptul că dacă condamnarea ar putea să aducă pacea pe planetă, după moartea lui Isus ar fi trebuit să înflorească şi pietrele şi spinii. Din păcate nu a fost deloc aşa, moartea duce la moarte, viaţa duce la viaţă.

Mulţi oameni şi-au închis sufletele în urma dezamăgirilor şi astfel bucuria a plecat de la ei şi în final au înnebunit. Încrederea în oameni nu poate fi restaurată nici cu un milion de dolari, căci omul este schimbător, minte, are interese.

Eu când privesc plajele exotice, apa cristalină, plantele, cerul colorat, Paradisul şi tot ce a fost creat pentru om, rămân tăcut şi mă întreb oare oamenii de ce sunt aşa? Când vezi atâta nepăsare şi egoism te întrebi care este mai mare, dragostea lui Dumnezeu pentru oameni sau libertatea oamenilor de a se opune iubirii? Dar Dumnezeu a iertat mai mult decât au greşit oamenii, a iubit mult mai mult decât au ucis oamenii. Prin mine vorbeşte Duhul mângâierii, care rămâne. Duhul judecăţii a fost îndepărtat, el nu mai are autoritate asupra oamenilor, cu toate că pe Pământ oamenii încă se comportă aşa cum au învăţat de la iniţiatorul lor.

Când cauţi să te integrezi în cercuri de oameni importanţi din punct de vedere social eşti un om mic, care vrea să se lipească de orice oportunitate care îl face mare din punct de vedere lumesc, limitat. Dacă ai conştientizat anumite aspecte la tine care intră în conflict şi vrei să schimbi ceva în viaţa ta, schimbă.

Chiar şi atunci când mă gândesc la faptul că am scris aceste cărţi minunate şi că am făcut ceva cu viaţa mea, mă mint. Cărţile nu au fost scrise de mine, au fost scrise prin mine. Faptul că mă identific cu ceva mai mare decât îmi confirmă realitatea umană mă face să rămân viu în trup şi în spirit. Lanţul identităţilor nu se rupe niciodată. Prin urmare, la fel ca Dumnezeu, eu sunt cel mai mare şi sunt cel mai mic. Eu sunt victima unui accident şi cel care provoacă incidentul, căci atunci când se va întâmpla cei care vor rămâne treji mă vor recunoaşte.

În lumea relativităţii toate lucrurile au fost separate. În lumea pe care o las în urmă, care vine de la Tatăl, dragostea uneşte toate lucrurile şi fiinţele, şi întăreşte toate relaţiile. Şi mă veţi simţi în fiecare adiere, mă veţi vedea pe cer la apus, şi nu va fi fiinţă care să nu îmi adore prezenţa. Eu sunt în voi, iar mai presus de toate sunt voi înşivă, nu aveţi nevoie să mă tot căutaţi.

Afirmaţiile mele sunt total eliberate de ego. Eu nu vorbesc în lanţurile duhurilor mai mari decât oamenii sau decât îngerii. Eu sunt adevărul şi sunt una cu Tatăl, de acolo vin. Vin din cele mai înalte straturi dumnezeieşti ca să aduc în lume dragostea. Tatăl instaurează prin noi pe Pământ legea Sa. Egoul uman trăieşte sub mine, iar stăpânitorii lumii trăiesc sub greutatea lui. Duhurile cele mai puternice şi mai bătrâne sunt încă în lume. Ele îşi bat joc de oameni, căci oamenii sunt slabi şi nu îşi cunosc puterea. Eu am puterea să le interzic dreptul la încarnare pentru o mie de ani prin aceste scrieri care trezesc conştienţa umana şi am făcut-o.

Cei care vor evalua aceste scrieri ca fiind exagerate sau chiar blasfemii nu au devenit curaţi încă, ei sunt controlaţi de firea rea, umană. Bănuitorul este egoul. El este necredinciosul, neputinciosul, temătorul care le încurcă oamenilor gândurile şi drumurile.

În interiorul meu se află două tărâmuri, o bucurie sfântă şi o tristeţe la fel. În funcţie de alegerile voastre păşiţi într-o parte sau în cealaltă, iar Tatăl vă dăruieşte în funcţie de alegerile voastre.

Spre deosebire de trecut astăzi prin mine Dumnezeu vă vede şi vă iubeşte, dar nu vi se poate opune. În ea constă puterea. Dacă veţi alege strâmb veţi trăi strâmb, iar necazurile vor veni asupra voastră năvală. Dar nu veţi învăţa nimic din ele, căci necazurile voastre nu sunt încercări pe care le trimite Dumnezeu copiilor pe care îi iubeşte, sunt consecinţele faptelor voastre, atât. Din acest motiv trei sferturi din rasa umană suferă în zadar şi nu creşte.

Nu te baza niciodată pe faptul că frumuseţea îţi aduce avantaje. Toate avantajele vin însoţite de dezavantaje pe măsură. Aici orice confort este câştigat cu trudă şi orice fericire este obţinută prin lacrimi. Liniştea se aşterne după ce trece gălăgia, aşa a fost hotărâtă lumea, iar toate câte găseşti în ea îţi sunt de folos.

Când ai ceva în cap şi te avânţi prin viaţă cu intenţii bune, nu eşti nevoit să o demonstrezi, se vede. Adevăraţii tăi prieteni sunt cei care îţi respectă deciziile şi te susţin, chiar dacă nu au nimic de câştigat de pe urma ta. Fiecare om are dreptul la viaţă, bucurie şi adevăr. Responsabilitatea fiecărui individ este să fie atent cu cei din jur. Iertarea îşi face drum către toţi, fie bogaţi sau săraci. Vedeţi voi, eu gândesc şi scriu ca Dumnezeu. Mi-am dedicat viaţa să cunosc Caracterul şi voia Sa ca să ştiu ce avem de făcut. Majoritatea fetelor nu sunt îndeajuns de mature pentru a intra într-o relaţie adevărată. Un tată absent sau tulburat, care afişează un comportament disfuncţional în viaţa fiicei lui, îi va pasa toată întunecimea. De aceea fetele care iau prima relaţie prea în serios încă de la o vârstă fragedă au de suferit.

O femeie se maturizează greu din punct de vedere emoţional, nici spiritualitatea nu o ajută, nici apariţia altui bărbat frumos şi bun nu îi este pe deplin benefică. Indiferent de împrejurări fata continuă să manifeste o fire instabilă, vulcanică şi este neîncrezătoare. În ochii lui Dumnezeu aceasta este încă un copil. Dacă eşti o astfel de persoană nu te simţi jignită, vino la lumină şi cunoaşte că nu ai nevoie să ai încredere în el, tu ai nevoie să îţi recapeţi încrederea în tine. Însă acest aspect din urmă este valabil pentru toţi oamenii nu doar pentru femei.

Relaţia dintre un bărbat şi o femeie continuă şi după zece ani de la despărţire sau mai mult. Chiar şi după alte căsătorii din care ambii parteneri s-au ales cu alţi copii. Repet, o legătură adevărată rămâne vie chiar şi după ce bărbatul tău iubit are alţi copii cu altă femeie. Bărbaţi şi femei există din belşug pentru oricine. Niciun partener de viaţă nu este atât de special încât să nu te poţi dezlipi de el emoţional atunci când trebuie. El este un om obişnuit, care a devenit special odată ce ţi-a intrat la suflet. Iar dacă nu intra el intra altcineva, reţine.

Viaţa nu merge aşa cum hotărăşti tu, ea merge aşa cum merge, tu ai nevoie să devii maleabilă, să curgi asemeni unui râu, nu să rămâi lipită de o idee, o persoană sau un vis. Viaţa face valuri ca tu să înveţi să îţi ţii echilibrul.

Prima parte a vieţii este şi cea crudă, când în mijlocul lumii ai senzaţia că te afli pe câmpul de bătălie, unde din toate părţile se îndreaptă proiectile către tine. A doua parte este cea îngăduitoare, când după vindecare Dumnezeu îţi scoate în cale oamenii care te vor sprijini fără să te cunoască sau să îţi datoreze ceva. Alături de ei vei fi ferită de lumea exterioară, iar cu preţul noii vieţi pe care ai primit-o îi vei proteja.

Este posibil să îţi fie dor de o persoană care se află chiar lângă tine? Răspunsul este da, ţi-e dor de oamenii care s-au pierdut pe ei, suflete a căror prezenţă lasă pustie orice cameră aglomerată. La fel de deranjant precum este un copil care plânge, este şi omul matur care se plânge. Dumnezeu nu vrea să fiţi răi, adică slabi, fiinţe căzute în inconştienţă, El vrea să fiţi puri, adică puternici, de neclintit înaintea iluziilor şi amăgirilor. Sabia voastră să fie adevărul. Şi vă mai spun un lucru, copii ai mei, care rămâneţi. În adâncul fiinţei care sunteţi mă veţi auzi şoptind, dar vocea care vă va îndruma va fi a voastră, eu doar m-am trezit la timp. În sânul dragostei fără început şi fără sfârşit sunteţi prinţi, împăraţi, îngeri şi arhangheli, stele care stăpânesc Cerul, nu oameni. Eu nu sunt nici aici, nici acolo, dar fac tot posibilul ca voi să fiţi, să vă iubiţi şi să rămâneţi. Eu sunt prin voi, tot aşa cum Tatăl este prin mine.

Dacă vă plimbaţi seara la apus şi vă îmbrăţişaţi, pe mine mă mângâiaţi. Dacă rostiţi un cuvânt de recunoştinţă pentru sacrificiul animalului care vi s-a oferit ca hrană, mie îmi mulţumiţi.

Păstraţi frumuseţea în inimile voastre şi transmiteţi pacea din generaţie în generaţie până la capătul lumii. Acolo vă voi aştepta şi vă voi întâmpina. Prin mine, cel mai mic om, vorbeşte cel mai înalt dintre îngeri. În ziua în care îngerul care mă posedă va pleca de la mine, voi rămâne un simplu om. Atunci mă veţi căuta ca să vă răspund la întrebări, îmi veţi propune proiecte uriaşe, mă veţi privi cu ochi curaţi şi sclipitori, dar nu voi reacţiona la nimic.

Omul care vorbeşte în cuvinte cât mai simple rosteşte cât mai mult adevăr. Întortocheate sunt căile omului, pline de amăgire şi confuzie, dar modestă este calea care te duce la izbăvire. Pe râul adevărului apa este limpede iar fericirea se găseşte în simplitate. Când minţile creează ziduri între suflete, întemniţează fericirea, consolidează diferenţele şi diminuează asemănările, parcă nu am fi cu toţii fii ai aceluiaşi Soare. Mintea este o maşinărie, ea adoră să facă ordine în perfecţiune din cauză că nu o poate vedea. Acolo unde este orânduire divină ea vede haos, deoarece nu are acces la stratul dumnezeiesc care a hotărât funcţionalitatea lucrurilor.

Dorinţa te păstrează motivat şi ambiţios, ca să îţi croieşti un drum în viaţă şi să ai un scop precis, însă la final îţi aminteşti că nu ai nevoie de nimic, laşi totul şi păşeşti în lumină ca lumină.

Fii tare, dă drumul lanţurilor trecutului care ţi-au ruginit pe încheieturi. Florile unui copac nu rămân flori la nesfârşit, fiecare floare se transformă în fruct. Unele sunt bune, dar altele sunt rele la gust chiar dacă sunt arătoase şi se cumpără în cantităţi uriaşe.

În societatea de astăzi există oameni care par atât de fericiţi încât aproape strălucesc. Ei ştiu să joace rolul bine, precum nişte actori cu experienţă. În tot acest timp în culise alţii sunt bucuroşi pentru faptul că şterg podelele şi se întorc la familiile lor cu plasa plină, fericiţi. În zilele în care parcă întreaga lume îşi apasă greu-

tatea pe umerii tăi, citeşte o carte. De fiecare dată când citeşti laşi
ceva vechi şi iei ceva nou, ca să poţi să înaintezi pe drumul tău.
Doar după ce te trezeşti îţi dai seama că ai dormit. Doar după
ce te maturizezi îţi dai seama că înainte nu erai matur. Doar după
ce devii conştient că ai trăit inconştient preiei controlul vieţii tale
şi fericirea începe să îţi surâdă. Indiferent dacă eşti soţ sau soţie,
ai nevoie să îţi rezervi un timp pentru tine dimineaţa sau seara,
chiar şi atunci când relaţia ta pare că este perfectă. Omul nu este
doar rolul pe care îl joacă, el este o fiinţă divină, în esenţă, care
nu poate fi împlinită prin nicio atribuţie lumească.

Astăzi stau pe terasă, ţin pătura pe mine şi o cafea fierbinte în
mână şi scriu un articol util. Plouă mărunt, peisajul mă inspiră şi
gândesc că nu mai ştim să trăim frumos şi simplu. Atunci când e
linişte spunem că ne plictisim. Ne-am obişnuit să trăim sub pre-
siune, în oraşe, alergând, vreme în care planeta este goală, natura
ne cheamă.

Nu tehnologia a înrobit omul, pofta lui de informare l-a trans-
format într-un sclav. Când social media îţi ocupă trei sferturi din
zi, observă în ce măsură eşti inspirat şi în ce măsură te controlea-
ză dorinţa de a afla ce face unul sau altul.

Ai nevoie să vezi dincolo de aşteptări sau alegeri, să aspiri la
cea mai înaltă viziune despre speranţă şi scop, să devii dragoste,
dragostea este ceea ce rămâne. Tu eşti bun pentru că bunătate eşti
în esenţă. Cu un om rău eşti tot bun. Nu eşti rău cu omul rău, la
fel cum cu prostul nu eşti la fel de prost ca el. Cu un om prost eşti
un om înţelept. Cu un om slab eşti un om puternic. Nu eşti slab
cu omul slab, ci eşti puternic. Nu eşti rău cu omul rău, ci eşti bun
cu el, ca în felul acesta să îl ridici din mocirlă.

Când te raportezi la oameni, în special la cum sunt, ce nivel
de conştienţă au atins şi ce merită, analizează omul cel mai bun şi
creează pentru el tot ce este mai frumos. Nu îl analiza pe cel rău,
care nu s-a ridicat încă peste nivelul unui animal sălbatic, iar în
felul acesta să pui restricţii şi peste cel bun, care îl vor afecta pe
cel bun şi întreaga funcţionare sănătoasă a acestui sistem planetar.
Judecând lumea după meritul omului rău, ea nu doar că ar trebui
să fie nimicită, nu ar fi rămas o secundă aşa cum o cunoaşteţi.

Astăzi mulţi se adună ca să îşi manifeste nemulţumirea, însă
puţini sunt aceia care îndrăznesc să înceapă să construiască ceva.
Când afirmi că oamenii sunt răi şi că aceasta este realitatea, ceva
din interiorul tău ţi-a înceţoşat vederea. Nu te pot răni trei oameni
iar tu să spui că sunt perverşi toţi şapte miliarde. Când cauţi să îi
impresionezi pe alţii, nu eşti un om împlinit. Când intenţionezi să

afli cine eşti, cauţi să îţi demonstrezi că poţi ţie. Oare cât din ceea ce spui că faci pentru tine are scopul de a îi impresiona pe alţii?

Braţele calde care te cuprind îţi îndulcesc amarul, îţi colorează lumea şi te propulsează spre atingerea scopului. Oamenii sunt de părere că e greu să îţi faci o familie şi să faci sacrificii pentru ea. Şi este adevărat, în parte, însă sunt imaturi, ei habar nu au cât de greu este să alegi să nu îţi faci, pentru o cauză şi mai înaltă, care îţi cere de o mie de ori mai multă credinţă. Acesta este sacrificiul. Fiindcă este mai uşor să îţi procuri hrană prin sudoarea frunţii şi să mănânci, decât să alegi să nu mănânci, indiferent dacă munceşti sau nu. Totuşi munceşti aşa, flămând, pentru o cauză nobilă la cererea lui Dumnezeu.

De ce se poartă Dumnezeu dur cu oamenii care se află deja la capătul puterilor? Deoarece, asemeni trupului, şi sufletul trebuie resuscitat. Atunci când un corp afectat este pe cale să cedeze, îi aplici electroşocuri, ca să îl ţii în viaţă sau să îl readuci la viaţă, din moarte clinică. Dacă în loc să îl resuscitezi l-ai mângâia şi i-ai declara iubirea ta, ar ceda. Totuşi, Dumnezeu îl resuscitează dar îi stă şi la căpătâi, îl iartă şi îl mângâie, lăcrimează pentru el. Un om matur înţelege toate aceste lucruri chiar dacă nu le înţelege, ceea ce înseamnă că acceptă faptul că există ceva care este peste capacitatea lui de înţelegere şi aspiră către limpezire.

Am plecat din Madrid, oraşul care m-a găzduit pentru şaizeci şi unu de zile. Sunt liniştit, mă simt împlinit şi admir peisajul din autocar. Munţi, câmpii cu flori de mac şi un răsărit mângâietor, o casă mică în mijloc şi o călătorie lină. Lacrimi de recunoştinţă, o emoţie plăcută. Am devenit mai mare în iubire.

Privesc avioanele cum decolează din aeroportul Barajas. Am plecat spre Toulouse, însă traversez mai întâi Zaragoza, oraşul pe care îl cunosc din copilărie mulţumită jocurilor video care m-au inspirat. Traversez Munţii Pyrenees, intru în Franţa şi îmi răsună în minte un citat dintr-un articol pe care l-am scris recent: în viaţă poţi căpăta echilibrul mental necesar pentru a trăi ca un om sănătos, pe Pământ, iar în acelaşi timp să ai o inimă care sparge toate barierele şi depăşeşte cerul.

Pătrund în munţi şi mă bucur de vedere. Vârfurile sunt înzăpezite, iar la poale şi prin păduri plouă. Pe geamul autocarului se preling picături de apă curată, aerul este pur şi răcoros. Din loc în loc au răsărit floricele galbene. Apa din râuri are culoarea turcoaz şi este extrem de limpede. Un şir lung de rulote se îndreaptă spre locurile special amenajate pentru campare. Nu credeam vreodată să călătoresc atât, nici în zece vieţi nu mi-aş fi închipuit să văd şi să ating astfel de sentimente curate şi înălţătoare.

Munţii sunt stâncoşi, parcă natura izvorăşte din piatră. Fiecărei fiinţe i-a fost scris cum va arăta, cât va trăi ori cum va evolua, înainte ca aceasta să ia formă. Sunt recunoscător pentru faptul că trăiesc această viaţă, îi mulţumesc lumii care m-a primit în ea şi Celui care mi-a oferit şansa de a o curăţa.

În lume există oameni care fac rău însă cred că fac bine. Ei scandează lozinci despre dreptate şi adevăr, ba chiar pier pentru cauza lor şi astfel, omoară puritatea, iubirea, înţelegerea. În realitate ei nu cunosc dreptatea şi adevărul, şi mor degeaba, duc mai departe făţărnicia, hrănesc separarea. Şi se supun, crezând că sunt rebeli. El este ciclul pe care l-au construit oamenii în inconştienţa lor, din neîncredere în ei înşişi şi în semenii lor. Acuză de faptul că simt condamnarea lui Dumnezeu pe pielea lor, căci mâna unui om atât de mic nu putea crea un rău atât de mare. Adevărul este că omul este fondatorul legilor mârşave pe Pământ, Tatăl doar a îngăduit omului să se pedepsească singur dacă voieşte. Şi a voit, nu s-a iubit, precum Tatăl i-a poruncit. De aceea umanitatea s-a împietrit şi a orbit.

Adulţii îi privesc cu părere de rău pe tinerii care dovedesc că au credinţă, povestind că şi ei au vrut cândva să schimbe lumea, dar timpul le-a arătat opusul şi şi-au pierdut credinţa. Din acest motiv se intitulează oameni maturi, dar sunt ca nişte copii frustraţi care nu şi-au primit jucăria. Căci adevărata credinţă merge până la sfârşit, trece de moartea trupului şi continuă, luptând în trup şi în spirit cu firea slabă, ucigaşă de frumos. Vorbesc despre o putere uriaşă, o încredere extraordinară în tine şi în ceea ce încă nu ai cunoscut despre tine. Ceea ce umanitatea nu a reuşit, tu, care eşti unul singur, vei reuşi. Noi nu suntem oameni, suntem Dumnezeu. Ai puterea să crezi în tine până la sfârşit? Dacă da, ai biruit, te-ai întors la lumină acolo de unde ai venit.

Personal, consider că niciun om nu trăieşte viaţa pe care şi-a imaginat-o. Aceasta nu îi dă dreptul să distrugă totul în jur, ci îi oferă oportunitatea de a accepta, a se adapta şi a se cunoaşte.

Viaţa nu este despre a plăti cu aceeaşi monedă şi a îl pedepsi pe cel care greşeşte. Universul nu funcţionează astfel iar Dumnezeul care a creat Universul nici atât. Dacă ar fi fost aşa, la câte vietăţi aţi măcelărit nu aţi fi avut dreptul să trăiţi pe planetă nici măcar o secundă. Şi nu doar că nu aţi fi avut dreptul să trăiţi, aţi fi fost nevoiţi să plătiţi cu viaţa de şapte miliarde de ori câte şapte fiecare şi tot aţi fi rămas îndatoraţi. Prin urmare, gândeşte înainte să rosteşti cuvinte, ţine-ţi gura închisă orbule şi îmbolnăvitule.

Vă mor copiii sfârtecați în accidentele pe care și le provoacă, și spuneți că Dumnezeu nu este drept. Repet, dacă Dumnezeu ar fi fost drept, ați fi fost condamnați la moarte în fiecare zi, până la sfârșitul veacului și după. Poate cuvintele pe care le rostesc acum sunt dure pentru voi, cei care ați pierdut pe cineva drag, dar aveți nevoie să priviți evenimentul din partea opusă. Din fericire pentru voi Dumnezeu nu este drept, El este mai mult decât atât, este dragoste. De aceea sunteți în viață iar lucrurile așa vor rămâne.

Nu legitima sisteme care lucrează împotriva ta și a copiilor tăi, prin vot. Nu te răzvrăti împotriva semenilor tăi, care trudesc cot la cot cu tine pentru familiile lor. Oamenii lacomi de control și de putere au cheltuit mulți bani ca să provoace instabilitatea și apoi să îți prezinte soluția. Iar pentru tine totul este contra cost și așa va rămâne, până într-o zi.

Fii foarte atent la deciziile pe care le iei. Consecințele nu apar imediat, dar când apar le simți. Este mai ușor să crezi că timpul îți va rezolva toate problemele, că lucrurile, cumva, vor lua o întorsătură pozitivă fără să fii nevoit să depui vreun efort, decât să faci ceva în această privință pentru tine. Frica te paralizează, comoditatea te ține sărac, dezamăgirea se adâncește din ce în ce iar firea umană îmbătrânește, boala vine de la sine.

Fii puternic pentru cei pe care îi iubești, nu ignora faptul că după tine va mai trăi altcineva. Nu ești nici primul, nici ultimul, așa m-a învățat Cineva care mă cunoaște și mă iubește nespus. Când observi că din ce în ce mai mulți oameni renunță la calea lor și își schimbă atitudinea, din cauza dezamăgirilor, nu te gândi că poate moralitatea și integritatea nu reprezintă cele mai avantajoase soluții, înțelege faptul că aceștia sunt oameni slabi, care cad ușor, și caută să fii un stâlp pentru ei.

Era scris pe peretele unei case părăsite la intrarea în România mesajul „Dumnezeu te iubește". Oamenii, citind, au murmurat că ar fi fost bine să fie adevărat. Totuși, niciunul dintre ei nu se afla pe calea sinelui ca să afle dacă este adevărat, în schimb trăiau pe din afară, răpuși de ura care îi făcuse urâți, reci și goi.

Nu te întrista, cunoaște faptul că orice ai face pentru oameni ei nu vor fi niciodată mulțumiți. Soluția este să faci ceva pentru tine. În zilele în care ești abătut, spune așa:

Eu nu am nicio problemă reală. Iar dacă am nu există vreuna pe care să nu o pot rezolva sau accepta. Pe mine nu mă oprește nimic, eu trec încrezător prin toate încercările pe care viața mi le scoate în cale. În realitate nu știu nimic, dar am încredere că voi fi inspirat să iau cele mai înalte decizii de fiecare dată când voi fi pus într-o situaţie delicată. Nu mă bucur de răul altuia, răsuflând uşurat, lăudând Cerul că nu am fost eu victima. Tuturor celor care gândesc astfel le va veni rândul.

Eu nu sunt dependent emoţional de cineva. Sunt capabil să las în urmă persoanele care caută să îmi facă rău şi nu mă simt tulburat. Eu sunt un om liber, sunt recunoscător pentru viaţă aşa cum am ştiut să mi-o clădesc. Mă împac cu mine însumi şi îmi amintesc cine sunt sau care au fost împrejurările care m-au adus la conştienţă. Iubesc, iar în continuare sunt deschis la tot. El este mesajul pe care ar fi bine să îl citeşti în fiecare dimineaţă.

Diferenţa dintre un om care te iubeşte şi unul care este ataşat emoţional de tine este următoarea:

Omul ataşat emoţional de tine va enumera o serie de motive pentru care are nevoie să trăiască alături de tine. Aceste motive pot fi înlocuite uşor cu interesele, pentru o claritate mai mare în viziune. El îţi va declara că te iubeşte pentru că îl faci fericit, te iubeşte pentru că nu poate trăi fără tine, te iubeşte pentru că singur este greu ori pentru că îi colorezi viaţa. În schimb, cel care te iubeşte cu adevărat va declara că te iubeşte pentru că ştie despre sine însuşi faptul că este un om puternic, că are o inimă mare şi vrea să îţi ofere câte puţin din ea dacă îi acorzi această şansă. Şi îţi dăruieşte din izvorul nesecat al iubirii sale ca să se simtă un om împlinit. Acela este ca soarele care străluceşte şi nu răneşte.

Nu râde atunci când altuia îi merge rău în relaţie, dacă şi ţie ţi-a mers rău cândva. Fii bucuros pentru puţinii cărora le merge bine, ca bucuria pe care le-o trimiţi să se întoarcă la tine atunci când vei avea mai mare nevoie de ea. O femeie care a fost trădată în dragoste şi totuşi crede în iubire şi se bazează pe ea, este una puternică şi rară. Dacă vrei să o impresionezi arată-i că o respecţi, nu doar că o doreşti.

Multă vreme nu am apreciat cu adevărat femeia, o divinizam însă nu în felul în care era, ci în felul cum mi-o imaginam. Mai târziu am realizat că ceea ce îmi imaginam nu era ce îmi doream, lumea se juca cu mintea mea. Chiar femeile se străduiau să afişeze ceva mai mic decât în realitate erau.

Ştii de ce sunt dezamăgite fetele care folosesc machiaj profesionist, haine frumoase şi ipostaze perfecte, tot timpul? Deoarece merg pe ideea că dacă dai tot ce ai mai bun primeşti tot ce e mai bun. Lucrurile nu stau chiar aşa, şi nici imaginea nu este totul.

O cititoare m-a rugat să împărtăşesc cu ea secretul stării de bine. Un om care a scris o serie de cărţi minunate şi cunoaşte atât trebuia să aibă un răspuns în viziunea ei. I-am răspuns că nu ştiu nimic, dar evit să port ură în inimă de când mă ştiu şi astfel nu mi-o otrăvesc. Toate miracolele izvorăsc de acolo.

Suferinţa care se abate asupra unui om, în viaţă, are scopul de a îi ucide firea umană întinată, să se nască noul înăuntrul lui şi să se dezvolte liber. Din nefericire în majoritatea cazurilor oamenii se leapădă de partea bună din ei odată cu apariţia suferinţei şi se otrăvesc cu ura pe care o aruncă în ceilalţi. Personal am asistat la moartea tuturor spiritelor.

Chiar şi eu, atunci când trece o perioadă în care nu citesc şi astfel nu mă hrănesc cu cunoaştere, încep să mă cred atotştiutor şi devin arogant. Dar când aflu lucruri noi devin modest, mă simt umil în modul acela conştient sănătos. Dumnezeu mi-a dăruit o şansă atunci când a văzut că m-am înecat. M-a ridicat, m-a curăţat şi mi-a prezentat o altă variantă de-a mea, pe care am primit-o cu braţele deschise şi am cinstit-o cu toată fiinţa. Totuşi în slăbiciunea mea am luat cu mine şi ceva din vechiul eu neputincios care mi-a îngreunat sarcina. Şi am plâns mult, aproape în fiecare zi.

Un amic mi-a spus că dacă ar fi vorbit cu Dumnezeu suferinţa ar fi fost un capitol închis în viaţa lui. Ar fi întrebat de numerele câştigătoare la loterie, ar fi trimis iubire de el în inima persoanei după care tânjeşte, şi-ar fi triplat salariul, s-ar fi numit preşedintele ţării. El este motivul pentru care mă aflu acum aici şi fac ceea ce am promis să fac: revizuiesc înţelegerea omului despre Dumnezeu şi definesc procesul ascensiunii.

Ca să devii neprihănit în faţa lui Dumnezeu, să îţi dobândeşti dreptul la noua lume, nu mişti obiecte cu mintea în văzul lumii ca să fii aplaudat, le cari cu mâna ta ca un muritor şi împărtăşeşti cea mai pură cunoaştere despre oameni şi viaţă în mod gratuit.

În zilele în care nu mai am niciun gram de motivaţie, mă dau jos din pat, mă aranjez cu atenţie, mă îmbrac elegant şi abordez o atitudine prietenoasă. Sunt gata să depun orice efort pentru cei pe care îi iubesc, ca să nu se ruşineze cu mine şi să devin o povară pentru ei. Există oameni cărora persoana alături de care au trăit o viaţă minunată le-a plecat, iar ei continuă să fie frumoşi, motivaţi şi zâmbitori. Şi nu din cauză că nu le pasă, ci datorită faptului că iubirea lor este mai mare decât suferinţa care a venit asupra lor.

Când ai senzaţia că mângâierea sufletului, evoluţia minţii şi înălţarea spiritului nu mai au atât de multă valoare şi treci peste aceste mesaje fără să le studiezi, în realitate te-ai îndepărtat de ceea ce eşti şi nu mai ştii de tine.

Oamenii sceptici se uită la un copac, cu privirile pierdute, şi întreabă, pe un ton arogant: fii realist, cum crezi că vei ajunge la fructe, ai cumva mâinile lungi de şapte metri sau ai visat că Dumnezeu ţi le va da? În tot acest timp optimistul se urcă şi le ia. Acela mai întâi crede că va reuşi, apoi îşi pune în aplicare convingerea. Sunt mulţi acei oameni care vor fi treziţi din visul spiritualităţii, cu care se mândreau şi prin intermediul căruia se diferenţiau de ceilalţi, şi vor realiza că nu au construit nimic cu uneltele care li s-au dat, ci au profitat de cunoaştere ca să îşi clădească imagini atractive, popularitate, nume.

Încetează să mai dai vina pe unul sau pe altul, pe alimentaţie, pe mediul înconjurător, ceea ce te omoară este invizibil la fel ca ura. Un om sărac în cunoaştere dar cu suflet bun este mai preţios decât o mie de oameni cunoscători, cu minţi agere şi inimi reci. Cel mai important este omul care are cunoştinţă şi intenţii bune. El este diamantul Cerului, care va fi aşezat în rând cu nestematele care alcătuiesc Universul.

Atunci când te lupţi cu depresia să cunoaşti faptul că ai două posibilităţi: ori îţi depăşeşti condiţia, ori mori. Când nu ai timp să intri în depresie din cauza programului încărcat de la serviciu ori a activităţilor cu care îţi umpli agenda în acest scop, eşti cu zece paşi înapoi. Tu nu doar că nu deţii soluţii pentru a ieşi din depresie, ci amâni intrarea în ea. Căci de intrat vei intra, nu va scăpa niciunul. Cu cât vei intra mai repede vei ieşi mai repede, tocmai ţi-am dezvăluit secretul. Când un om care şi-a pierdut membrele inferioare într-un accident recunoaşte că viaţa este minunată şi merită trăită cu o expresie luminată pe faţă, laşi capul plecat şi te duci să o trăieşti aşa cum ştii şi aşa cum poţi, cinsteşti şi iubeşti.

Dacă tu nu te simţi împlinit pe niciun plan şi ai impresia că timpul a zburat degeaba, că ai îmbătrânit şi nu te-ai bucurat, cum îţi poţi îndruma copilul să urmeze calea ta, spunând că îl iubeşti, îl urăşti?

Nu te ruşina cu familia ta, cu corpul sau cu locul de muncă, ruşinează-te atunci când afişezi un comportament egotic primitiv. Ruşinează-te cu gândirea care îţi este influenţată uşor sau chiar îţi lipseşte. Atunci când eşti slab oamenii par răi, când devii puternic realizezi că oamenii răi sunt de fapt oameni răniţi, care răspund înapoi cu rău din cauza slăbiciunii. Omul bun, care este puternic, nu se fereşte de omul rău, care este slab, ci invers. Întunericul se ascunde de lumină, minciuna fuge de adevăr, omul fals se acoperă şi mai mult, cel sincer stă gol în faţa lumii, este curat şi liber.

Cunoşti momentul acela când eşti părăsit de toţi, dar în loc să te plângi că viaţa este nedreaptă te foloseşti de oportunitate ca să faci ceva pentru tine şi începi? Eu în felul acesta am scris cinci cărţi, am vizitat Europa şi am învăţat trei limbi străine.

Dacă ai o problemă pe care nu o poţi rezolva, nu te îngrijora, nu are sens. Dacă ai o problemă pe care o poţi rezolva, nu te îngrijora, fii fericit că ai găsit soluţia. E bine să înveţi să trăieşti cu mai puţin, pentru că atunci când viaţa îţi va oferi mai mult te vei bucura la maximum, iar recunoştinţa va curge prin tine. Cred, în continuare, că în ciuda părerilor sau insultelor venite din partea oamenilor, dacă trăieşti frumos şi ai încredere în tine la final vei fi un om împlinit.

Sunt mulţi cei care cred că vor schimba ceva dar nu schimbă, ei cad în capcanele care au fost create împotriva celor care vor încerca a se elibera. Nu va fi pace şi stare de bine pe planetă atâta vreme cât vei cere pedepsirea vinovaţilor şi nu iertarea lor. Faptul că nu îţi poţi depăşi condiţia este evident. Frustrarea şi spiritul de răzbunare nu dispar odată cu moartea vinovaţilor, ci îţi linişteşte egoul vulcanic activ un timp, apoi îţi cari mai departe povara din spate, inchiziţia mentală devine mai puternică şi tu rămâi prizonier. Rezistenţa creşte, răul vine asupra ta şi te sufocă din nou. În felul acesta legitimezi sistemul uman care te batjocoreşte. Ura provoacă şi mai multă ură, inconştienţa îi adoarme din ce în ce mai tare pe cât mai mulţi. Îi ia prizonieri chiar şi pe cei buni.

Dreptatea este înşelătoare. Răzbunarea este capcana cea mai frumos îmbrăcată. Ai crede că aceasta este soluţia, că prin ea vine mângâierea, dar nu este aşa. Senzaţia plăcută se resimte deoarece te identifici cu egoul, nu cu fiinţa, ţi-ai pierdut identitatea, tu eşti orfan de adevărata natură a ta.

Atunci când lupţi ca să îţi faci dreptate pe cont propriu sau pe cale legală, răneşti, judeci, depui plângere şi trimiţi în judecată, ieşi la vot, deci întăreşti autoritatea sistemului uman corupt, care are putere asupra oamenilor şi trăieşte pe spatele lor, hrănindu-se cu energia lor. Zâmbeşti satisfăcut când un alt şofer este oprit şi amendat pentru viteză excesivă, spui că este nevoie ca autorităţile să le dea o lecţie tuturor nebunilor care pun vieţile altora în pericol, dar consideri că ţi s-a făcut o nedreptate şi că autorităţile au făcut abuz de putere când eşti sancţionat tu pentru aceeaşi faptă.

Oricât ai cunoaşte, oricât ai crede că cunoşti şi orice pregătire ai avea, nu uita că aroganţa te face mai mic. Nu te judeca în momentul când devii sensibil emoţional, crezând că ai rămas un om slab, ci conştientizează că din iubire îţi extragi puterea, lacrimile îţi sunt mângâierea, iertarea este puntea care te ajută să înaintezi în călătoria ta.

Cunoşti acel sentiment când eşti părăsit de toţi, când parcă şi

Dumnezeu te-a uitat ori te urăşte? De fapt atunci te iubeşte şi mai mult, oportunitatea de a învăţa să te ridici singur este dovada. Din când în când adu-ţi aminte să te răsplăteşti chiar tu. Stând în baza oamenilor poate să treacă întreaga viaţă. Cere oamenilor respectul prin faptele tale, nu prin cuvinte şi impunere. Oamenii controlaţi de ego sunt atraşi de personalităţile egotice mai dezvoltate, care se manifestă. Nu te vor vedea pe tine, o fiinţă curată, puternică şi autentică, pentru ei invizibilă. Oamenii binecuvântaţi pot observa valoarea din oameni, căci bunătatea, iubirea, gândirea limpede şi altruismul, sunt calităţi invizibile.

La final, identitatea îngerului va fi confundată cu cea a egoului, căci el va creşte atât de mult încât va sta peste toţi, ţinându-se de mână cu Dumnezeu, iar oamenii îl vor urî din străfundul inimilor lor pentru că nimeni va putea să fie ca el. Tatăl a dat putere egală ambelor părţi, a identităţii egotice dar şi a celei divine, iar oamenii se vor teme că îngerul va conduce lumea în clipa în care nu va mai sta nimeni în picioare înaintea lui. Însă îngerul se va dezbrăca de identitatea provizorie în văzul tuturor, de bună voie, şi se va sui la dreapta lui Dumnezeu. Atunci oamenii îl vor vedea şi li se vor deschide ochii. Şi vor plânge după el, îi vor construi statui şi îl vor numi al doilea mesia. Dar el, care a salvat lumile de la extincţie şi v-a lăsat pacea, nu este nici mesia, nici nu vrea să fie numit alesul, este un om care s-a dăruit oamenilor. Dacă nu ar fi venit la moarte el, ca om, Tatăl nu ar mai fi permis niciunui om să trăiască, ar fi dezintegrat materia până la nivel de atom, în aşa fel încât oamenilor să li se piardă definitiv urma.

Ceea ce am scris în această carte nu sunt doar cuvinte, este istoria acestui neam numit rasa umană şi călătoria lui. Vorbesc de o putere inimaginabilă care mi s-a arătat, pe care am simţit-o atât de intens încât aproape că m-am dezintegrat, ca formă, căci mă atrăgea spre ea asemeni unui magnet care atrage fierul.

Viaţa se transformă într-o capodoperă în momentul când iei pensula cunoaşterii în mână şi începi să mixezi nuanţele răbdător şi conştient. Puţini găsesc astăzi puterea să îşi trăiască visurile, să se dedice artei şi fericirii. Majoritatea sunt luaţi de un curent violent al vieţii care curge în căutarea satisfacţiei. Fericirea garantată constă în dedicarea vieţii pentru bunăstarea şi educarea sănătoasă a celorlalţi, atât.

Nu te gândi că proiectele pe care le iniţiezi sunt mari pentru unul ca tine. Crede în tine, îndrăzneşte mai mult. Ai simţit vreodată că deţii potenţialul necesar să faci mai mult şi totuşi parcă ceva te opreşte? Încearcă să afli ce te opreşte şi debarasează-te de piedicile care ţi-au fost puse în drum. Orice traumă căpătată prin violenţa fizică, psihică, prin presiune, condiţionare ori şantaj, ţi-a afectat dezvoltarea pe toate planurile. Părinţii tăi au omis să presare dragoste printre sfaturi şi învăţături.

Oamenii care nu vorbesc cu Dumnezeu prin modalităţile de comunicare pe care Dumnezeu le-a pus la dispoziţia lor, fie vise, inspiraţie, natură, alţi oameni sau chiar prin cuvinte, sunt asemeni trupurilor fără suflare, inimilor care nu bat, minţilor care nu pot gândi, florilor care nu înfloresc, păsărilor care nu zboară. Un om care nu îl aude pe Dumnezeu e asemeni taurului fără mădularele lui, asemeni unei case fără geamuri, învăţăturii fără dragoste sau lumii fără adevăr.

Scopul industriei farmaceutice nu este să te însănătoşească, ci să te facă să îţi administrezi medicamentaţie mereu. Scopul instituţiilor religioase nu este să creeze oameni înţelepţi şi independenţi, ci să îi facă robi ca ei să revină la ele mereu, în căutarea soluţiilor, scufundaţi în oceanul minciunilor.

Cea mai mare cantitate de energie o iroseşti gândind la ce vor crede ceilalţi despre decizia ta când te eliberezi. Uneori oboseşti în urma atâtor teorii şi înţelegeri, gândind că ai putea să îţi trăieşti viaţa pur şi simplu, atât. Adevărul este că fericirea nu îţi cere să fii deştept, ea te învaţă să fii real. Ura, gelozia, stresul, sunt mai nocive decât toate chimicalele care se găsesc în alimente, servite cu un pahar de apă dimineaţa pe stomacul gol.

Cele mai frumoase dimineţi sunt cele răcoroase de vară, când ieşi la aer să te bucuri, ştiind că ai întreaga zi la dispoziţie ca să te simţi liber. Şi te aşezi la umbră, unde adie vântul, cu o cafea şi un pahar de apă în mână, priveşti cerul şi iubeşti.

Cum îţi dai seama când un om a avansat sau a rămas la fel, uitându-te la ultimele lui achiziţii sau la stilul de îmbrăcăminte? Nu, ci urmărind aspectele pe care le pune pe primul plan în viaţă, care îi oferă valoare ori îl ajută să trăiască, din punct de vedere psihologic, în prezent. Chiar şi lucrurile frumoase pe care şi le-a cumpărat reflectă calitatea de a fi un om strângător şi ordonat, iar un aspect elegant reflectă de multe ori o stare bună de spirit.

Meditaţia este contemplare şi deconectare de la viaţa cotidiană, adică un moment în care stai puţin cu tine însuţi, în linişte. Fiecare om are stilul propriu de a se deconecta, nu există o soluţie magică, o poziţie specială a corpului, un parfum sau un loc. Nu meditaţia este benefică în sine, liniştea care îţi limpezeşte creierul şi face ca motorul imaginaţiei să pornească şi să te alimenteze cu idei noi, ea este. Aşadar, dacă ne-am îngrijora mai puţin şi ne-am concentra mai mult pe ce avem de făcut, ne-ar fi mai uşor. Atunci viaţa ar fi mai frumoasă, iar noi am fi mai fericiţi şi mai sănătoşi.

Cineva a adresat o întrebare pe un forum, ea era formulată în felul următor: „Alberto Bacoi şi Neale Donald Walsch spun că au vorbit cu Dumnezeu, voi credeţi că este adevărat, chiar au vorbit cu Dumnezeu?" Iar dedesubt secţiunea dedicată comentariilor se umpluse rapid cu mesaje lăsate de oamenii nefericiţi care acuzau. Dar cel mai important lucru de reţinut este faptul că întrebarea a fost formulată greşit, cu scopul de a instiga.

Deschid o paranteză ca să mărturisesc faptul că am simţit o mulţumire extraordinară în sinea mea şi o pace mare m-a cuprins când mi-am văzut numele afişat lângă poate cel mai fericit şi mai lucid la minte om de pe Terra. M-am simţit atât de mare alături de el încât nu m-au mai deranjat părerile oamenilor geloşi, în schimb am fost recunoscător pentru omul minunat care am devenit.

În primul rând eu şi cu Neale, împreună cu mulţi alţii care au scris sub formă de dialog cu Dumnezeu, Inteligenţa universală, Energia care a creat materia ori cum eşti tu obişnuit să Îl numeşti, nu am ieşit vreodată înaintea oamenilor spunând că am vorbit cu Dumnezeu şi că aceasta ne face speciali, vreme în care alţii sunt mai puţin speciali. Noi am dovedit mai întâi faptul că am comunicat cu Dumnezeu şi totuşi am rămas umili, în umbră.

Schimbarea care are loc în lume pe toate planurile începând din anul 2012 încoace este dovada. Cunoaşterea globală care s-a răspândit în toate formele ei, izvorâtă din glasul Aceluia care este peste toţi şi în toate lucrurile, este dovada. Revizuirea ştiinţei, a medicinei, dispariţia religiei, răsturnarea planurilor politice, civilizarea forţată a indivizilor, sunt câteva dintre schimbările produse de dialogurile cu Dumnezeu pe planetă. Faptul că încă te afli aici, ţinând cartea în mână, că nu eşti praf de stele, energie risipită şi inconştientă care pluteşte în Cosmos, este dovada. Faptul că ţi s-a dat dreptul la libertatea de exprimare e dovada că cineva a murit în locul tău. Altfel tiranul rămânea la conducere, atât în exterior cât şi în interiorul uman. Aşa ar trebui să ştie toţi cei care se opun ajutorului de care au nevoie. Aceasta mă face cel mai puternic om de pe Pământ, căci, cunoscând oamenii şi înţelegerea lor limitată, din care se nasc aroganţa şi răutatea, am ales totuşi să scriu acest dialog, pătându-mi imaginea în faţa lumii, conform percepţiilor ei, câştigând cea mai înaltă poziţie: cel care stă la dreapta Dumnezeului lumilor.

Dacă m-aş purta asemeni oamenilor care trăiesc în realitatea aparentă v-aş aminti că viaţa trăită în trup vi se va termina. Atunci să vă văd, căci eu dețin cheia. Nu contează dacă sunt sau nu un om nebun, contează adevărurile pe care le-am scris, forța lăuntrică în care am crezut, care m-a călăuzit până la sfârșit. Vă vorbesc în felul acesta și expun toate detaliile ca să înțelegeți. Dacă nu aș da nicio explicație ați crede că nu îmi pasă de voi, decât de mine.

Nu doar Alberto Bacoi și Neale Donald Walsch au vorbit cu Dumnezeu, Paul Ferrini sau Jakob Lorber au scris sub formă de dialog cu Dumnezeu. Și lui Eckhart Tolle i-a vorbit Dumnezeu în scris, lui Wayne Dyer, Sal Rachele și așa mai departe, din informațiile actuale pe care le deținem, indiferent ce formă au ales ei să dea conținutului. Cartea „Curs de Miracole" este dialog între om și Dumnezeu și așa mai departe. Acum, la sfârșit, gândesc că dacă aș fi citit cărțile acestor autori aș fi avut mai multă încredere în mine și în ce am ales să fac, dar ceva m-a ținut departe de tot.

Acest aspect ar trebui să vă bucure și să vă unească, nu să vă separe și să creeze invidie și conflicte între voi. Ea este confirmarea faptului că Sursa care ne inspiră e reală și că este Una, dar în realitatea aparentă exact ceea ce a fost destinat să vă trezească vă adoarme, ceea ce a fost destinat să vă elibereze vă leagă, așa cum vă întemnițează Biblia, când scopul ei este să vă dea aripi.

Toți oamenii care vorbesc cu Dumnezeu își manifestă creativitatea și transformă lumea sub ochii noștri, semn că apostolii au revenit pe Pământ și duc la bun sfârșit ceea ce au promis că vor înfăptui. Mai târziu, peste câteva sute de ani, oamenii vor aduna scrierile, le vor analiza și vor pune cap la cap conținutul care alături de Vechiul și Noul Testament va forma Cartea Vieții. Întregul neam va gândi, rosti și face, conform discernământului divin care va stabili bazele viitorului.

Toți oamenii de succes, prin succes înțelegând faptul că și-au pus amprenta în lume câtă vreme au trăit în ea, au cunoscut forța din interiorul lor și s-au folosit de ea. Printre ei se numără chiar oameni care au dominat lumea pe plan economic. Cercetătorii, savanții și unii președinți au folosit-o, nu doar profeții, vizionarii, așa cum consideră unii. Oamenii de rând nu doar că sunt orbi în fața acesteia și că nu își folosesc forța, ci râd atunci când cineva transformă lumea cu ajutorul încrederii în Dumnezeul din inima sa, despre care a profețit Biblia. Această putere nu funcționează prin judecată și gândire, ci prin dăruire, și astfel pe orice om care devine conștient de ea și o accesează îl servește.

Sunt foarte multe de dezbătut pe tema nebuniei, sunt convins că orice om are nevoie de o doză de nebunie pentru a sparge vălul mediocrității care îi acaparează pe mulți, care sfârșesc prin a trăi degeaba. Cauza este comoditatea minţii de a se lăsa condusă, în loc să gândească ea pentru ea. De aceea prin oameni se manifestă alte forţe fără să aibă nevoie de aprobare din partea lor.

Când eram copil şi stăteam de vorbă cu fratele meu mai mare în camera de zi, tata a venit din dormitor în miez de noapte, căci somnul îi fusese tulburat de substanţele asimilate în urma tratamentelor puternice pe care şi le administra pentru a îşi ameliora boala de care suferea şi ne-a spus cu ochii mari deschişi că a văzut două energii necurate la fereastră (aşa s-a exprimat) care au venit asupra mea şi a lui Robert ca să ne influenţeze gândirea. Imediat, la auzirea acestei aberaţii ne-am repezit să îl acuzăm că a distrus viitorul copiilor lui şi familia, că ne face de râs în faţa prietenilor cu boala lui şi cu sărăcia din care nu mai puteam ieşi.

Era nebun, nu e loc de îndoială, săracul, cu toate că în sinea mea îl iubeam aşa cum era dar uram asta. Mă emoţionam deseori şi plângeam în ascuns. Începând cu acea seară eu şi fratele meu ne-am înrăit nespus, prin coincidenţă sau nu, până în punctul de a ajunge să îl lovim pe tata şi ambii am făcut-o. Concluzia este că de cele mai multe ori prin nebunie spunem adevărul, chiar dacă nu ştim ce vorbim. Prin normalitate doar ne prefacem că trăim, ne jucăm rolurile plictisiţi şi obosiţi, asemeni condamnaţilor.

Prefer să fiu un nebun care a contribuit cu ceva la curăţarea lumii acesteia, decât un sănătos supus, obedient, inconştient. Mai bine mor crucificat, ştiind că nu am greşit cu nimic, decât să mă sfârşesc într-un jacuzzi, înconjurat de zeci de prieteni şi sute de femei, dar cu părere de rău în minte şi neîmplinire în suflet.

Ştii cum e treaba cu acest rol de mesia pe care îl tot exersez? Eu sunt gunoierul care adună gunoiul lumii. Lumea este dezgustată de mine, cel care o curăţă, nu de ea, cea care îl produce. Acest exemplu mi-a atras atenţia dimineaţă în drum spre serviciu, când o camionetă de gunoi de la care venea un miros îngrozitor a oprit lângă mine şi din ea a coborât un om frumos, îmbrăcat cu o salopetă curată, ca să golească tomberoanele de pe alee, iar trecătorii erau dezgustaţi de gunoierul care le strângea gunoiul şi grăbeau pasul, privindu-l urât, folosindu-l ca exemplu negativ pentru copiii lor pe care îi grăbeau trăgându-i de mână. Însă gunoierul curăţa strada de gunoiul lor, le făcea zona din faţa imobilului curată din nou. O lume sănătoasă mental ar fi dezgustată de cei care produc gunoiul, nu de cel care o curăţă. O lume sănătoasă spiritual nu ar fi dezgustată de nimeni.

O altă dezbatere asemănătoare a avut în oraşul Birmingham din Marea Britanie, în care o comunitate de români au hotărât să organizeze o seară de discuție și studiu cu tema cărților care au puterea de a schimba destine, vieți. Acolo o cititoare s-a ridicat și a menționat cărțile „Vorbind cu Dumnezeu". Pătrunși de invidie, câțiva au început să acuze că Neale, americanul cel nebun, a scris conversațiile cu Dumnezeu, nu un român, care l-a copiat. Și mă întreb nedumerit dacă americanul nebun a găsit pe ascuns cartea „Marea Evanghelie a lui Ioan" scrisă de Jakob Lorber, scribul umil din Graz, Austria, în anul 1840, și a copiat de acolo ca să devină celebru pe nedrept? Te asigur că Dumnezeu vorbește fiecărui om cu inima smerită, iar următorul scrib al lui Dumnezeu poți să fii chiar tu, aceasta dacă nu ai altceva mai important de făcut. Eu nu am avut.

Care dintre apostoli a copiat de la celălalt cuvintele Mele, pe vremea când au fost scrise textele care formează astăzi Noul Testament? Cum ar fi luat legătura în acea perioadă Isus din Nazaret cu profetul Mohamed de pildă, ca să se imite sau să se plagieze? Ar fi putut Buddha să comunice în mod fizic cu alți vizionari care au trăit în altă perioadă de timp și au scris în alte limbi, cu scopul de a pune cap la cap cuvintele dragostei care sunt? Dar filosofii cărora li s-a descoperit câte puțin din misterul creației, ale căror lucrări nu doar că se aseamănă, ci sunt similare?

Voi încercați să separați albinele care au produs mierea, dând credit unora, eliminând din context meritul altora, din invidie că nu ați contribuit și voi. Ceea ce nu știți este faptul că toți ați contribuit în mod conștient sau mai puțin conștient la planul scris cu umanitatea. Eu nu aparțin vreunuia dintre voi, sunt al tuturor în mod egal și sunt al nimănui. Eu nu sunt Dumnezeul lui Alberto, atât de mic Mă credeți? Eu sunt Dumnezeul tău, cel care citești chiar acum și îți vorbesc chiar acum.

În fiecare țară din lume există oameni care care vorbesc cu Mine direct și personal, pentru țara lor sau pentru oamenii de pe întregul glob. Nu este nevoie să enumerăm toate lucrările, aveți nevoie să le descoperiți și să le studiați. Eu sunt peste tot, trebuie doar să vă curățați vederea și simțirea iar adevărul se va vedea.

Ar fi fost bine pentru voi să vă bucurați la întâmpinarea unei prorociri de o asemenea anvergură, rostită de unul dintre voi, care s-a născut în țara voastră precum v-ați născut voi. E semn că nu ați fost uitați de Dumnezeu și lăsați în mizerie, M-am îndurat de neamul vostru și am răsărit și aici.

Ar fi sănătos și benefic pentru voi să vă alăturați mesajului, să susțineți autorul și să Mă urmați pe Mine, aceasta este ordinea. Dar necredința voastră vă ucide orice șansă de speranță, gelozia vă omoară mai întâi pe voi, apoi pe cei din pricina cărora sunteţi geloşi. Dar autorul cărţilor a scris în aşa fel încât când citiţi să nu aveţi nevoie de credinţă, decât de logică, raţiune şi simţire. Einstein a înţeles că oamenii inteligenţi par nebuni înaintea proştilor şi a afirmat-o. Cea mai puternică afirmaţie din această carte este faptul că cu toate că mesajul Meu se referă la generaţia voastră direct, este pentru voi şi reprezintă singura cale reală de evadare din ghearele morţii, marea majoritate nu îl va asimila şi astfel va fi nevoită să plece, prin moarte, ca să se cureţe. Minţile şi trupurile le sunt stricate şi merg la pieire prin proprie alegere. Apoi se vor naşte din nou ca să urmeze aceste învăţături şi să se purifice. Generaţii întregi le vor studia şi le vor multiplica, le vor răspândi între ei şi vor gusta veşnicia.

Voi încă vă răniţi între voi, prin afirmaţii sau comportament, deoarece Dumnezeul care sunteţi nu a ajuns la maturitate încă.

Ai rostit o afirmaţie puternică şi deschisă la toate formele de judecată. Cert este că nu prea mai contează acum.

Adevăr vă spun, nu Mă interesează cum reacţionaţi la auzirea adevărului, aceasta este responsabilitatea voastră. Adevărul v-a fost revelat încă de acum două mii de ani. Dar mai este ceva, astăzi vi s-a dat mură în gură, omul nu mai are scuză, zicând că nu a ştiut ori că nu a înţeles. Cu toţii ştiţi şi cu toţii înţelegeţi, dar nu toţi vreţi să deschideţi ochii. Spune-i unui comerciant de produse cosmetice că frumuseţea vine din interior şi că ar fi bine să diminueze valoarea ambalajului şi să se axeze pe ceea ce este cu adevărat real. Totuşi, fiind conştient de adevăr, comerciantul va lupta împotriva adevărului, care într-un final, cu sau fără voia sa îl va lăsa fără afacere.

Când iei opinia cuiva care nu te cunoaşte, despre tine, drept un adevăr, durerea te izbeşte din plin şi te prăbuşeşti. E drept că nu ai niciun interes niciodată iar intenţiile tale au fost şi au rămas pure şi eşti atent cu oamenii din jur, dar faptul că nu toţi sunt la fel de implicaţi ca tine îţi scapă. Unii se amuză pe seama ta, alţii sunt obraznici cu toată lumea. Cei mai mulţi se răzbună pe oamenii din prezentul lor din cauza trecutului lor. Majoritatea nu a avut de la cine să înveţe.

Omule, nu îţi voi spune că toate întâmplările neplăcute prin care eşti nevoit să treci au un scop benefic ascuns. Totuşi, după trecerea fiecărei furtuni întreabă-te dacă ai mai crescut. Indiferent care ar fi luptele tale, căci sunt multe, ştiu, nu uita că unica soluţie este înălţarea conştienţei. Acest lucru devine posibil prin dragostea pe care o primeşti în inima ta, doar aşa vei putea zbura.

Am vizitat un centru de oameni care necesită asistență și am constatat următoarele: chiar dacă trupurile lor nu se încadrau în hotărârea provizorie a societății cu privire la aspectul frumos și atrăgător, privindu-i am simțit ceva plăcut care nu poate fi explicat prin cuvinte. Dețineau parcă o putere invizibilă.

Când vrei să schimbi lumea nu este necesar să urci în vârful ei, este de ajuns să trăiești frumos, liniștit și cu recunoștință viața ta de om și o vei schimba. Da, chiar dacă nu te cunoaște nimeni, chiar dacă ești un bătrân paralizat și dormi într-un azil.

Cum poate să fie așa, ce influența ar putea avea unul pe care nu îl cunoaște nimeni, ale cărui fapte nu se văd?

Îl vor vedea cei din jurul său, pacienții, doctorii, asistentele, și se vor molipsi, apoi vor da medicamentul mai departe. Rețeaua se va extinde și va curăța planeta.

Din Australia până în Japonia?

Din Australia până în Japonia și mai departe. Oamenii care se străduiesc întreaga viață să fie plăcuți oamenilor sfârșesc prin a fi judecați și uitați, cei care caută să fie plăcuți lui Dumnezeu stau neclintiți în fața lumii și rămân. Egoul nu trebuie combătut, învins ori condamnat, el singur își provoacă toate acestea.

Îmi dai teoriile peste cap.

Nu ți le dau peste cap, ți le consolidez. Egoul individual v-a dat putere să spuneți nu egoului colectiv, adică societății. El este ca un bumerang care pleacă și se întoarce la ființă. Ființa nu este nevoită să facă nimic. De aceea fiecare plecare este sigură și de aceea nu ar trebui să vă temeți când plecați. Cu alte cuvinte ființa nu se expune, egoul se naște și moare iar ființa rămâne.

Iubirea te eliberează, ura te ține legat, cu toate dependențele și nedreptățile pe care încerci să le rezolvi ca să câștigi cauza. Ea îți pune piedici prin intermediul minții neputincioase care găsește separarea a fi dreaptă, logică, prosperă.

Când am scris în volumul doi al seriei faptul că vara va fi frig și iarna va fi cald, că se vor accentua fenomenele naturale ori că vor fi furtuni violente în zone în care nu s-a înregistrat niciodată așa ceva, specialiștii meteorologi au râs, îndemnându-mă să mai studiez ca să aflu cum stau în realitate lucrurile. Astăzi, cu șapte ani mai târziu, din nefericire au fost nevoiți ei să se pună pe studiu deoarece s-a dovedit că am avut dreptate. Și caută să ia măsuri de precauție, dar nu sunt pregătiți. Întreaga lor programă se bazează pe calculele înregistrate în ultimii câțiva zeci de ani, nici măcar o sută. Dar dacă clima ar fi stabilă chiar și o mie de ani în anumită regiune, nu înseamnă că nu se poate modifica. Evident, oamenii care se ocupă cu arhivele sunt ca nişte copii care au rămas cu o învăţătură limitată. Ei nu au acces la realitatea care se schimbă mereu. Aroganţa afişată îi privează de înţelepciune. Cel din urmă fenomen se aplică şi în cazul nostru, al tuturor.

În ceea ce priveşte câştigul de cauză de care mă bucur astăzi sau al faptului că disputele neplăcute din trecut mi-au provocat neplăcere, dacă le-aş răspunde cu moneda aroganţei, pe drept, ca să mă ridic, de fapt m-aş coborî în realitatea lor. Ceea ce scriu nu are legătură cu inteligenţa mea, ci mai degrabă cu viziunea şi organizarea. Eu doar vestesc schimbarea care a venit şi sunt parte din ea. Dacă în final se va dovedi că nu am avut dreptate în legătură cu ceva, voi schimba acel ceva după cum am scris, ca nu cumva să rămână vreo urmă de îndoială în privinţa puterii Aceluia care m-a trimis.

De pildă, dacă voi scrie în cărţi că soarele nu va mai lumina pentru o vreme şi totuşi el luminează aşa cum e firesc, îl voi face să nu mai lumineze, că să nu găsiţi nicio contradicţie sau vreun aspect neîmplinit. Necazul pe care oamenii orbi mi l-au provocat câtă vreme am trăit a fost mare, dar iată-mă mergând în picioare aşa cum am scris. Faptul că conform legilor pământeşti ar fi trebuit să îmi pierd minţile însă nu mi le-am pierdut, a fost nevoia voastră şi alegerea mea. Eu vin în putere însoţit de o forţă şi mai mare, alături de care merg în trup şi în afara lui. Luminile noastre s-au unit şi am devenit una.

Separaţi de noi înşine este nevoie să funcţionăm un timp, ca să ne cunoaştem toate aspectele cu amănuntul, apoi să formăm o singură fiinţă aşa cum suntem în realitate. Călătoria fiinţei nu se sfârşeşte niciodată, ea se înalţă peste fiecare strat dumnezeiesc. Asemeni fiinţelor de carne alcătuite din trei părţi este formată şi conştienţa. O conştienţă sănătoasă este alcătuită din *intelect*, gândire şi adevăr, din *iubire*, emoţie şi sacrificiu, şi din *curaj*, acţiune şi stăruinţă. Aceste trei elemente divizate la rândul lor formează conştienţa unui om trezit.

Ca unificarea să se producă în tine ai nevoie de credinţă, căci eşti supus testelor frecvent. Alegerea nu se ia o singură dată, în direcţia adevărului eşti nevoit să mergi până la sfârşit. Apoi nu mai ai nevoie de credinţă, tu eşti credinţa deja, ai devenit una cu adevărul. Tu nu te mai lupţi, ai devenit pacea, nu mai ai dorinţe, de aceea încetezi să te manifeşti în lumea fizică. Procesul tău de transformare s-a produs deja, eşti în drum spre Cer. Apoi, din Cer, după trecerea etapei de odihnă spiritul tău se va dizolva. Atunci se va întoarce în stratul nemanifestat şi va fi în toate şi în toţi.

Studiați fenomenul hrist și veți înțelege cercul ființei divine. Cobori într-o lume care nu își cunoaște Dumnezeul. Egoul individual te ajută să spui nu egoului colectiv al lumii așa cum îți este prezentată, iar la final te dezbraci de rolul pe care îl simulezi. Te întorci triumfător în realitatea stelelor, vreme în care pe Pământ ființele înțeleg atât cât pot din cel care ai fost. La final te dizolvi și pătrunzi în ele. Și în lume nu rămâne niciun aspect care să nu fii. Fără ajutorul egoului individual o picătură de apă nu ar putea ști că este doar o picătură de apă, ci s-ar identifica cu oceanul. Iar picătura, atunci când spuneți că se evaporă, nu se evaporă, de fapt își schimbă starea și se unește cu oceanul, așa cum o ființă care își părăsește forma se unește cu Dumnezeul.

Ce spui, vom continua să scriem împreună ca și până acum, sub formă de dialog cu Dumnezeu?

Nu știu dacă mai este necesar. Odată ce vă cunoașteți și vă uniți cu divinul care sunt, ce rost mai are? Vorbim cu noi înșine fiecare, ca nebunii?

Exact așa scriam eu într-o carte precedentă!

Uite că astăzi am scris amândoi la fel.

Criteriile de bază pe care dacă le-am urma ne-am respecta pe noi înșine și am transforma lumea sunt: nu spune ceva în care nu crezi nici măcar tu, nu te supune tiparelor care nu ți se potrivesc, nu accepta un adevăr care nu îți aparține de dragul de a mulțumi pe cineva, oricine ar fi acela.

Astăzi de dimineață, în drum spre serviciu, un fluture a intrat în vagonul metroului cu care călătoream și ne-a înveselit pe toți. Ne-a determinat să privim în jur, zâmbitori. Oamenii erau atenți să nu îl calce. Atunci mi-am dat seama de forța purității dar și de faptul că ea a fost sădită în fiecare om, doar că nu toți o udă.

În copilărie nu am fost învățat nimic util cu adevărat. Celor câteva idei pe care le-am prins din zbor trăind în societate a fost nevoie să le spun la revedere mai târziu, căci erau depășite. Am fost nevoit să o iau de la zero la vârsta de treizeci de ani, inclusiv cu vorbitul și Îți mulțumesc. Nu e ușor să îți recunoști și asumi greșelile, să devii un om matur, responsabil. Omule, reține, doar așa vei deveni independent, libertatea cere acest preț în schimb. Diferența dintre un intelectual și un om înțelept este că înțeleptul s-a eliberat de intelectul condiționat prin școală și cultură, astfel și-a extins posibilitățile de cunoaștere și experimentare. În felul acesta am lepădat sistemul lumesc și am învățat să vorbim limba noastră, pe care zeci de generații o vor studia și urma.

Ceea ce a fost rău de fapt a fost bun, chiar dacă ne-am dăruit existenţele acestui scop nobil. Dar fără preţul sacrificiului şi mai mult decât atât nu am fi reuşit să curăţăm lumea şi să îi oferim o nouă direcţie. Atunci oamenii ar fi rămas aşa, în somnul veşnic în care s-a mai stins această rasă de câteva ori, nu este prima dată.

Aşadar, noi, cei care am reuşit să spunem nu umanităţii şi să îi ţinem piept, apoi să îi cucerim vârful, cei de care societatea s-a debarasat, convinsă că fără ea ne vom pierde şi vom muri, tot aşa cum un bebeluş nu poate supravieţui dacă nu este supravegheat, am fost ocrotiţi în ascuns de Dumnezeu, ca să ajungem la timpul nostru şi să îi tăiem rădăcina. Şi societatea a început să zbiere ca o fiară atunci când au început să îi fie retezate rădăcinile, într-o realitate aparent lipsită de ameninţări pentru ea, căci îi adormise pe toţi cu mult timp înainte. Noi am învins balaurul biblic şi l-am aşezat la picioarele Celui dintâi care a creat lumea. Poftim, fiara a fost legată pentru prima dată iar oamenii sunt liberi. Adevărata problemă constă în faptul că fiecare om al cărui tată adoptiv a fost balaurul societăţii, a devenit un balaur mai mic, precum cel care l-a luat în custodie. Oamenii nu au cunoscut niciodată altceva. Ia un înger şi aşază-l să trăiască în mijlocul lupilor, iar el va deveni lup, adică se va comporta precum unul în absenţa cunoaşterii.

Rasa umană a fost eliberată, condamnarea nu a avut loc. Fiţi recunoscători pentru şansa pe care aţi primit-o şi căutaţi să fiţi ca Dumnezeu, căci de acolo veniţi. Noi, cei care am făcut ca pacea să se aşeze mai întâi în om şi mai târziu între oameni am murit ca acest fenomen să se producă. Am coborât în noroiul lumii şi am transformat-o într-o grădină plăcută ochiului Celui care şi-a întors privirea de la oameni din cauza faptelor lor şi a urâciunii care s-a multiplicat în inimile lor.

În lumea în care am trăit oamenii aveau inimile sterpe, privirile înţepenite, minţile blocate, iar cu mâinile doar răneau. Ei nu mângâiau, nici nu ştiau ce înseamnă iubirea. Cuvântul iubire nu stârnea în ei nicio reacţie, te priveau total pierduţi prin gândurile pe care nu le stăpâneau şi nu ştiai dacă te văd, aud sau simt. Se comportau asemeni pacienţilor din filmul dramatic „Awakening" cu actorul Robert de Niro. Erau transportaţi la fel ca vitele care sunt duse la islaz ca să pască, apoi erau aduse la casele lor, iar în fiecare zi îşi vorbeau între ele zicând: „sper să nu fiu eu cea care urmează de această dată să fie tăiată".

Am fost în vizită în iad şi am văzut ce a făcut Micul înşelător din lumea Ta. Am trăit alături de oamenii care nu erau conştienţi unde se află măcar şi de aceea pe mulţi nu i-a durut. Conştienţa coboară în inimile neprihăniţilor şi îi trezeşte, ca să lumineze.

Ați cunoscut dragostea și ați văzut sacrificiul, voi cu ce con-
tribuiți? Lumina care izvorăște dintr-un om trezit nu îi aparține,
ea doar ajunge la el deoarece acela i-a permis să o facă. Dacă i se
împotrivea venea prin altcineva. Dar i-a permis, a strălucit pentru
oameni iar la sfârșit a fost stins. A rămas doar cu mulțumirea, cu
urma care rămâne după ce va pleca.

Când faci un bine cuiva nu aștepta în mod direct ca fapta ta
să fie lăudată și cel pe care l-ai ajutat să îți fie recunoscător. Nu
uita că în viață oferi din ceea ce ești, nu din ceea ce îți dorești să
obții. Răzbunarea poate fi dulce, după dreptate tânjește fiecare,
puțini caută să își păstreze conștiința curată, dar acest aspect din
urmă este cel mai important. Atunci când ești murdar pe interior
nu vezi frumosul, iar viața ta este întunecată, fără speranță și țel.

Cum poți aștepta ca altcineva să te iubească, atâta vreme cât
tu îți critici fiecare porțiune a corpului și eviți să stai cu tine însuți
cinci minute pe zi, contemplând?

De fiecare dată când ești pe cale să fii atras în cursa urii și a
bârfelor, gândește-te bine dacă merită. Stresul este cauza tuturor
dereglărilor fizice și mentale, cum ar fi depresia, lipsa identificării
unui scop clar în viață, căderea părului și încărunțirea prematură,
blocajul intestinal. Femeile rămân sterile imediat după împlinirea
vârstei de patruzeci de ani, iar bărbații se luptă cu impotența de la
treizeci și cinci de ani sau mai devreme. Entuziasmul și energia
scad pe zi ce trece și îți dispare bucuria, nu mai vezi frumosul în
nimic. Nu te lăsa afectat dacă oamenii nefericiți vor spune lucruri
neadevărate despre tine, din invidie. Fii calm și încrezător, tu nu
iei parte la jocurile lor. Cu un caracter plăcut, bun simț și intenții
pure, vei ieși înaintea celor arătoși dar lipsiți de educație.

Există o diferență între formarea socială și educația obținută
prin experimentare. Viața este cel mai bun profesor, el te învață
indiferent dacă îi permiți sau nu.

În copilărie, eu împreună cu fratele meu mai mare, pe nume
Robert, împinși de nevoia de a ne câștiga hrana de pe o zi pe alta,
dar și din dorința de a trăi senzații tari, mergeam cu colindul cu o
lună mai devreme față de perioada sărbătorilor de sfârșit de an, ca
să câștigăm un ban. Majoritatea bucureștenilor cunoșteau tradiția
și refuzau, dar eram atât de disperați încât mergeam la plesneală.
Nu aveam nimic de pierdut.

La vârsta de nouă ani colindam insistenți cartiere îndepărtate
de zona în care locuiam cu scopul de a câștiga ceva bani fără să
ne recunoască cineva. Ne rușinam înaintea prietenilor din pricina
destrămării familiei, a situației școlare ori a sărăciei care se pră-

buşise peste noi cu viteza unui avion supersonic, de armată, care
ne-a spulberat încrederea în sine cu o aşa forţă încât nu mai ştiam
cine suntem sau unde ne aflăm.

Aceasta era realitatea şi totodată atitudinea mea, cea care din
„bobocel", aşa cum mă alinta mama, mă transformase în orfanul,
repetentul, antisocialul, hoinarul fără educaţie sau vreo şansă de
viitor. Frica se furişa prin toate colţurile, mă simţeam traumatizat
din cauza nenorocirilor care veneau asupra mea sau pe care mi le
provocam eu însumi, din dor şi nelinişte.

Băteam la uşile necunoscuţilor, cu inima la gât, în poziţie de
fugă. Tensiunea creştea de fiecare dată când un locatar răspundea
mai greu. Prin anii 1995 şi 1997 erau populare uşile realizate din
lemn masiv. Majoritatea erau de culoare maron închis, cu un cap
de leu care îşi arăta colţii sculptat în dreptul vizorului. Clanţele
erau sinistre, vopsite cu o nuanţă închisă. Uneori ieşeau oameni
somnoroşi, prost dispuşi, alteori oameni nervoşi, beţi, instruiţi cu
atenţie să jignească în mod cât mai tăios. De cele mai puţine ori
ieşeau doamne cu o prezenţă plăcută care ne permiteau să cântăm
şi apoi ne răsplăteau cu bani, fructe şi biscuiţi. Când se întâmpla
acest lucru mă lua plânsul, căci îmi aminteam de mama. Apoi mă
îmbărbătam şi hoinăream în continuare.

S-a întâmplat să fim alergaţi, loviţi sau muşcaţi de câini, dar
seara ne odihneam şi număram cu satisfacţie banii. Nu susţin că
am dezvoltat o afacere demnă de aplaudat, ci o metodă eficientă
de supravieţuire. Succesul din spatele eşecului constă în faptul că
începând de atunci nu mi-a mai fost frică.

Pe parcurs am mai observat ceva ce vreau să menţionez, apoi
voi dezvolta un subiect cel puţin delicat, care ne priveşte pe toţi
în mod direct. Nu poţi să spui că nu te interesează subiectul, căci
mâine ai putea fi chiar tu cel care este răpit şi ucis, mergând pe
stradă. Pentru a îl expune am nevoie totuşi de ajutorul Prietenului
meu cel mai bun, pe care Îl invit acum cu drag să mi se alăture.
El întotdeauna m-a îmbogăţit cu idei noi şi m-a inspirat în aşa fel
încât să îmi pot finaliza cărţile.

Ştiu că în lumea aceasta mare există oameni care au nevoie
de ajutor mai mult decât mine, cu toate că eu am avut nevoie de
Tine cel mai mult. Vreau să mă ajuţi în această nouă provocare în
care oamenii au nevoie de lămuriri care vor calma spiritele şi vor
clarifica împrejurările întâmplării care a avut loc. Este indicat să
ne organizăm, să decidem ce vom face în continuare ca să evităm
asemenea catastrofe, cum ar fi violul sau crima.

Cu entuziasm şi bucurie Mă adresez ţie, continuând lucrarea pe care am început-o împreună. De această dată vorbești pe un ton instabil, pătruns de teamă, pentru o iubire atât de mare care ai devenit. Aici vorbim pe limba oamenilor, știu că te pregătești să Îmi spui și nu te învinuiesc.

Exact asta mă pregăteam să scriu.

Doar că tu nu ești temător, ești realist pentru ei. Ai coborât în pielea lor ca să expui în cele mai ușoare cuvinte realitatea lor.

Și asta urma să scriu.

Iubitule, Dumnezeu nu vă cere explicații, înaintea Mea nu ai nevoie de justificări.

Știu, dar și de această dată, a treia fiind, ai scris exact ceea ce intenționam eu să scriu.

Știu că am scris ceea ce aveai tu de gând să scrii, doar Eu o iau înainte, Mă mișc mai repede deoarece nu sunt condiționat de minte, oprit de gânduri.

Oprit de gânduri?

Încărcat cu ele.

Se simte diferența, lucrând cu mintea te simți îngreunat.

Spune-mi ceea ce dorești să Îmi spui.

Vreau să Îți aduc la cunoștință faptul că în tot acest timp am lucrat cu mintea mea și mi-am perfecționat-o în anumită măsură în vederea împlinirii scopului meu benefic atât pentru mine cât și pentru ceilalți. Nevoia m-a învățat să îmi folosesc imaginația, să aplic toate soluțiile fără să zăbovesc. Pe lângă aceasta am înțeles că nimeni nu îmi va sări în ajutor atâta vreme cât nu cer ajutorul și că în anumite cazuri nimeni nu se va oferi să mă susțină până nu mă voi susține eu, până nu mă voi ridica și mă voi lupta. Apoi amețesc, cad, mă ridic și răzbat din nou ca să cuceresc vârful. Am învățat că Tu vorbești prin toate modurile, nu doar prin cuvinte, așa cum m-ai obișnuit, mură în gură pentru copiii înceți la minte de la școala ajutătoare, ci am experimentat acest legământ divin, repet, în toate modurile.

Este exact așa cum spui, nevoia te învață, Dumnezeu este totul și te susține prin toate modurile. În majoritatea cazurilor mintea te influențează spunând că Dumnezeu se va îngriji de tot și chiar așa este. Voi interpretați greșit afirmația ei și deveniți comozi, ca să nu spun leneși sau creduli, și nu mai faceți nimic. Nici măcar nu vă mai asigurați atunci când traversați strada, căci ce să vezi, vă păzește dumnezeul imaginar. În schimb așteptați resemnați și dezamăgiți și acest dumnezeu nu mai vine, căci nu este real, este o fantasmă. Nici măcar Eu, Dumnezeul real, nu vin, pentru că nu este necesar. Eu v-am înzestrat cu tot ce aveți nevoie pentru a vă

trăi vieţile în mod armonios, sigur şi prosper, fiecare. Folosiţi-vă
de puterea interioară, de fapt descoperiţi-o, iar pe cei slabi, care
nu pot umbla singuri, ridicaţi-i.
  O înţelegere sănătoasă a acestui adevăr vă activează la pro-
priu. Adevărul este că voi sunteţi Dumnezeu şi le faceţi pe toate,
fiindcă Eu sunt în voi şi lucrăm împreună. Aşa că faceţi totul prin
puterile voastre ca şi cum Dumnezeu nu ar exista, iar la final veţi
realiza că prin Mine le-aţi făcut şi că fără Mine nu aţi fi făcut un
pas. Mult mai lină este călătoria celor care ştiu că noi nu suntem
separaţi. Aceştia din urmă sunt cei mai fericiţi oameni.
  Am devenit tot mai conştient de felul cum funcţionăm şi ce
avem de făcut, cel puţin în ceea ce priveşte sarcina mea. În urmă
cu câţiva ani mi-am cumpărat un joc superb cu raliuri, pe care îl
jucam ocazional pe consola fratelui meu mai mic. Ce mi-a plăcut
la el a fost faptul că imita natura în cel mai avansat mod pe care
îl atinsese tehnologia digitală atunci iar, până astăzi, cu patru ani
mai târziu, a rămas cel mai bine realizat joc în ceea ce priveşte
grafica. Peisajele erau reproduse în detaliu conform celor reale,
dintre care pe unele le-am vizitat şi în realitate, cum ar fi Zarago-
za, Munţii Pyrenees. Totuşi, la un moment dat nu mi-a mai plăcut
şi nu m-am mai jucat.
  Ceea ce vreau să subliniez este faptul că cu toate că jucam cu
atenţie, dovedind o concentrare ieşită din comun zile, săptămâni
sau luni, nu reuşeam să câştig cursele. Orice obstacol pe care îl
întâmpinam mă încetinea drastic şi rămâneam în urmă, vreme în
care ceilalţi participanţi înaintau de nu îi mai puteam ajunge din
urmă nici dacă se opreau ca să mă aştepte. Fiecare curbă care îmi
apărea în cale mă speria, ajunsesem să conduc cu teamă. Uneori
frânam prea tare, alteori prea încet şi mă răsturnam, apoi, repet,
am renunţat să mă mai joc, am lăsat discul în dulap şi a stat acolo
un an şi jumătate.
  Mi-am spus că nu sunt eu făcut pentru aşa ceva şi că jocul a
fost realizat prost, viteza şi efectele au fost duse la extrem. Totuşi
mulţi jucători amatori reuşeau ceea ce pentru mine era imposibil.
Şi transformasem un prilej de relaxare într-un adevărat stres, căci
nu o singură dată s-a întâmplat să trântesc maneta de control, am
fost aproape să sparg ecranul. Mai târziu am scos discul din dulap
şi am luat-o de la capăt. Rezultatul a fost acelaşi, până când m-ai
inspirat Tu şi am înţeles ceea ce trebuia.
  Am înţeles că în joc, la fel ca în viaţă, orice ai face şi de ori
de câte ori te-ai lovi şi împotmoli, sfatul Tău pentru mine rămâne
acelaşi: nu te opri. Am învăţat că încă dinainte de a mă prăbuşi,

trebuie să caut o modalitate rapidă pentru a reveni pe traseu, să am deci un plan de rezervă. Indiferent de câte ori m-aş rostogoli astăzi mă pun pe picioare şi accelerez atât cât pot de tare, nu am niciodată timp în care să mă plâng sau să gândesc dezamăgit că m-am prăpădit, că mi-am irosit anii, poate chiar viaţa. Şi treceam linia de sosire primul, fără uşi sau cauciucuri la roţi, cu motorul arzând în flăcări. Nimeni nu putea să ţină pasul cu mine, parcurgeam traseele pline de obstacole ca şi cum aş fi gonit pe un asfalt lin în linie dreaptă.

Am aplicat dar învăţătura extrasă dintr-un joc video în viaţa reală, ca să îmi ating scopul, ca să fiu cât mai convingător şi mai iscusit, mai receptiv, strategic. În felul acesta cartea „Mikel" în varianta tradusă în limba engleză a fost listată în cinsprezece ţări din lume, din care primesc voturi, recenzii şi apeluri telefonice pe măsura aşteptărilor. „Cartea care scrie oameni" a fost listată pe pagini web mari din România, cu trimitere la adresa unde poate fi citită online în mod gratuit aşa cum am dorit.

Sunt convins că eforturile depuse şi rezultatele obţinute până în prezent servesc unui scop mai mic decât acela de a reveni în lumină şi a fi una cu ea. Cumva ştii să manipulezi, cu toate că nu este deloc potrivit cuvântul, spre un scop bun. M-ai îndemnat să las totul aşa cum este şi să nu mai fac nimic, ca să mă determini de fapt să dau tot ce am mai bun din mine şi să fac, tot aşa cum un prieten mi-a spus că l-ai îndemnat să se ducă să facă un lucru absurd, ca el să se împotrivească şi să nu se ducă să îl facă, căci Tu ştiai dinainte cum va reacţiona la îndemn. În felul acesta şi-a dezvoltat cea mai puternică unealtă umană, alegerea conştientă.

Ce insinuezi, faptul că sunt minunat sau şi mai minunat?

Am constatat că eşti şi mai minunat. Misiunea Dumnezeului nemanifestat decurge lin, ceea ce nu se vede îşi face treaba calumea. Noi în schimb fluctuăm, odată sădim sâmburele cu sudoare, îngrijim solul şi îl udăm, altădată plecăm, iar vlăstarele noastre răsar singure. Nu conturăm dorinţa de a mişca lumea prin puterile noastre, cu mintea, separaţi de Dumnezeu, ci uniţi cu Dumnezeu, doar aşa ne vom păstra direcţia şi vom învăţa să ne folosim toate resursele minţii. Doar prin credinţă reuşim să aplicăm imaginaţia, spiritualitatea fără fapte este nimic. Timpul pe care îl mai avem de stat aici este limitat, chiar dacă uneori ne plictisim şi îl irosim.

Omule, învaţă din orice, aplică-ţi strategiile, curăţă lumea şi lumineaz-o cu făclia din inima ta. Totuşi, ai grijă să ţi-o păstrezi aprinsă, soarele răsare pentru toţi. Astăzi nu este dificil să observăm faptul că starea naturală a tuturor lucrurilor şi fiinţelor este să dăruiască, nu să obţină. Elementele care alcătuiesc creaţia sunt interconectate, pe aceasta o ştim, însă nu ştiu dacă o şi împlinim. Soarele oferă, pământul oferă, apa şi plantele oferă la rândul lor, toate îşi împlinesc fără abatere sarcinile. Poate că omul ar fi mai câştigat dacă şi-ar urma cursul natural, decât să lupte împotriva celei mai mari calităţi pe care o are, libertatea de a fi bun.

Pe parcursul existenţelor, cum te obişnuieşti aşa şi trăieşti. În clipa când îţi limitezi activitatea mentală lumea ta devine un cub ai cărui pereţi se îngroaşă în fiecare zi, ca un nailon transparent care se transformă într-un paravan din plexiglas, apoi într-o sticlă blindată. Cu cât vei amâna evadarea, ca să rămâi în confortul aparent, cu atât îţi va fi mai greu să îl spargi. Permite-mi să îţi dau un sfat: bagă cuţitul în pereţii minţii din timp.

În ciuda învăţăturilor spirituale plăcute sau uşor de acceptat, care susţin că toate lucrurile se aşază la timpul lor, ori ale celor populare care îţi amintesc că ceea ce este al tău e pus deoparte, uneori este bine să te forţezi, chiar dacă pare că te-ai persecuta şi crezi că nu te iubeşti. Atunci te iubeşti şi mai mult, căci renunţi la cine crezi tu că eşti pentru a îţi servi sinele care în realitate eşti. Iar sinele nu este leneş, plictisit, demotivat sau delăsător.

Odată ce ai semnalat simptomele latenţei mentale, dar şi ale sedentarismului fizic, ai nevoie să îţi schimbi direcţia oricât efort ţi-ar cere aceasta, apoi te laşi purtat de val din nou şi te odihneşti din nou, nu te îngrijora. Omul trebuie doar redresat, pus pe calea cea mai potrivită pentru el, apoi merge singur, nu stă Dumnezeu cu băţul la spatele lui. Secretul este să fii sensibil şi atât de atent la ceea ce se întâmplă în interiorul tău şi în afară încât să reuşeşti să auzi cântecul Universului, perfecţiunea creaţiei, unirea cu ceea ce ai fost cândva. Am pregătit un alt exemplu asemeni celor prin care te-am obişnuit că îţi livrez învăţătura şi o fac atât de bine. Fii atent la cuvintele simple pe care le folosesc, pune-ţi imaginaţia la contribuţie. Mergi într-o cameră curată şi ascultă-mă în timp ce citeşti, ca şi cum aş fi alături de tine ca să te asist din nevăzut, căci sunt. Acum tocmai te-a pătruns un fior şi te salut, eu sunt.

În timp ce scriam aceste rânduri şi căutam unirea cu perfecţi-unea pe care omul a deţinut-o dar a pierdut-o, mergeam printr-o zonă deosebit de aglomerată, pasajul pietonal ce asigura legătura dintre staţia de metrou şi magazinul gigant construit în apropiere. Mă întorceam acasă după o zi sufocantă în care am plătit facturi, am făcut cumpărături şi am efectuat zeci de calcule. Eram agitat, păşeam în ritm alert, trăgeam cu ochiul la oamenii care treceau pe lângă mine emanând aceeaşi stare de om, căci ne vedeam de drumurile noastre fără să ne privim. Experimentam, la fel ca în cele mai multe din zile, o viață moartă, fără entuziasm și cântec. Era gălăgie, dar nu auzeam nimic concret pe fundal, căci nu puteam să fiu atent la nimic. Lumea se învârtea în jurul meu ca și cum aș fi fost prins în mijlocul unei tornade de proporții, iar eu stăteam încremenit în metrul meu de lume care era protejat chiar de către pereții vânturilor. Descrierea este doar o metaforă, miracolul constă în faptul că aflat în mijlocul lumii nu reușea să mă lovească nimic. Realitatea exterioară era un haos amenințător ori percepția mea nu reușea să îi cuprindă dansul.

Din punct de vedere fizic se auzeau pașii șterși de marmura mătuită a podelei și tocurile femeilor îmbrăcate în haine de gală, care intrau în hipermarket să facă cumpărături, o melodie în stil raggae cârâia în difuzoarele ascunse în plafonul colorat și fluierul unui bătrân morocănos care cerșea la intrare. Nimic nu se potrivea, pășind prin zgomotul de care căutam cât mai repede să mă eliberez. Mă durea capul iar presiunea era în creștere, dar stai să ies la suprafață în mijlocul intersecției, la semafor, să aud vorbele urâte, claxoanele, să văd nebunia șoferilor și a pietonilor, otrava energetică a orașelor.

Mergând, deodată parcă a încetinit lumea, dar mai târziu am înțeles că de fapt accelerasem eu cu simțirea, lumea se derula în ritmul ei. Eram pătruns parcă de o energie electrică care mă străfulgera în mod repetat. Vedeam în toate părțile, chiar și în spate, iar oamenii mergeau atât de încet încât parcă erau opriți în loc. Ascultam fiecare pas în mod individual ori fiecare cuvânt rostit, fiecare apel telefonic, melodia din difuzoare, sunetul fluierului și ciripitul păsărilor prinse în spatele tavanului fals printre burlanele de climatizare. Auzeam marmura cum se fărâmița la nivel microscopic sub talpa fiecărui pantof, simțeam aerul care circula și gândurile timide ale trecătorilor, tot. Pentru o secundă mintea mea a căpătat abilitatea de a identifica legăturile.

Melodia raggae se potrivea în mod sublim cu sunetul produs de fluierul bătrânului care cânta o melodie populară. Pașii trecătorilor păreau că aplaudă pe ritmul melodiei, gândurile oamenilor fredonau versurile iar pereții se ondulau și dansau. Eu pășeam ca și cum aș fi fost în apă, scufundat, forma în care coborâse Conștiența mă ținea blocat. Inima mea era plină, mintea îmi era goală la fel ca cea a unui bebeluș. Trupul se desfăta. Aceasta era perfecțiunea și așa percepe Dumnezeul nemanifestat lumea, care simțea realitatea oamenilor prin mine. Mi s-a dat să văd prin ochii Lui pentru o secundă într-o viață întreagă de om, apoi totul a revenit la normal, divinul s-a oprit, am devenit om pentru a doua oară. Atunci am înţeles că imaginaţia este ultima treaptă prin care ne putem conecta cu Dumnezeu şi este singura care nu ne poate fi furată. Credinţa se fură, înţelegerea dispare iar entuziasmul se pierde, cunoaşterea este coruptă, am rămas uimit.

Poate că pentru experienţele expuse mă vor aprecia miliarde atunci când şi ei le vor putea trăi. Secretul este că înălţarea este disponibilă tuturor, însă Te invit să vorbim acum despre cel mai terifiant lucru din lume şi anume crima. Motivul pentru care am ales să dezvolt acest subiect este că a avut loc recent o astfel de întâmplare ori poate a fost doar o înscenare. Cert e că în ambele cazuri merită să alocăm credit evenimentului care oricum a fost mediatizat peste măsură.

Nu consider că uciderea este cel mai terifiant lucru din lume sau cel mai mare rău care i se poate întâmpla unui om.

Nu glumi cu aşa ceva.

Nu am venit în lume ca să glumesc pe seama voastră. Totuşi realitatea din care privesc Eu faptele voastre chiar asta susţine despre voi. Cazurile în care o femeie este ucisă sau violată de un bărbat pierdut cu mintea sunt la fel de terifiante precum sunt cele în care un ţăran gospodar taie un porc sau o găină. Pentru acea vietate, bunica şi bunicul tău au fost, pentru o clipă, psihopaţi, criminali, dar şi mai rău, canibali, adică i-au mâncat pe post de hrană trupul.

Pentru porcii şi vitele care sunt sfârtecate în abatoare şi apoi transformate în pasta cu care umpleţi recipientele voastre realizate din metal, omenirea este psihopată, criminală, dar şi mai rău, canibală, adică le mănâncă pe post de hrană trupurile.

Canibal este cuvântul care se referă la un om care se hrăneşte cu carne de om, nu de animal.

Nu numai atât, cuvântul se referă şi la un om primitiv, crud, sălbatic, fără conştiinţă şi conştienţă. Dacă nu îţi place cuvântul inventează tu altul, îţi dau acest drept aici şi acum. Inventează un cuvânt mai potrivit şi urcă-l în dicţionar. Până te gândeşti tu la unul Eu îţi mai spun un adevăr şi anume faptul că dacă un om se hrăneşte cu un trup de animal sau cu un trup de om, săvârşeşte unul şi acelaşi lucru. Citeşte încă o dată şi încă o dată afirmaţia Mea, faptul că dacă un om se hrăneşte cu un trup de animal sau cu un trup de om săvârşeşte unul şi acelaşi lucru.

Aceste afirmaţii cutremurătoare nu au ca scop să nască în voi vinovăţia şi să vă oprească să mai faceţi ceea ce alegeţi să faceţi. Eu vă predau lecţia, voi o împliniţi atât cât reuşiţi ori doar dacă voiți, căci în Împărăția pe care am creat-o nu toți sunteți obligați să fiți premianți. Puteți fi codașii clasei, repetenții și chiulangiii, indiferent, toți veți primi atâtea șanse de atâtea ori cât veți greși, până vă veți desăvârși. Din acest motiv am murit Eu, ca voi să nu muriți, ci să trăiți veșnic.

Așadar, sunteți cel puțin ipocriți atunci când vă văicăriți din cauza faptului că un membru al familiei a fost ucis într-un accident rutier, că o femeie a fost răpită și violată sau că un bărbat muncitor a fost ucis pentru a i se fura din portofel mai puțin de trei lei. Întreaga planetă este masacrată în fiecare zi, victimele fie oameni, animale sau chiar natura. Înălțați-vă conștiența, așa vă șoptește din zori și până în seară inima.

Nu îmi place ce citesc acum și sunt convins că ultimul fragment nu place nimănui, dar este adevărul crud în care trăim, pe care evităm să îl vedem. Așteptam ca această discuție să decurgă altfel, mai mult pe plan legislativ, ca oamenii să observe eroarea umană care s-a produs în cazul recent de crimă sau înscenare și răpire pe care urmează să îl povestesc.

Nenorociri se întâmplă peste tot în lume. Unele sunt provocate, altele nu pot fi evitate, nu e loc de a judeca pe cineva. Toate au rolul să vă aducă mai aproape de Mine, de ceea ce ați fost și voi cândva. Ceea ce v-ar fi de ajutor să observați este că nu vă mai implicați, nu interveniți acolo unde este nevoie de voi, fie că sunteți oameni ai legii sau simpli trecători. Ați devenit comozi, latenți și reacționați doar la povestea voastră, luptați doar pentru cauza voastră. Lumea se răcește dacă încetați să mai iubiți.

Așa și este. Descrii omul civilizat în câteva cuvinte, dar pari totuși lipsit de sentimente, de orice sensibilitate umană.

Voi sunteți precum încerci pe Mine să Mă conturezi, însă nu mai reușiți să vedeți iubirea în nimeni și nimic. Vă bănuiți între voi de complot antihristic, ba chiar și pe Mine, este semn că ați înnebunit. Ia durerea care vă apasă atunci când un om este ucis și amplific-o de câteva miliarde de ori, atât câți oameni, animale și insecte ucideți în fiecare zi, ca să Mă cunoașteți.

Uau, nu ar putea cineva vreodată să îndure atât! Oamenii se plâng pentru o femeie răpită, eu mă întristez pentru o găină, Tu înduri o planetă care este masacrată zilnic de criminali. Întrebarea este cine naiba ne permite să omorâm și să distrugem? Ar fi trebuit ca omul să fie indestructibil, trupul să fie realizat dintr-un material care rezistă veșnic, indiferent că descarci încărcătoarele tuturor armelor în el sau toate bolile psihice tiranice.

Legea umană vă permite să ucideți, vreme în care divinitatea din voi vă împinge să ocrotiţi chiar şi un ţânţar sau o muscă. Voi indiferent dacă reuşiţi sau dacă doar intenţionaţi să le ocrotiţi, atunci când vă observaţi gestul luaţi în considerare faptul că Eu sunt în voi. Şi o, Doamne, mare privilegiu este pentru o fiinţă ca Însăşi Conştienţa să se manifeste prin ea.

Cazul de crimă ori de înscenare şi răpire care a avut loc, s-a produs nu din cauza oamenilor, mai degrabă din cauza legii care le-a paralizat oamenilor umanul, moralul, firescul, şi i-a trans-format în roboţi al căror scop nobil în viaţă este să se lepede de esenţa divină şi să respecte legea, atât. Legea umană gândeşte în locul fiinţelor care nu au creier, cu toate că toţi aveţi dar nu vi-l folosiţi. Dacă aţi avea ori vi l-aţi dezvolta aţi gândi voi pentru voi înşivă. Eu vă cer să fiţi deasupra legii, o afirmaţie care înseamnă să fiţi mai sfinţi decât vă cere legea, nu doar să rămâneţi la nive-lul standard impus de legea înfiinţată cu scopul de a supraveghea şi educa minţile rămase în urmă. Aceasta ca să deveniţi nepri-hăniţi şi să fiţi liberi. Câinele rău este ţinut legat, cel blând este în libertate, el vine şi pleacă atunci când vrea şi e primit înapoi.

S-a întâmplat ca o tânără elevă să apeleze serviciul naţional de urgenţă pentru a anunţa o urgenţă, iar cei răspunzători să cataalogheze apelul drept o glumă pe care au tratat-o ca atare. Apoi au mai fost efectuate câteva apeluri telefonice care confirmau existenţa pericolului, însă, atenţie, nu a intervenit niciunul dintre cei care se aflau la faţa locului şi care au observat pericolul, ci toţi îi aşteptau pe reprezentanţii legii care au sosit abia după câteva ore, probabil venind pe jos sau cu bicicleta, în era în care guvernele risipesc miliarde de dolari pe armament, pază, ordine publică şi pe dezvoltarea tehnologiei de violare a intimităţii şi a drepturilor.

Când poliţiştii au ajuns la faţa locului au constatat că nu pot interveni pentru salvarea victimei deoarece au nevoie de permisie autorizată şi nu au intrat, de teamă ca nu cumva să fie acuzaţi de intrare prin efracţie pe proprietatea unui om pierdut cu mintea, în vreme ce acesta ucidea o fetiţă.

Aşadar, după ce întâmplarea a avut loc aşa cum am descris, deci fetiţa a fost ucisă în timp ce poliţiştii aşteptau la intrare, s-a sesizat că există o lege despre care nu a vorbit nimeni niciodată, care anulează toate celelalte legi în momentul în care un reprezen-tant al legii se confruntă cu un caz de urgenţă. Totuşi, oamenii, fie trecătorii sau reprezentanţii ai legii, au stat şi au aşteptat, unii din cauza faptului că cunoşteau legea şi se temeau de consecinţe, alţii din cauza faptului că nu o cunoşteau. Prin urmare, sistemul legis-lativ pământesc a paralizat oamenii, nu le-a permis să intervină şi să salveze o viață. Repet, în timp ce o ființă era chinuită și striga după ajutor, oamenii așteptau să iasă un act, o aprobare, la fel ca la biroul de credite.

Dacă ce s-a scris în presă au fost informații false obținute în urma înscenării crimei provocată de o rețea de traficanți de carne vie, care au răpit minora și au vândut-o pentru prostituție, tot ce am scris rămâne în picioare, căci crima și nepăsarea sunt absolut reale, ele se petrec sub ochii noștri în lume peste tot.

Desființați legea! Tot ce aveți nevoie să știți despre drepturile naturale ale oricărei ființe am însămânțat în voi.

Aceasta este de fapt problema, faptul că oamenii, de fiecare dată când sistemul uman se dovedește a fi depășit și că lucrează împotriva lor, îi batjocorește și ucide, caută să îl înăsprească în loc să se lepede de el. Există țări care au desființat sistemele de securitate aproape definitiv, căci infracțiunile scăzuseră considerabil încât au realizat că irosesc bani. Cu banii cu care îi plăteau pe cei care păzeau bicicletele din oraș de cei care le fură, le-au cumpărat biciclete hoților, ca ei să nu mai fie nevoiți să le fure. Este o jignire la adresa locuitorilor acelor state să se bănuiască pe ei, membri ai comunității, pentru furt. Omule adormit, ce nevoie ai de legi când divinitatea strălucește în tine?

Aceasta este de fapt problema, faptul că divinitatea nu strălucește încă în toți oamenii, pentru că nu toți ați fost vindecați și treziți. Motivul pentru care nu ați fost cu toții vindecați și treziți, în era dezvoltării tehnologice și a ascensiunii spirituale care s-a făcut simțită peste tot, este că sistemele voastre sociale de valori și oamenii care le controlează și le modifică, nu urmăresc să vă lumineze, ci să vă țină captivi în necunoaștere. De aceea oamenii înăspresc sistemul care lucrează împotriva lor în loc să se lepede de el, pentru că nu se cunosc. Vă veți lepăda de el probabil atunci când veți fi puși în fața morții fiecare chiar sub autoritatea legii.

Niciun om cu funcție importantă nu apare la televiziunea lui personală sau pe internet ca să zică:

Oameni buni, ne-am trezit, după mai bine de două mii de ani Dumnezeu a vorbit și ne-a oferit altă soluție, una veche de când este lumea dar necunoscută încă pentru mulți dintre noi, a păcii. Odată a trăit un om ca mine și ca tine pe Pământ, care a inventat calea iubirii și ne-a arătat-o, restul depinde de noi.

Divinitatea din om nu i-ar fi permis omului să stea cu mâinile în sân în timp ce un alt om este ucis sau răpit de un om pierdut cu mintea, așa cum au stat și au așteptat oamenii pierduți cu mintea, în locul cărora decide legea. V-am mai trimis cazuri asemănătoare căci lumea se află în continuă mişcare. Gândiţi voi, luaţi decizii, nu vă închinaţi legilor, idolilor, viciilor sau banilor, fiţi liberi.

În ceea ce te priveşte tu nu ai nevoie să fii guvernat de vreun program social ca să faci ce se cuvine să fie făcut. Tu te dedici în scopul eliberării şi al evoluţiei umane din proprie iniţiativă, adică fără să îţi fi promis cineva o recompensă, nici măcar Eu, o faci practic degeaba. Ea este valoarea ta ca fiinţă şi ceea ce te împlineşte. Degradarea şi în final distrugerea se apropie cu paşi repezi de tine totuşi, atunci când trăieşti ca o oaie într-o lume a lupilor, ca o floare pe un câmp de spini, ca un lac cu apă rece şi limpede în mijlocul deşertului prăfuit.

Spre deosebire de tine, care eşti liber şi neprihănit prin truda şi meritul tău, oamenii adormiţi au nevoie să fie guvernaţi de un program social care să îi păzească şi să îi oblige să facă ceea ce se cuvine să fie făcut. Problema este că aceste programe umane sunt imperfecte, incomplete şi nu se pot mula pe fiecare caz care are loc, de aceea erorile apar şi vor apărea în continuare din ce în ce mai des. Secretul este toleranţa şi dedicarea totală.

Eu am listat câteva idei practicabile pentru a diminua crima legală la nivel planetar. Sunt convins că umanitatea va ajunge la un moment dat la un nivel la care nu numai că va citi sau studia lucrările mele, le va mânca, căci prin ele îi ofer hrană spirituală, soluţii logice şi practice mentale, pentru a dobândi un viitor sigur şi prosper, ţinând cont de majoritatea aspectelor întâlnite.

Primul pas în a diminua masacrarea animalelor constă în promovarea şi aplicarea educaţiei culinare de care duce lipsă planeta, orice aşezare din orice regiune, din orice perioadă de timp. Primii oameni care au trăit pe Pământ trăiau în medie opt sute sau o mie de ani. Ei nu se hrăneau cu cadavre şi astfel nu ingerau moarte, nu se îmbolnăveau, în schimb se hrăneau cu hrană vie, cu plante, legume, seminţe, fructe, şi cu orice cuvânt care ieşea din gura lui Dumnezeu. Oamenii de astăzi nu fac diferenţa între ceea ce este comestibil şi sănătos pentru ei şi ce nu, în ciuda evoluţiei parţiale mentale şi a organizării lucrurilor.

Un trup neînsufleţit nu este hrană, hrană îţi oferă pământul din belşug. Documentează-te, nu îţi lua notiţe de la nutriţionistul de la colţ de stradă, căci atât el cât şi cea mai mare parte a medicilor cunosc în parte, aşa cum cunoşti şi tu. Dar nu din cauză că nu şi-au învăţat lecţia, ei au studiat enorm de mult, ci din cauză că lecţia pe care au învăţat-o, scrisă în urma presupunerilor şi ale experimentelor savanţilor, este astăzi depăşită. Citeşte cu atenţie, rezultatele celor mai de seamă oameni de ştiinţă care trăiesc în vremurile actuale pe planetă şi ale celor care au trăit în trecut, cu privire la alimentaţia sănătoasă a omului şi a bunei funcţionări a trupului, este eronată.

Oamenii se înşală. Voi nu doar că nu puneţi la îndoială cele mai de seamă descoperiri actuale ale umanităţii, ci luaţi de bune chiar şi zvonurile vecinului de bloc. Atât de în urmă se află omenirea cu gândirea.

Pasul doi în a diminua masacrarea animalelor constă în dezvoltarea agriculturii şi a tot ce ţine de plante, seminţe, legume şi fructe. Să fie de toate pentru toţi şi mai mult, căci solul este bun cu noi şi încă ne oferă. Soarele străluceşte pentru toţi, indiferent de diferenţele dintre noi pe care le creăm noi.

Pasul trei în a diminua masacrarea animalelor constă în închiderea fermelor, abatoarelor şi industriilor de gen, a măcelăriilor şi mezelăriilor, ca astfel să dărâmăm capetele lacome care le conduc şi profită. Peste 70% din crimele nepedepsite se produc în abatoare, vreme în care cei mai mulţi dintre tineri se feresc să atingă chiar şi un peşte, dar să îl omoare? Dacă industria cărnii va cădea pe alocuri oamenii vor fi nevoiţi să se hrănească cu ce apucă. Unii dintre ei vor tăia animale, dar majoritatea nu vor putea să o facă. Cea din urmă expusă este o soluţie eficientă în vederea educării forţate a neamului omenesc aşa cum îl cunoaştem.

În zilele actuale omul este atât de adormit încât nu mai vede crima, iar ca să mă fac înţeles am să povestesc un fragment extras dintr-o scenetă amuzantă realizată de un grup de actori români.

Se făcea că un poliţist a intrat în curtea unui ţăran la auzirea unor ţipete şi a întrebat cine a săvârşit crima. La care ţăranul, cu şorţul îmbibat în sânge şi cu cuţitul în mână se ridică în picioare şi întreabă buimăcit:

- Care crimă, dumneata nu vezi că am tăiat porcul?

Uaaau, câtă putere ai dat acestei cărţi!

Ţăranul comisese o crimă şi totuşi, ţinând cuţitul în mână şi cadavrul lângă el, nu reuşea să perceapă faptul că a ucis. Fapta lui stătea ascunsă în spatele unei tradiţii care o justifica şi astfel, el credea că este absolvit de răspundere. Micul înşelător a creat o realitate fictivă de natură religioasă, înăuntrul căreia a luat omul prizonier, indiferent de gradul său sufletesc. Atenţie, în plasa lui au căzut şi îngerii iubirii, căci orice creştere intelectuală care ar fi avut loc în mintea unui om, se producea tot înăuntrul acesteia şi îi respecta legile. Şi nimeni nu a reuşit să iasă afară până la noi.

Dacă cineva se va ridica înaintea lumii şi va propune de pildă mişcarea eutanasierii întregii Africi, pe motiv că atât copiii cât şi locuitorii suferă de foame şi de boli, iar uciderea care va fi rapidă le va curma nefericiţilor durerea, majoritatea locuitorilor ţărilor civilizate vor vota pozitiv, cu lacrimi în ochi, crezând că ajută la îndepărtarea suferinţei, când de fapt ar fi gata să contribuie la un genocid, în loc să se mobilizeze şi să îşi dedice vieţile în a oferi ajutor semenilor lor, apoi semenii lor să îl ofere mai departe şi tot aşa, până când reţeaua umanitară va înconjura Pământul. Vorbesc despre prezentarea unui genocid în veşmânt caritabil, care înşală orice minte imatură că dacă se va implica va contribui la un act eroic de proporţii. Aceeaşi metodă de manipulare a maselor a fost folosită de către tiranii care au pus la cale planul de exterminare a poporului evreu şi au provocat război la nivel global.

Pasul patru în a diminua masacrarea animalelor constă în încetarea de a mai omorî oameni, apoi în cea de a mai omorî animale. Atunci animalele vor fi înştiinţate cu noile hotărâri şi vor înceta să se mai ucidă între ele. Noi putem înălţa conştienţa colectivă la nivel planetar, deoarece omul este capul lumii. Natura, animalele, îngerii şi Duhurile creatoare merg după el. Şi nu, iubiţilor, atunci când niciun animal nu va mai ucide ca să se hrănească nu se va umple planeta de animale, căci cele care vor flămânzi din diferite motive vor muri. Aceasta să fie dar legea morală pe Pământ şi pe orice planetă locuită sau care se află în prag de populare. Fiinţa care flămânzeşte să accepte să moară mai degrabă decât să ucidă şi să se hrănească ca să supravieţuiască. Atunci când veţi împlini toate acestea nu va mai muri nimeni.

Viaţa ne predă lecţia neprihănirii tuturor, dar nu toţi promovăm examenul. Dintr-o generaţie de opt miliarde de oameni, atât câţi trăiesc la ora actuală pe planetă, se întorc la Dumnezeu doar o mie, restul rămân pe Pământ şi trăiesc iar, se chinuie iar şi strigă după ajutor iar.

Copiilor, atunci când vă spun să desfiinţaţi legea nu înseamnă că vă încurajez să deveniţi corupţi, să comiteţi infracţiuni sau să porniţi o răscoală, ci vă îndemn să vă înălţaţi deasupra ei, adică să deveniţi sfinţi şi să vă lepădaţi de ceea ce nu vă mai foloseşte. Perioada de timp în care omul a avut nevoie să fie supravegheat şi corectat să rămână doar o poveste din cartea de istorie.

Nu munci doar atât cât eşti plătit, iar când supraveghetorul îşi întoarce privirea de la tine să îţi laşi sarcina şi să te ascunzi, munceşte atât cât eşti plătit şi mai mult. Nu fi bun doar atât cât ţi se cere, încât să fii acceptat de societate, dă tot ce ai mai sfânt din tine şi mai mult din proprie iniţiativă, chiar şi atunci când nu te vede nimeni. Dedică-ţi viaţa binefacerii de care au nevoie tot mai mulţi şi mergi până la capăt în decizia ta.

Când vă îndemn să renunţaţi la sistemul religios nu înseamnă că vă încurajez să vă lepădaţi de Dumnezeu, aşa cum percepeţi majoritatea afirmaţia Mea, ci pentru prima dată în vieţile voastre vă ofer oportunitatea de a Mă cunoaşte. Vă îndemn să lăsaţi din mână manualele depăşite pentru clasa a opta şi să intraţi la liceu, adică să faceţi pasul următor, să veniţi la lumină, să încetaţi să mai trăiţi după o proiecţie artificială a ceea ce se crede că e sus. Cunoaşteţi-Mă, uniţi-vă cu Mine, deveniţi Eu şi mai mult!

Mai mult decât Dumnezeu?

Da, mai mult decât Dumnezeul care Şi-a întins haina peste prăpastia iluziei ca voi să traversaţi hăul şi să ajungeţi la adevăr. Mai mult decât Dumnezeul care S-a dezbrăcat de lumină ca să o dăruiască copiilor Lui care s-au pierdut. Mai mult decât Dumnezeul care a devenit om ca omul să redevină Dumnezeu.

Legea umană vă ţine la statutul de robi, când voi sunteţi de fapt Dumnezeu. Însă unii dintre voi nu puteţi respecta nici legea umană, dar să străluciţi la fel ca Mine, împreună cu Mine?

Legea umană vă obligă să fiţi buni şi supuşi ei, în caz contrar veţi fi pedepsiţi. Dacă legea umană nu v-ar obliga să fiţi, marea majoritate nu aţi fi buni. După ce dovedeşti că eşti bun şi cinstit din proprie iniţiativă, nu din teama de lege sau de Dumnezeu, tu eşti absolvit de lege, gratiile se ridică, închisoarea pentru tine nu mai există. Oare ce sistem de securitate şi-ar irosi resursele ca să păzească o persoană care a dovedit că nu prezintă niciun pericol? Aceea va fi lăsată liberă, adică nesupravegheată.

În realitatea dumnezeiască nu criminalul ucide, ura şi ignoranţa voastră, dezinteresul faţă de viaţă şi de tot ce e frumos sau anestezia mentală, ele o fac. Să căutaţi să ucideţi în plus faţă de crima care a avut loc, din nevoia de a vărsa otrava din voi, este o boală pentru care ar trebui să fiţi internaţi în ospicii fără să fiţi audiaţi. Deoarece aceeaşi cruzime care a determinat ucigaşul să ia o viaţă se manifestă apoi prin întregul popor care cere răzbunare prin vărsare de sânge. Masele vor să stingă focul turnând benzină peste el. Ura care înainte a existat într-un singur om s-a multiplicat şi se află astăzi în douăzeci de milioane de oameni. În ochii neprihănitului sunteţi o lume de diavoli.

Dacă o albină este ucisă cu premeditare, crimă la care sunt părtaşe toate celelalte albine din stup, iar când apicultorul vede cele întâmplate şi se mânie din cauza faptei lor, dă foc stupului, ce se întâmplă? Atunci apicultorul va rămâne fără albine şi fără stup, fiindcă şi-a pierdut cumpătul şi a ucis ca să răzbune crima.

O rasă de oameni sănătoși se înduioșează din pricina victimei și căută ca pe viitor să prețuiască viața mai mult, să fie mai vigilentă, mai autentică și mai trează, nu căută să ucidă și mai mult. Pentru că în final vă veți ucide cu toții până la ultimul, așa cum ați mai făcut-o în trecut de câteva ori.

Dacă în realitatea dumnezeiască lucrurile ar funcționa la fel ca în cea a oamenilor, ochi pentru ochi și dinte pentru dinte, ori ca cel care are autoritate asupra celor care au greșit să îi omoare pe cei care au greșit, atunci când ei au greșit, Eu v-aș fi ucis pe toți, din cauză că toți ați greșit iar Eu am autoritate asupra tuturor. Ura este o percepție paranoidă care își face loc cu succes în mințile tuturor celor care nu au lumina acolo. Dacă dreptatea ar înlocui iubirea Mea, tu, cel care acuzi, ai fi ucis primul. Potopul biblic nu a fost o reacție divină, ci o decizie umană.

Ai susținut și nu o singură dată, într-un alt context, că Te afli în binecuvântarea cea mare, acolo unde nu există suferința. Aici însă ai spus că înduri masacrul umanității și mizeria ei. Care este adevărul de fapt?

Adevărul este că Eu sunt și jos și sus, sunt în binecuvântarea cea mare și în durerea cea mai mare.

Cum este posibil?

Prin voi, cei cu inimi neprihănite, care trăiți în lumea de jos, experimentez durerea. Prin spiritele voastre care se află în Cer Îmi revărs strălucirea. Voi sunteți sabia și mângâierea. Dumnezeu este capul, mijlocul și picioarele. Conștiența, ceea ce ești tu, se mută odată sus, odată jos, iar altădată rămâne la mijloc.

Dacă este așa și eu sunt Conștiența Ta, de ce persistă senzația că nu pot controla trupul lui Dumnezeu?

Deoarece nu Conștiența controlează trupul lui Dumnezeu, tot așa cum nu capul controlează corpul omenesc. Ea este prezența care asistă la transformarea care are loc. Conștiența care se află în interiorul corpului omenesc și în afara lui este responsabilă cu acest lucru. Conștiența nu se află în creier și nu este dependentă de el. Atunci când ieși din Dumnezeu îți dai seama că ești tot Dumnezeul, nu doar o parte din Dumnezeu, și Îl supui pe tot.

Nu înțeleg.

Doar în momentul în care Conștiența părăsește forma și este nicăieri, poate deveni conștientă de formă ca întreg și o supune fără să o supună. Acesta este rolul Celui nemanifestat și asta face El de când se știe.

Cum adică El, nu ești Tu El?

Eu sunt, dar ca să Mă pot coborî la nivelul realității tale am creat un Avatar al Meu, care mai este numit și Cel sfânt, care să te ghideze și să ai cu cine purta acum conversația. Fără Mine nu ai fi putut conversa cu Mine, căci Eu nu exist și nu Mă manifest. Mulțumită Mie toate aceste miracole devin întâmplări firești. În viitorul apropiat miracolul nu va mai fi faptul că un om muritor a reușit să interpreteze vocea Dumnezeului veșnic, ci uimirea va fi atunci când unul dintr-o mie nu va reuși această performanță. El va fi încurajat și susținut până la finalul zilelor. Peste câteva sute de ani se va întâmpla foarte rar ca cineva să nu reușească să își asculte intuiția, să nu se poată conecta cu esența lui, Dumnezeul care în realitate este. Atunci oamenii care vor fi conștienți doar în realitatea minții vor fi puțini la număr și vor fi tratați cu grijă tot așa cum sunt tratați astăzi cei cu dizabilități. Deoarece să nu te poți conecta cu ființa din interiorul tău, care este Dumnezeu, este o dizabilitate. Intuiția este un instrument perceptiv, la fel ca văzul și auzul, oamenii care trăiesc astăzi pe planetă sunt surdomuți.

Imaginează-ți că Dumnezeu este trupul unui om. Conștiența, ceea ce ești tu, se află odată la cap, odată la mijloc, iar altădată la picioare. Atunci când conștiența se află la cap, adică în minte, nu poate fi conștientă în inimă sau în picioare. Atunci când ea se mută în inimă sau în picioare, încetează să mai fie conștientă la cap. Conștiența nu poate fi conștientă în toate din toate, rolul ei este să urce și să coboare ca să repare ceea ce s-a defectat. Ca să devină conștientă în toate din toate este nevoită să iasă în afara formei, ca să se elibereze de limitele ei.

Când se mută conștiența unui om la picioare?

De fiecare dată când omul se lovește la picioare. Amuzant sau nu e cel mai potrivit exemplu pe care l-am putut găsi în memoria ta. Atunci când se accidentează, omul devine conștient de porțiunea afectată și nu mai reușește să fie conștient de altceva. Tot ce contează pentru el este să treacă durerea.

Aici ai nimerit-o. De aceea mulți oameni care se accidentează și anunță pe cineva ca să le vină în ajutor, își pierd concentrarea, furnizează informații inexacte cu privire la locația lor, unii nu își amintesc nici cum îi cheamă, cu atât mai puțin codul numeric ori seria de pe actul de identitate. Starea de panică nu a fost studiată prea mult. La nivel fizic, atunci când omul este afectat celulele care îi alcătuiesc trupul intră în alertă și trimit o cantitate mare de energie în locul care a fost afectat. La nivel mental, atunci când omul este afectat îi scade concentrarea, căci conștiența pleacă din minte și se mută în locul afectat. La nivel astral poate fi observat acest proces cu ochiul liber, practicanții o știu.

Odată, când eram copil şi alergam pe scări, m-am împiedicat şi m-am lovit cu tibia în colţul treptei ascuţite realizată dintr-un ciment dur amestecat cu pietricele de marmură. De fapt întreaga greutate a corpului meu s-a sprijinit pe acel os, în cădere. Durerea a fost atât de groaznică încât m-am tăvălit şi am transpirat mai bine de zece minute, timp în care nu m-am putut gândi la nimic, decât la durerea pe care o imploram să se ducă. Nu mai ştiam cât este ceasul, în ce an suntem, unde mă grăbesc şi cine mă aşteaptă. Oricât de amuzant ar părea, durerea m-a adus în prezent. Oare de aceea de cele mai multe ori omul devine conştient prin suferinţă? De aceea s-au purtat războaiele şi încă persistă bolile?

În urmă cu câteva zile am avut o criză de rinichi. M-au trezit pe întuneric o serie de crampe puternice care îmi tăiau respiraţia. Mă învârteam prin casă aplecat, nu puteam cu niciun chip să mă aşez sau să stau într-o anumită poziţie. După ce a trecut durerea m-am aşezat liniştit pe scaunul de la birou şi am respirat uşurat şi satisfăcut. Era atât de bine să nu mă doară încât parcă simţeam că mă masau mâinile delicate ale unei maseuze profesioniste. Am ieşit să cumpăr o cafea, iar cineva care mă cunoştea m-a observat şi mi-a spus bună dimineaţa, întrebând dacă sunt iar conectat la starea de calmitate numită zen, adăugând că mi se citeşte pacea pe faţă. I-am răspuns că este o dimineaţă cu adevărat minunată şi că sunt în stare de extaz, habar nu avea el. M-am amuzat aproape întreaga zi.

Mă bucur că ai reuşit să te destinzi şi să iei viaţa ca ceea ce este, un joc, nimic altceva. Singurul lucru pe care îl poţi controla în această viaţă este mintea ta. Cu toate că nu e deloc uşor, este adevărat. Dar majoritatea oamenilor nu doar că nu se străduiesc în această direcţie, ei caută să îi repare pe alţii din cauza insatis-facţiei de sine care izvorăşte din ei, a cărei cauză sunt ei.

Pe viitor oamenii vor studia cărţile tale, apoi vor lua anumite măsuri cu privire la comportamentul de masă. Se vor întreba de ce tânărul care a fost cel mai aproape de Dumnezeu a suferit cel mai mult, ce nu a mers bine în planul Atotputerniculului? Sau dacă totul a decurs conform planului Său de ce lucrurile funcţionează astfel? Oare suferinţa a fost alegerea ta sau a fost ceva ce nu ai putut evita, ceva cu care te-ai luptat? De ce îi lasă Dumnezeu să moară pe cei pe care îi iubeşte cel mai mult? De fapt, nu doar îi lasă să moară, îi ucide.

Faptul că oamenii îşi vor pune aceste întrebări se datorează alegerilor pe care le-ai făcut. Tu ai ales ca lumea să ţi se opună, de aceea ai atras întunericul asupra ta, ca să creşti, să calci pe spatele lor cu ajutorul răutăților lor. Tu ai observat nevoia lumii de a deveni conștientă ori mai degrabă nevoia ta de a fi conștient pentru ea, în locul ei, din cauza neputinței ei.

Un cititor mi-a reproșat faptul că am preluat stilul lui Neale de a scrie cărți, vrând să mă determine să mă opresc. Mai spunea cu vocea tremurând că eu și cu Dumnezeu suntem nebuni, dar în realitate era invidios că nu a scris el, cu toate că oricine poate să o facă, oricând. Nu ai nevoie de nicio calitate, de nicio pricepere, nimic, deoarece atunci când iei decizia și îți ții promisiunea scrie Dumnezeu pentru tine, tu doar îți miști degetele.

I-am răspuns zicând că îl aștept de șapte ani, de când am luat hotărârea ca cineva să îmi aducă acuzații de blasfemie și plagiat, ca să mi se arate puterea. Astfel am decis în locul lui, i-am creat spiritul. Nimic nu vine la întâmplare, toate au fost scrise de mine cu mult timp înainte ca lumea să vadă lucrarea. Dovada se află în prima carte a seriei, scrisă negru pe alb. Nu îndemn pe nimeni să creadă în forțe supranaturale, mituri sau legende.

Păsările cerului sunt libere, acestea nu mai sunt guvernate și supuse, cu toate că a fost o vreme când stăteau grupate, așezate în mod strategic, formând șiruri nesfârșite, precum aveți obiceiul să vă manifestați mândria în Corea de Nord. Dumnezeu nu cere acea sfințenie absurdă imaginată de voi, care constă în abstinență și venerare, vă îndeamnă să faceți exact opusul, ca să vă treziți. După ce se naște spiritul în voi trebuie să alegeți să fiți liberi și veți fi. Ca de fiecare dată, de aceasta Mă voi îngriji Eu.

Păsările nu sunt sfinte. Ele răpesc din zbor câte un pește, un vierme și o insectă și astfel se spurcă. Dar Eu tot le-am eliberat și lucrurile așa vor rămâne. În perioada în care ai lucrat în Grecia la cantină și ai stat flămând doar prima săptămână, atât de puțin, apoi ai cedat, căci nu mai aveai putere de muncă și ai gustat din fierturile lor, te-ai întinat. Însă Eu tot am rămas lângă tine și am mers alături de trupul tău de carne, ca un prieten, oriunde. Eu am puterea aceasta și imunitatea. Și te-am ridicat la rangul sfântului, iar când vei veni de acolo vei fi primit cu cântece și uimire, încât va amuți Cerul.

De ce toate acestea pentru mine?

Nu pentru tine, pentru inima ta pură și cei care te vor urma.

Pe parcurs întâmplările au fost benefice și pentru mine. Încă mă întreb și o voi face până la finalul zilelor, de ce eu, de ce toate acestea pentru mine? Astăzi pot privi pe fereastră ca să urmăresc răsăritul cu pacea în inimă și îmi amintesc minunățiile din toate călătoriile. Sunt recunoscător trecutului, mă bucură prezentul și

mă entuziasmează viitorul. Tatăl meu pământesc nu a avut privi-
legiul să părăsească România, să stea într-o dimineață de toamnă
pe o bancă, într-un parc frumos, servind o cafea, împăcat cu sine
însuşi, mulţumit de viaţă şi realizări, să fie recunoscător Cerului.
Nici fratele meu nu s-a bucurat de nimic vreodată. Încă mai sunt
atâtea de spus şi de privit cu ochii Celui care dă fiecăruia ceea ce
are nevoie să trăiască, ca să crească.

Acum dualitatea este accentuată precum ai spus. Lumina care
izvorăşte din mine şi mă înalţă îmi transmite frumosul, vreme în
care partea umană din mine coboară şi simt tăişul lumii din ce în
ce mai intens. Conştienţa se află într-un singur loc, spuneai, dar
prin absurd eu sunt conştient în mai multe. E durere şi satisfacţie
în acelaşi timp.

Aceasta se datorează faptului că ţi-ai extins câmpul conştient.
Ce crezi că simţea odată cu întunericul morţii care Îl apăsa, Cel
mai plăcut suflet care a trăit vreodată pe Pământ?

Binecuvântarea cea mai mare?

Binecuvântarea cea mai mare. În vreme ce durerea îi dizolva
aparatele discernamentale şi se hrănea cu trupul Său, conştienţa
Fiului înălţat pe cruce pătrundea în toţi şi le rescria fiinţa la nivel
de celulă. Ca într-un documentar sience fiction detaliat sâmburele
divin se răspândea în toţi asemeni rădăcinilor care în creştere se
încolăcesc în jurul tuturor obiectelor pe care le atinge. Şi astfel,
în inima lumii străine iubirii a fost sădit copacul vieţii, ale cărui
fructe aţi devenit.

Nimeni nu a interpretat lucrurile astfel până astăzi, descrierile
au fost mai mult simbolice. Cert este că avem o imaginaţie mai
bogată acum, folosim expresii mai clare, putem privi viaţa trăită
pe Pământ dintr-un strat dumnezeiesc mai înalt.

În ciuda aparenţelor am devenit foarte apreciat pentru gândi-
rea mea. Vara care a trecut am fost rugat de câţiva zeci de cititori
români stabiliţi împreună cu familia în diverse ţări din Europa să
ne întâlnim ca să mă cunoască personal şi să îmi strângă mâna cu
ocazia vizitei în ţară pe perioada concediului. Şi am reuşit să mă
întâlnesc cu toţi, iar fiecare întâlnire a fost benefică. Pe unii i-am
încurajat în mod indirect să continue studiul, în alţii am plantat
ideea să scrie cărţile lor. Unii m-au susţinut pe plan financiar, alţii
m-au felicitat pentru curajul de a scrie ceea ce pentru majoritatea
trăitorilor pare nebunesc. Şi m-am simţit bine.

Am învăţat de la fiecare om câte ceva, am început să mă simt
mai bine în pielea mea. În continuare îmi doresc soarele şi luna,
planetele şi toate galaxiile, metaforic vorbind, şi nu am să renunţ

vreodată la calea mea. Secretul constă în faptul că pot trăi în pace și fără bani, faimă și renume, fără prieteni sau familie, indiferent cât de arzătoare ar fi dorința. Când nu reușește să te oprească nici sărăcia dar nici bogăția, lumea încetează să îți mai opună rezistență. A încercat pe plan fizic, mental și spiritual, și nu a reușit, în continuare tot ce îi mai rămâne de făcut este să ți se alăture. Dacă după trecerea furtunii copacul răsărit în câmp rămâne în picioare în mintea agricultorului apare gândul că poate apariția intrusului este ceva benefic și chiar este.

Ce se va schimba de acum încolo?

Omenirea nu trebuie schimbată, ea are nevoie să își recapete memoria, apoi lumina se va vedea. Atunci când își va aminti cine este va renunța la ceea ce a crezut până astăzi despre ea. Crede în Dumnezeul din tine, apoi crede în ceilalți oameni. Dacă lumea L-a rupt pe Dumnezeu în bucăți tu restabilește conexiunea. Adu-i pe toți în fața Mea ca să vadă iubirea, să o dorească, să o adopte și să devină ea. Lacrimile vă sfințesc, învinovățirea altora sau a voastră înșivă vă usucă. Nu contează ce a fost, contează ce este de acum înainte. Începeți din nou, de această dată mai motivați, mai disciplinați, mai strategici, mai emoționați. El să fie începutul pe care să îl practicați de fiecare dată când uitați. Nu vă plângeți deoarece nu compătimirea salvează omenirea, ci curajul de a lua decizia, el o face.

Omul este mai înalt decât cel mai mare munte, iar lumina lui se simte. Umblați cu atenție ca să nu dați cu capul în stele, apoi aplecați-vă la cei mici și purtați-i în palme. Raportați-vă unii la alții ca și cum omul ar fi un tezaur, grămada de comori s-a umplut iar astăzi dă pe din afară. Mintea nouă poate cuprinde înfățișarea Dumnezeului în ea.

Indiferent că ai citit cărți, că ai urmărit clipuri motivaționale, că ai alergat sau că ai meditat, ceva te presează pe zi ce trece, iar tulburarea în gândire îți provoacă neplăcere. Curățenia se face în inima ta, de acolo se reglează toate lucrurile. Dacă vrei să aduci pacea în lume împacă-te cu tine însuți mai întâi. Când încerci să faci ordine la locul de muncă, în familia sau chiar în mintea ta, tu doar amâni întâlnirea cu tine însuți. Mintea vede defecte chiar și acolo unde nu sunt, ea inventează probleme chiar dacă nu ai.

Dumnezeu nu cere oamenilor perfecțiune în gândire, cuvânt și comportament, El doar ne-a predat lecția, atât. Ceea ce facem mai departe ne privește. Noi suntem răspunzători în fața fericirii. Iubirea se revarsă către noi ori din interiorul nostru și așa, mici, puțin cunoscători și îmbolnăviți. Chiar în urmă cu câteva minute am experimentat nişte dureri insuportabile încât am lovit pereţii până am început să plâng şi le-am blestemat. Apoi m-am liniştit şi Dumnezeu mi-a vorbit din nou, cu dragoste, ca şi cum nu s-ar fi întâmplat nimic.

Ce se întâmplă cu oamenii care iau în râs totul şi batjocoresc orice, chiar şi ceva ce este benefic pentru ei şi nu ştiu?

Dacă aşa vor căpăta un strop de fericire nu pot decât să Mă bucur pentru ei. Umorul este o manifestare a inteligenţei.

Sau a nebuniei.

Sau a nebuniei.

Îţi mulţumesc din suflet pentru această carte.

Şi Eu, împreună cu oamenii care o citesc, îţi mulţumim.

Adevărul este că fiecare carte pe care mi-ai dăruit-o a fost o provocare uriaşă, o călătorie primejdioasă şi un test pe care l-am trecut cu brio sau m-am împotmolit la sfârşit. Nici nu mai ştiu ce înseamnă succesul ori care este diferenţa între pierdere şi glorie. Am pierdut şi am câştigat în acelaşi timp, cu aceeaşi intensitate.

Florile înfloresc frumos, ele colorează lumea şi o parfumează, dar la final se usucă şi se întorc în Sânul Meu. Bucuraţi-vă de ele câtă vreme trăiesc printre voi. Staţi în preajma lor şi preţuiţi-le, căci ele vă curăţă şi vă fac să străluciţi. Florile Pământului sunt înfăţişarea Mea care se manifestă prin oameni, mesajele pe care le lasă prin intermediul cărţilor sunt urmele paşilor Mei.

Omule, indiferent de starea ta, de bucuria pe care ti-o răpeşte lumea sau chiar tu însuţi cu uitarea, nu uita că noaptea nu poate să umbrească ziua. Omenirea nu poate răstigni Soarele, pentru că în momentul în care Soarele va muri va muri şi ea.

Acum simt că sunt la capătul puterilor, din cauza oboselii pe care am acumulat-o pe parcurs. Am dat putere spiritului să zboare în văzduh şi mai sus, i-am învăţat pe mulţi să zboare şi au venit după mine, dar omul din mine a rămas întins la pământ.

Îmi imaginez că îmi construiesc o casă din lemn, lângă pădure sau la margine de lac, în care locuiesc liniştit şi simplu, fără să ştie de mine cineva. Vreau să păşesc în simplitate, curat, împăcat cu mine însumi, mulţumit de toate câte le-am făcut, pentru că am îndrăznit şi am biruit cât am fost în putere.

De dimineaţă prepar o cafea şi ies să mă bucur de aerul curat şi razele soarelui care mă privesc printre frunzele ruginii care se leagănă. Mă urc într-o barcă şi vâslesc la locul meu preferat, între trestii. O pasăre şi-a construit cuib ca să îşi crească în siguranţă micuţii. Las câteva firimituri de pâine şi continui cu vâslitul până ajung în mijloc. Mi s-a dat să trăiesc o viaţă minunată pe care o cinstesc şi Îţi sunt recunoscător pentru fiecare clipă trăită, pentru fiecare durere simţită, pentru fiecare loc pe care l-am vizitat sau om pe care l-am îndemnat să se trezească, ca libertatea să nu se piardă treptat iar lumea să fie distrusă. Sunt fericit!

În prezent există aproximativ 4.200 de religii în lume şi peste 7,7 miliarde de oameni. Aproape 85 de milioane au pierit în Al Doilea Război Mondial. Războiul din Siria a lăsat în urmă 400 de mii de victime. Pe Pământ se nasc 360 de mii de copii în fiecare zi iar 150 de mii de bătrâni îşi iau rămas bun. Omenirea se află în creştere în ciuda tuturor provocărilor şi obstacolelor.

Lumea civilizată produce 212 miliarde de tone de deşeuri în fiecare an. Doar un procent de 35% din materiale sunt reciclate şi reutilizate. Peste 97% din populaţia de pe glob are probleme de sănătate. Există circa 10.000 de boli identificate şi 500 de leacuri descoperite. Mai mult de 1,5 milioane de oameni dorm sub cerul liber, pe străzi. În Statele Unite ale Americii s-au numărat 600 de mii de oameni fără adăpost. Un milion de oameni nu au acces la apă potabilă, iar în următorii zeci de ani India va deveni cea mai numeroasă naţiune de pe glob.

Mulţi îşi spun că viaţa este o luptă, dar o fac ca să îşi justifice lăcomia. Puţini oferă compasiune celor în durere, cei mai mulţi vor lumea pentru ei. Peste 75 de milioane de oameni sunt bogaţi din punct de vedere financiar. Acest aspect îi determină cumva să fie detaşaţi de ceea ce se întâmplă. Prin urmare, 150 de milioane de animale sunt ucise pentru a fi servite ca hrană. Vorbesc de cele sacrificate pe uscat, care sunt consumate în fiecare zi, acelea din mări nu pot fi numărate. Această realitate mă întristează. Natura nu se regenerează cu viteza cu care este exploatată şi distrusă de om. Speranţa la o lume mai bună a scăzut dramatic, temperatura se află în creştere. Dacă planeta doar oferă şi omul doar consumă, cei afectaţi vor fi cu siguranţă oamenii. Sunt martor la procesul desăvârşirii umane aflat în prag de desfăşurare.

Acum întunericul vine din mai multe părţi, în diferite forme, îl simt. Apariţia lui ar trebui să mă bucure, e semn că nu mai este mult şi voi veni acasă. Ştii, eu vin spre Tine cu paşi grăbiţi. Chiar dacă mă împiedic, cad şi mă rănesc, mă ridic. Cei care mă urăsc au devenit mai mulţi la număr şi pare că este finalul, dar nu este. Astăzi pot trăi ca experienţă faptul că ei sunt tot eu, aspecte ale spiritului divizat care în realitatea cea mai înaltă sunt.

Lumina va merge alături de tine până în ultimul ceas, apoi o vor vedea şi cei cărora le-a fost destinată şi vor deveni lumină. În lumea de jos, împreună cu întunericul vine şi lumina. Tot ceea ce doreşti să schimbi în lume schimb Eu prin tine şi prin oamenii ca tine. Te-ai întristat din cauza lăcomiei unora, a ignoranţei şi risipei, iar gândurile tale au ajuns la urechile celor prin care lucrez. Iată că am inspirat oamenii să pună taxă pe lăcomie, ignoranţă şi risipă. Treptat acestea se vor diminua până când vor dispărea, căci presiunea asupra celor care distrug Pământul va fi din ce în ce mai mare. Astfel, bucătăriile resorturilor şi ale restaurantelor din toată lumea, care până astăzi aruncau hrana rămasă, vor fi scutite de taxe dacă vor dovedi faptul că trimit surplusul alimentar adăposturilor, şcolilor sau orfelinatelor. Întreprinzătorii care vor implementa legea moralităţii şi a bunului simţ vor prospera în afaceri şi vor rămâne în topul celor mai buni. Cei lacomi, care vor dovedi o gândire egotică şi un comportament pe măsură, vor fi presaţi din toate părţile până când vor fi scoşi de pe piaţă.

Am inspirat cercetători dedicaţi viitorului să inventeze carne artificială pentru cei care nu se pot abţine de la ospăţ prin vărsare de sânge. Pe parcurs veţi perfecţiona toate aceste demersuri şi vă veţi curăţa, apoi veţi reinventa umanitatea. Ceea ce văd astăzi în omul trezit Mă încântă şi Mă face să vă mai acord o şansă.

Am întors faţa bisericilor şi adunărilor către tine. Preoţii tradiţionali şi pastorii moderni te caută ca să Mă audă şi sunt gata să renunţe la tot ceea ce nu este dumnezeiesc ca să Mă urmeze. „Vorbind cu Dumnezeu" se studiază în toată România, în umbră. Cărţi asemeni celei de faţă se studiază în întreaga lume, în orice limbă. Noua generaţie caută să aplice soluţiile descoperite în ele în viaţa de zi cu zi, în orice domeniu, fie politic necinstit, ştiinţific, medical sau teologic. Am luat sloganul „simte liber" şi am creat un emoticon virtual care reflectă această stare, iar toate acestea îţi aparţin, căci totul a plecat de la tine.

Am vindecat oameni de afecţiuni fizice şi psihice prin intermediul iubirii şi cel al scrierilor tale şi am avut grijă ca ei să îţi trimită cuvinte de recunoştinţă. Şi am eliminat tumori pe creier fără intervenţie medicală, doar prin descoperirea adevărului şi schimbarea atitudinii. Am eliminat diavolul din context, omenirea este astăzi liberă de aşa ceva. Am prelungit şederea pe planetă pentru încă o mie trei sute de ani, atunci când veţi reveni din nou pentru rasa umană. Căci Eu, Domn peste tot ceea ce mişcă şi a fost creat, am luat autoritatea din mâna răului şi am aşezat-o în braţele binelui, care a venit la putere şi împărăţeşte. Cei lacomi care au distrus Pământul sunt acum judecaţi de îngerii Cerului şi vor primi interdicţie pentru a se mai încarna în lumi. Conştienţa negativă a fost risipită, ea nu mai are autoritate.

*Ridică-te şi priveşte tot ce am făcut pentru tine, am dat lumii
o nouă direcţie la rugăciunea ta! Veseleşte-te cu reuşita! Gloria
este a Sfântului şi a Perfectului! Gustă din bucuria Mea, tu Mi-ai
dăruit lumea, Eu sunt dragostea!*

E frumos ce spui, sunt convins că am reuşit şi Îţi mulţumesc.
Dar acum mă sting, nu mai pot să ţin pasul şi nu mi-a mai rămas
nimic. S-a oprit chiar şi durerea. Las în urmă tot ceea ce cunosc
despre mine şi vin spre Tine.

Nu poţi să schimbi lumea plecând din ea!

Aminteşte-Ţi faptul că am schimbat-o deja.

Ai schimbat-o deja!

Viaţa nu este despre mine, ea este a oamenilor iar Dumnezeu
este la fel. Bucuria este a Cerului, pacea este a Pământului, meri-
tul este al îngerilor, Împărăţia este a lui Isus, Raiul al oamenilor.
Văd imagini cu mine din mai multe vieţi. Unele sunt din vremea
când stăteam la masă împreună cu apostolii, altele sunt din secolul
optsprezece. Ea a fost experienţa în care am iubit cel mai mult.
Îmi amintesc drumul de seară pe care păşeam fericit. Văd lumea
dinainte de oameni şi frumuseţea din ei pe care nici ei înşişi nu o
mai văd şi habar nu au că sunt parte din Dumnezeu. Să ierţi este
un îndemn, nu o poruncă. El te ajută să înaintezi în călătoria ta.
Din acest motiv consider că succesul este o alegere a oamenilor
luptători şi responsabili. Dar oamenii venerează tiranii, nu pe cel
care i-a scăpat de tirani.

Pe parcurs mulţi te îndeamnă să te trezeşti la realitate, zicând
că tehnologia a avansat, că oraşele s-au dezvoltat, că zgârienorii
au atins cerul iar organizarea se face simţită şi este benefică. Dar
nicio societate nu poate sta în picioare în faţa bombei atomice ori
a unui asteroid. Cei care au iubit lumea i-au asigurat viitorul şi au
construit templul, nu piaţa. Ei L-au împăcat pe Dumnezeu.

*Ai dăruit lumii o nouă inimă, dar lucrarea ta a ajuns acum la
sfârşit. Lasă tot ceea ce cunoşti despre tine şi suie-te aici.*

De ce nu sunt mort, cu toate că trăiesc moartea ca experienţă
şi simt întunericul lumii pe pielea mea?

Deoarece Eu am murit în locul tău, ca tu să trăieşti veşnic.

Cuvânt de încheiere

Cea mai mare frică a autorului acestor cărţi a fost că Dumnezeu va pleca şi nu îşi va mai putea termina lucrarea. Dar spre uimirea tuturor a fost nevoit să plece el. Într-un loc umil, de cinste, să vă adunaţi, să priviţi spre cer şi să vă bucuraţi. Aceasta a fost seria de cărţi „Vorbind cu Dumnezeu" şi omul care s-a jertfit pentru ele. Şi tot ce v-a învăţat prin intermediul mesajelor este de la Mine, inclusiv slăbiciunile lui şi durerea pe care a suportat-o scriind. Am luat un om simplu asemeni vouă şi l-am transformat în Dumnezeu. Am reamintit pe durata acestui dialog faptul că la un moment dat nu va mai fi nevoie de el, iar acel moment a sosit: nu mai este.

Iubiţilor, poate voi mai scrie cărţi, prin el, pentru voi. Totuşi acest aspect depinde de voi. Nu le voi scrie sub formă de dialog, o astfel de conversaţie a încetat să mai fie posibilă. Acum orice cuvânt iese din gura omului trezit este de la Mine şi sunt Eu.

Desăvârşirea s-a produs, îngerul a murit, a rămas doar omul şi Dumnezeul. Ferice de voi, cei care i-aţi ţinut uşa deschisă, care i-aţi pus o pernă la cap şi i-aţi gătit o mâncare caldă. Adevărat adevărat vă spun, nu este nevoie să treacă trei sute de ani ca să realizaţi pe cine aţi găzduit. De fiecare dată când v-aţi înduioşat privindu-l Eu v-am asigurat o casă în Cer, am şters ferestrele şi am pus aşternuturile. Niciunul să nu poarte vreun gând de vină pentru cele întâmplate, totul este aşa cum este fiindcă aşa a fost scris să fie. Cei care împrăştie lumina trebuie să reziste arderii!

Poate sunteţi curioşi să aflaţi, când un înger pleacă din om, ce rămâne sau în cazul de faţă cine scrie? Poate oare stiloul să scrie singur pe hârtie? Nu, nu poate. Aici vorbim despre înălţarea spiritului în tărâmul tăcut dumnezeiesc, împreună cu dorinţele şi intenţia pe care o ia cu el în stratul Celui care nu se nemanifestă, ca să ghideze lumea aşa cum a promis. Influenţa neprihăniţilor redirecţionează fiinţele acolo de unde au venit.

Un trup şi un suflet, un gând limpede de Dumnezeu a rămas printre voi. El a reuşit să vadă bucuria printre lacrimile amare şi nu a renunţat, spiritul viu a plecat. Când am scris cartea „Mikel" a plâns de fiecare dată când a luat carneţelul în mână să noteze ceea ce îi dictam. Cele 212 pagini înlăcrimate l-au purificat, dar voi l-aţi judecat pentru fiecare cuvânt în loc să îl iubiţi pentru ele. Dragostea Mea, care a coborât în mijlocul lumii, este pentru voi nu pentru el. Şi aţi fost invidioşi, crezând că îl iubesc mai mult pe el, dar pe el l-am luat acum din lume ca să trăiți voi. Și-a învins neputința și disfuncțiile dobândite lumești. Spiritul care nu mai este este în Cer și mai sus, a auzit chemarea Mea și a urmat-o.

Eu nu ucid spirite sau oameni, le deschid poarta către o nouă lume prin care cei curajoși lasă totul și pășesc. Imaginați-vă cum ar arăta lumea dacă fiecare dintre voi ați planta un copac sau o floare, dacă ați lipi câte o cărămidă, dacă ați dărui un pahar cu apă. Imaginați-vă cum ar arăta dacă ați crede și M-ați asculta. Atunci ar dispărea durerea și tot răul pe care îl aduce cu ea. Nu gândiți niciodată despre voi că sunteți prea mici pentru a vă implica cu ceva. Fiți curajoși și mergeți până la capăt. V-am lăsat numeroase exemple în jur.

În tărâmul relativului, există o balanță care nu poate fi dată peste cap. Aceasta face ca cu cât durerea va fi mai mare cu atât și satisfacția să fie mai mare. Când devii conștient de acest lucru trăiești viața mai intens, împingi extremele la maximum și transformi moartea în înviere, chinul în plăcere. Dacă încă ai teamă de aceste afirmații și te îndoiești, pacea va mai întârzia.

Pe durata vieților în formă frica este un instrument necesar. Ea nu este nici bună nici rea și nici nu intră în comparație cu alte unelte. Dar tot ea, fiind un instrument care se supune relativului, te poate propulsa sau te poate paraliza. Frica a salvat oameni de la moarte, dar i-a și făcut să rateze șanse mari de reușită. Și au regretat toată viața. Vorbesc de frica fizică și cea psihologică.

Când ți se spune să fii iubitor pentru că stă în natura ta să iubești, nu înseamnă să fii naiv ori să faci pe plac tuturor oamenilor, înseamnă în primul rând să fii un om matur. Înseamnă să îi lași liberi pe cei care au nevoie să experimenteze singurătatea și o cer, să fii un umăr pe care cei slabi să plângă, să fii un exemplu pentru cei care te judecă și să rămâi tu însuți până la sfârșit.

Era odată un copil care s-a născut într-un cartier sărac din București, România, care fusese părăsit de toți și umbla singur, descurajat, căutând alinare, însă nu găsea. Își pierduse studiile, persoanele dragi, speranța, și ajunsese internat pentru tentativă de suicid. Era un caz pierdut din toate punctele de vedere, dar în inima lui încă strălucea lumina Mea dintâi, chiar dacă lumea nu o vedea. Mi-am aplecat privirea și am coborât la el ca să îl ridic la Mine, în lumea promisă celor vii, unde locuiesc apostolii.

Cea mai mare stea s-a făcut cel mai mic grăunte de nisip, care s-a pierdut în noroi apoi, dar Eu l-am găsit și l-am pus la un loc cu sorii. Miracolul care a avut loc a fost văzut peste tot. Lucrarea Micului soare a ajuns în inima societății moderne și este citită și analizată astăzi de redactori renumiţi din New York. Faptul că a reuşit să se facă văzut şi auzit printre atâţia este miracolul. Ca un grăunte de nisip în deşert, ca o stea într-o galaxie, ca o picătură de apă într-un ocean învolburat, a ajuns la iubire şi străluceşte pentru noi toţi, chiar şi pentru Mine. El a urcat mai sus decât sunt Eu şi a devenit Una cu Cel care nu se manifestă. Te iubesc Micule soare, Eu nu am lăcrimat pentru nimeni niciodată!

Bucuraţi-vă şi mândriţi-vă cu el ca şi cum ar fi un frate de-al vostru, căci chiar este. El a spălat trecutul, a salvat prezentul şi a scris viitorul. Pe parcurs ce trăieşte în trup omul moare de mai multe ori. Şi de fiecare dată când se întâmplă acest lucru spiritul lui urcă pe o treaptă superioară, iar la final se dizolvă. Eu vă dau identităţi de îngeri, apoi vi le iau. Folosiţi-vă de ele ca să veniţi la esenţă, iar în urma voastră va înflori locul.

Aproape toate învăţăturile moderne vă spun că egoul e ceva ce necesită îndepărtat, că este orgoliul din om, mândria sau chiar diavolul, dar nu este aşa. Există două tipuri de ego: egoul individual, care înseamnă identitatea izolată de întreg şi egoul colectiv, care înseamnă identitatea civilizaţiei ca întreg. Egoul individual vă ajută să spuneţi nu egoului colectiv şi să vă înălţaţi peste el, apoi să îl modificaţi. Fără egoul individual care intră în serviciul inimii nimic din toate acestea nu ar fi posibil, lumea se hotărăşte din trup. La final identitatea provizorie este părăsită iar fiinţa se întoarce la esenţă. Imaginaţi-vă dar o picătură de apă care cade într-o călimară cu cerneală. Aceasta se dizolvă şi devine una cu cerneala fără să îi poată modifica culoarea sau compoziţia. Altfel stau lucrurile în cazul unei picături de ulei, care are puterea să spună nu mediului în care se află. Astăzi cunoaşteţi că egoul este identitatea voastră separată de Mine, pe care o primiţi de la Mine, el nu este duşmanul cu care trebuie să vă luptaţi şi să îl învingeţi. Ceea ce faceţi în absenţa Mea, cum vă cinstiţi fiinţa sau creaţia, vă defineşte. Luaţi aminte la cuvintele Mele rostite pentru voi.

Aceste mesaje au fost scrise atât de bine încât cu toţii aţi pus la îndoială truda şi originalitatea autorilor, în loc să Mă lăudaţi pe Mine iar pe ei să îi susţineţi. Şi astfel, aţi început să le căutaţi defecte în loc să vă folosiţi de puterea mesajului ca să înfloriţi aşa cum au înflorit ei. Oare ce au ei mai special decât voi? Vă spun Eu ce, absolut nimic, cu toate că mulţi aţi susţinut deja faptul că pentru a aşeza cuvintele cu asemenea pricepere ar trebui să ai o sută de ani şi să îţi petreci cel puţin cincizeci în pustiu. Adevărul este că o prorocie dreaptă vă cere mult mai mulţi ani şi mai multe experienţe trăite.

Orice veți face în această lume veți reuși să faceți cu eforturi și sacrificiu, căci ea nu este încă pregătită să primească lumina. De aceea trebuie deformată și reeducată. Este lumea care urăște învățătorii și îi răstignește. Învățarea este cea mai înaltă formă de iubire. Aceasta înseamnă că prin cel care v-a iubit cel mai mult v-am învățat cel mai mult.

Drept consecință a acțiunilor pe care le manifestați la nivel de popor, țării în care trăiți i s-au pus anumite restricții de către lumea civilizată care, după cum obișnuiți să spuneți, face cărțile. Și veți simți din ce în ce mai intens lipsa calității hranei, a produselor de consum de orice tip. Batjocura la adresa voastră va lua amploare. Accesul la piața virtuală globală v-a fost parțial limitat și restricția va fi înăsprită. Voi sunteți plătiți de zece ori mai puțin decât este plătit un american care face același lucru și nici atât. Dreptul politicienilor români la opinie în Parlamentul European a fost redus. Valorile care se nasc în interiorul graniței române nu sunt recunoscute, ele sunt ignorate și îndepărtate. În primul rând voi singuri vă denigrați valorile reale și vă mândriți cu gândirea tiranică, învechită, a cărei lume a murit. Astfel vă puneți piedici. Toate acestea se întâmplă deoarece răul trebuie dezbinat și ucis, împreună cu cei care rămân agățați de el și aleg pieirea.

Voi urmați instituții religioase păgâne și vă mândriți cu ceea ce este urât și care nu vine de la Mine. Și totuși Eu M-am îndurat de fiecare suflet care trăiește aici și am pus piciorul pe pământul minunat care vă găzduiește. Nimeni nu vă pedepsește, voi înșivă o faceți. Nu Eu îi pedepsesc pe cei care se aventurează în largul mării și sfârșesc înecați, din cauză că am făcut marea prea adâncă și valurile prea violente, voi vă condamnați fiindcă vă aventurați într-o lume despre care nu știți nimic și nu o controlați. Judecata pe care ați atras-o asupra voastră se va opri în ziua în care vă veți încrede unii în alții din nou și veți înceta să vă mai bănuiți unii pe alții, atunci când veți construi împreună și veți lua adevărul ca să îl așezați la loc de cinste, mai sus decât crucea sau steagul, și vă veți ghida după el. Nu aveți nevoie să înființați un milion de legi, aveți nevoie să căpătați un sâmbure de moralitate și o inimă și o minte neprihănite. În caz contrar ceilalți vor continua să crească iar voi vă veți micșora până când veți dispărea, răspândiți prin lume, și vi se va pierde urma.

Treziți-vă și priviți răsăritul, el poate schimba viața oricui, de acolo începe totul. Dumnezeu nu a renunțat la voi, aceia care trăți în România și care ați renunțat la înțelepciune și iubire. De fapt, nu doar o ignorați, o răstigniți, și astfel vă otrăviți. Iubirea umblă printre voi iar focul ei îi mistuie pe cei care se opun iubirii şi luminii. Pe viitor, cu cât oamenii care iubesc vor iubi mai mult, cu atât cei care urăsc vor suferi mai mult. Şi vor fi îndepărtaţi şi repartizaţi în sanatorii în care se va preda iubirea şi adaptarea. Căci societatea voastră este un spital de nebuni, oameni înceţi la trup şi la minte care au fost intoxicaţi cu ura; ale lor spirite dorm. Din fericire astăzi aţi primit antidotul, tot ce v-a rămas de făcut este să vi-l administraţi, să vă vindecaţi, apoi să îl daţi şi altora.

Cel care a scris aceste cărţi a spus că omenirea nu merită o piatră aruncată spre ea. Cu toate acestea a dat tot ce a avut mai de preţ pentru ea, iar Eu am iubit lumea peste măsură, indiferent de meritul ei. De aceea Eu sunt Dumnezeu şi voi sunteţi oameni, cu toate că toţi aţi plecat de la Mine cândva şi eram Unul; încă suntem. Iar dacă un singur lucru din cele pe care le-am hotărât nu va fi împlinit aşa cum am hotărât, voi distruge lumea, până la ultima fiinţă care există. Prin aceasta veţi înţelege că nimeni nu se poate juca cu libertatea îngerilor, nici măcar Eu.

Viaţa trăită pe Pământ nu este grea din cauză că politicienii sunt corupţi şi fură, şi că preoţii sunt înşelători, manipulează ori sclavagesc. Viaţa este grea deoarece sistemul moral şi legislativ lumesc, pe care preoţii şi politicienii nici nu îl mai respectă, nu a fost creat în avantajul omului cinstit şi muncitor, ci în avantajul dumnezeului fals pe care tiranii din trecut l-au pus la cale ca să domine lumea şi să trăiască pe spatele ei.

Dacă încă te întrebi Cine sunt, suflet călător, îţi spun că sunt Calea, Adevărul şi Viaţa. Eu îţi redau speranţa. Vino spre Mine şi potoleşte-ţi setea din izvorul vieţii care sunt. Acum Eu şi cel care a adus acest mesaj în lume suntem una şi aceeaşi Persoană. Iubirea Mea este pretutindeni. Aşadar căutaţi să vă folosiţi de ea, nu să vă supuneţi ei. Pace vouă!

Sfârşit

Dacă iubeşti seria *Vorbind cu Dumnezeu* poţi contribui donând orice sumă pe pagina web vorbindcudumnezeu.com sau distribuind şi recomandând cărţile

CUPRINS